GUIDE AI CLASSICI
4

GUIDE AI CLASSICI

Volumi pubblicati:

Silvestro Marcucci
*Guida alla lettura
della "Critica della ragion pura" di Kant*

Giovanni Reale
*Guida alla lettura
della "Metafisica" di Aristotele*

Emanuela Scribano
*Guida alla lettura
delle "Meditazioni metafisiche" di Descartes*

Alberto Voltolini
*Guida alla lettura
delle "Ricerche filosofiche" di Wittgenstein*

In preparazione:

Francesco Fronterotta
*Guida alla lettura
del "Parmenide" di Platone*

Filippo Gonnelli
*Guida alla lettura
della "Critica della ragion pratica" di Kant*

Eugenio Lecaldano
*Guida alla lettura
del "Saggio sull'intelletto umano" di Locke*

Hansmichael Hohenegger
*Guida alla lettura
della "Critica del Giudizio" di Kant*

Franco Volpi
*Guida alla lettura
di "Essere e tempo" di Heidegger*

Alberto Voltolini

GUIDA ALLA LETTURA DELLE
RICERCHE FILOSOFICHE
DI WITTGENSTEIN

EDITORI LATERZA

Finito di stampare nel gennaio 1998
Poligrafico Dehoniano - Stabilimento di Bari
per conto della Gius. Laterza & Figli Spa
CL 20-5413-2
ISBN 88-420-5413-5

RINGRAZIAMENTI

Un vivo ringraziamento ad Alessandra Fussi, Claudio La Rocca e Marco Nani, per essersi sorbiti parte del manoscritto e averlo dettagliatamente commentato. A Lello Frascolla devo non solo lo stesso riconoscimento, ma anche tutte le scuse per avergli fatto perdere una quantità innumerevole di serate a discutere l'esegesi di passi wittgensteiniani fino alla virgola. A Guilherme de Andrade va tutta la mia comprensione per aver fatto da cavia nel saggiare il libro in vista di un esame. Uno stesso sentimento misto di pietà e gratitudine provo per Diego Marconi, che si è sobbarcato la lettura dell'intero manoscritto e ne ha valutato minuziosamente tanto l'attendibilità quanto la fruibilità. Ma prima di tutto un grazie di cuore va a Chiara Guidelli, che ha seguito la faticosa gestazione dell'opera in ogni suo sofferto paragrafo. Se questo libro non sarà così scadente come rischiava di essere lo si deve soprattutto a lei.

GUIDA ALLA LETTURA
DELLE "RICERCHE FILOSOFICHE"

AVVERTENZA

PU sta a indicare il libro analizzato dal presente lavoro; questa sigla è
definita, con le altre qui adoperate per alleggerire i numerosi rimandi ai
testi di Wittgenstein e di altri studiosi più rilevanti per questo studio, nelle
prime due sezioni della Bibliografia. Se inoltre in quest'ultima è menzionata anche la traduzione italiana il testo è citato da essa, altrimenti la versione è di chi scrive.

Capitolo primo

GENESI DELL'OPERA

1. *Il passaggio dal primo al secondo Wittgenstein*

Nella Prefazione al *Tractatus*, Wittgenstein si diceva convinto di aver risolto «nell'essenziale» (TLP, p. 4) i problemi della filosofia. Profondamente mutato nell'animo dall'esperienza della prima guerra mondiale, Wittgenstein ritornava nel 1919 a Vienna, sua città natale, per accantonare la filosofia a favore di esperienze esistenziali affatto eterogenee (giardiniere in un convento, maestro elementare, progettista di un'abitazione per la sorella Gretl), quasi a mettere in pratica l'insegnamento etico contenuto in quell'opera (TLP 6.43, 6.4312, 6.521). Qualche anno dopo (1929) tornava però a Cambridge, luogo privilegiato della sua formazione filosofica, pronto a riprendere con buona lena il lavoro in filosofia, confortato in questo dal conseguimento del titolo di *Doctor in Philosophy* e dall'ottenimento di una serie di borse di studio presso il Trinity College[1].

Il progresso delle ricerche esegetiche e biografiche su Wittgenstein, tuttavia, ha in buona parte contribuito a sfatare il mito di un decennio (1919-29) in cui Wittgenstein si sarebbe completamente dedicato alla vita in opposizione al pensiero. Nonostante la vicenda alquanto travagliata della sua pubblicazione, il *Tractatus* cominciò ben presto ad essere oggetto di considerazione negli ambienti accademici tanto austriaci quanto britannici, e la stessa misteriosa figura del suo autore suscitò rapidamente interesse. Così, alcune figure di entrambi gli ambienti si attivarono per avere contatti con lui; in particolare prima Ramsey da Cambridge e poi Schlick da

[1] Per questa come per le altre informazioni sulla vita di Wittgenstein, si veda la magistrale biografia di R. Monk, *Ludwig Wittgenstein. The Duty of Genius*, J. Cape, London 1990 [trad. it. Bompiani, Milano 1991].

Vienna provarono a infrangere l'eremitaggio intellettuale in cui Wittgenstein si era volontariamente rinchiuso, riuscendo in più occasioni a incontrarlo. La natura di queste relazioni, però, si rivelò subito differente. Schlick si dispose ad avere un atteggiamento deferente verso l'enigmatico personaggio, dedicandosi a organizzare tra costui ed esponenti del costituendo Circolo di Vienna (lui stesso, Carnap, Feigl, Waismann) incontri finalizzati a ottenere dall'autore del *Tractatus* chiarimenti sul suo pensiero. Ramsey invece, brillante studente dell'ateneo cantabrigense e più giovane di Wittgenstein di quattordici anni, da mero incaricato della traduzione inglese del *Tractatus* si trasformò ben presto in genuino interlocutore del filosofo austriaco. Fin dalla pubblicazione (1923) di una famosa recensione al *Tractatus*, Ramsey cominciò a muovere a passaggi chiave del testo importanti obiezioni, che obbligarono Wittgenstein a ripensare a fondo proprio quei temi del *Tractatus* che egli pensava di aver sistemato definitivamente.

Inizialmente, Wittgenstein era convinto di poter far rientrare nell'alveo della struttura del *Tractatus* le nuove osservazioni che andava meditando sulla scorta delle obiezioni di Ramsey. Il dattiloscritto completato nella primavera del 1930, pubblicato postumo col titolo di *Philosophische Bemerkungen* (*Osservazioni filosofiche*), è il frutto di questa convinzione. Ben presto, però, egli dovette rinunciare a questo proposito, sull'onda del continuo mutamento a cui i suoi pensieri erano soggetti per l'incessante critica cui lui stesso li sottoponeva. Così, in un tempo relativamente breve (1929-36), l'idea di pubblicare una sorta di integrazione del *Tractatus* si trasformò in un progetto completamente diverso, ossia in quello di licenziare un'opera in cui alla prospettiva logicizzante del *Tractatus*, tesa a fornire 'dall'alto' una teoria generale sulle condizioni di possibilità del linguaggio e della significazione, si sostituisse un punto di vista antropologico, rivolto 'dal basso' sugli stessi temi e frutto di un'analisi dettagliata del funzionamento del linguaggio nelle condizioni di utilizzazione da parte di soggetti inseriti entro comunità linguistiche.

Non a Ramsey, però, Wittgenstein deve l'adozione della prospettiva etnologica (come lui stesso una volta la chiamò[2]) in filosofia. La morte prematura di Ramsey nel 1930, infatti, interruppe bruscamente lo scambio tra i due filosofi, forse il più proficuo avuto da Wittgenstein nel corso della sua carriera filosofica. Ma non l'unico: all'università di Cambridge, Wittgenstein ebbe modo di incontrare

---

[2] Cfr. VB, p. 75.

Sraffa (Torino 1898-Cambridge 1983), famoso economista italiano, la cui influenza è stata a lungo difficile da valutare in un senso che andasse oltre l'aneddotica[3]. Sebbene anche oggi manchiamo di un'interpretazione esaustiva, ci è tuttavia chiaro che Wittgenstein è debitore da Sraffa di quel rovesciamento prospettico che l'adozione del punto di vista antropologico (e prassiologico) costituiva nelle riflessioni sul significato, più che di critiche specifiche alla propria filosofia precedente[4].

Nella Prefazione alle *Philosophische Untersuchungen* (*Ricerche filosofiche*) scritta a Cambridge nel 1945, oltre a Sraffa e allo stesso Ramsey, Wittgenstein non menziona alcun altro personaggio per l'influsso esercitato sulla formazione del suo nuovo pensiero (PU, p. 4). Sarebbe però riduttivo pensare che, nonostante la sua spiccata individualità, Wittgenstein sia arrivato a stendere le *Untersuchungen* in un quasi completo *vacuum* filosofico. È noto infatti che Wittgenstein, quanto più ritornava su un testo manoscritto per estrarne una versione da destinare eventualmente a una pubblicazione, tanto più tendeva a ridurre i riferimenti ad altri pensatori contenuti nel manoscritto stesso; le *Untersuchungen* ovviamente non si sottraggono a questa regola compositiva. Prescindendo dai filosofi da cui Wittgenstein desume molti dei temi che sono oggetto di discussione nelle *Untersuchungen*, fosse solo per servirsene in chiave polemica (per citare solo i più evidenti, Platone, Agostino, Schopenhauer, James, Köhler e gli stessi Frege e Russell, da lui già menzionati nel *Tractatus* come suoi diretti ispiratori [TLP, p. 3]), non si possono non ricordare quei pensatori le cui riflessioni furono fonte d'ispirazione non secondaria per Wittgenstein. Recenti studi esegetici[5] stanno mostrando che Freud, Goethe e Spengler sono addirittura all'origine della stessa metodologia filosofica che presiede alle *Untersuchungen*, sebbene rivisitati in forme così originali che probabilmente non vi si sarebbero riconosciuti[6].

---

[3] Per ricordare l'aneddoto che avrebbe convinto Wittgenstein ad affossare la teoria raffigurativa del *Tractatus* (cfr. *infra*, cap. III, 1.1), un giorno Sraffa fece a Wittgenstein il caratteristico gesto del passarsi le dita della mano sotto il mento, chiedendogli quale forma logica tale gesto avesse (quella forma che secondo il *Tractatus* esso avrebbe dovuto avere in comune col fatto da esso descritto per poterlo raffigurare: cfr. *infra*, cap. III, 1.2). Cfr. N. Malcolm, *Ludwig Wittgenstein: A Memoir*, Oxford University Press, Oxford 1958, p. 58 [trad. it. Bompiani, Milano 1964, p. 96].
[4] Come lo stesso Wittgenstein disse al suo discepolo R. Rhees. Cfr. Monk, *op. cit.*, p. 261 [trad. it. cit., p. 260].
[5] Cfr. al riguardo la sezione *Rapporti con altri movimenti e pensatori* nella Bibliografia del presente volume.
[6] Dei tre autori, Spengler è l'unico ad essere una volta citato direttamente dallo

Possiamo dunque dire, in conclusione, che la gestazione delle *Untersuchungen* risente, come già del resto lo stesso *Tractatus*, della peculiare collocazione di Wittgenstein in un quadro del tutto singolare di riferimenti culturali a cavallo tra l'ambiente britannico e quello mitteleuropeo. Ciò a conferma di un'immagine non solo del primo Wittgenstein – quello del *Tractatus* – ma anche del secondo Wittgenstein – del cui pensiero le *Untersuchungen* rappresentano il prototipo – come di un *unicum* nel panorama filosofico contemporaneo, difficile da imbrigliare in una corrente filosofica definita e perciò stesso origine a sua volta di riflessioni in ambiti teorici differenti (cfr. *infra*, cap. IV).

2. *Storia della composizione del testo*

Sebbene forse già fin dal suo ritorno alla filosofia militante nel 1929 Wittgenstein avesse accarezzato il progetto di comporre una nuova opera filosofica, dovette presto risultargli chiaro che tale progetto sarebbe stato di difficile realizzazione. Proprio a causa dell'ingente e rapido mutamento cui il suo pensiero fu sottoposto a partire da tale data, ogni tentativo di fissare le sue idee entro un testo determinato andava frustrato; non appena un dattiloscritto veniva redatto, Wittgenstein lo investiva immediatamente con una revisione così radicale da renderlo inservibile alla pubblicazione.

Wittgenstein dette il nome di *Philosophische Untersuchungen* a un ulteriore fallito tentativo di rielaborazione (1936) di un testo dettato ai suoi allievi Ambrose e Skinner a Cambridge nel 1934-35, passato alla storia col nome di *Brown Book* (*Libro marrone*) e così pubblicato postumo (1958)[7]. Sempre con lo stesso nome Wittgenstein intitolò il manoscritto composto in seguito (nello stesso anno

---

stesso Wittgenstein come ispiratore del suo pensiero (VB, p. 45); a lui Wittgenstein collega non solo (BFGB, p. 29) la nozione di rappresentazione perspicua, chiamata in causa in PU § 122 per delineare il suo metodo sinottico in filosofia, ma anche (VB, pp. 36-37) quella di somiglianze di famiglia tra i membri di un concetto aperto (cfr. *infra*, cap. III, 2.1). Da Freud, di cui Wittgenstein ebbe una volta a dichiararsi addirittura "seguace" (cfr. B. McGuinness, *Freud e Wittgenstein*, in «Annali della Scuola Normale Superiore di Pisa», 9 [1979], pp. 409-24), Wittgenstein recuperò la nozione di membri o anelli intermedi dell'analisi, di cui la ricerca filosofica deve servirsi per elaborare la visione sinottica richiesta (PU § 122, preso da BFGB, pp. 29-30). In polemica con l'atteggiamento teoretico in filosofia, la nozione goethiana di fenomeno originario ricorre in PU § 656; sempre in funzione metodologica, un esplicito richiamo a Goethe si trova in BPP I § 950.

[7] Per questa e le seguenti informazioni sulla genesi del testo cfr. G.H. von Wright, *The origins and composition of Wittgenstein's «Investigations»*, in *Wittgenstein*, Blackwell, Oxford 1982, pp. 113-36 [trad. it., Il Mulino, Bologna 1983, pp. 145-70].

1936) a quell'insoddisfacente rielaborazione; pur con qualche oscillazione, è a questo titolo che Wittgenstein da ora in poi si attenne come nome dell'opera che voleva pubblicare. Peraltro, Wittgenstein non riuscì mai a ultimare una versione per lui completamente soddisfacente dell'opera che andava componendo. Nella Prefazione da lui scritta nel gennaio 1945, che nei suoi intenti avrebbe dovuto accompagnare, come poi in effetti fu, il testo a stampa, sono riassunti da Wittgenstein stesso i motivi – non sistematicità, approssimazione o imprecisione nella formulazione delle idee – della propria insoddisfazione. Tali motivi lo portarono a tener fede al proposito, da lui stesso ivi ricordato, di rinunciare «all'idea di pubblicare il mio lavoro mentre ero in vita» (PU, p. 4). Wittgenstein lasciò infatti ai suoi esecutori testamentari – Anscombe, Rhees e von Wright – il compito di pubblicare i risultati del proprio lavoro dopo la sua morte. Così nel 1953, due anni dopo la sua scomparsa, Anscombe e Rhees diedero alle stampe un volume, intitolato proprio *Philosophische Untersuchungen*, della cui genesi effettiva daremo adesso brevi cenni.

L'opera si presenta suddivisa in due parti. La prima parte, ordinata in paragrafi dallo stesso Wittgenstein (1-693) coll'aggiunta sporadica di osservazioni a margine (PU, pp. 21, 25, 30, 48, 65, 74-75, 78, 81, 90, 194), è il solo testo del volume di cui possiamo dire con ragionevole certezza che fu deliberatamente lasciato da Wittgenstein come l'opera da destinare alla pubblicazione. Come si può immaginare da quanto abbiamo detto in precedenza, lo stesso processo di composizione del testo della prima parte delle *Untersuchungen*, che prese tutto il periodo che va dal 1936 all'inizio del 1946, fu alquanto laborioso. Per i presenti scopi, possiamo riassumerlo come segue.

In una prima fase (1936-39), Wittgenstein approntò un dattiloscritto contenente quella che si può chiamare la *prima versione* della prima parte delle *Untersuchungen*. Di questo scritto, la prima sezione – corrispondente grosso modo ai §§ 1-188 del testo definitivo a stampa – deriva sostanzialmente da un manoscritto del 1936, mentre la seconda sezione costituisce una continuazione (elaborata essenzialmente in manoscritti degli anni 1937-39) poi accantonata nella versione definitiva. Una revisione di questa continuazione fu poi pubblicata a sua volta postuma (1956) come Parte prima di un'opera chiamata (dai suoi curatori) *Bemerkungen über die Grundlagen der Mathematik* (*Osservazioni sui fondamenti della matematica*). Dal punto di vista tematico, questa parte accantonata segue senza soluzione di continuità la versione originale dei §§ 1-188 delle *Untersuchungen*. Come questa si conclude con osservazioni sulla questione del seguire una regola, così è da tale questione che le riflessioni della parte accantonata riprendono[8]. La ragione di tale accantonamento sta proprio nel tipo di argomenti su cui Wittgenstein era finito a riflettere in questa parte. Dalle osservazioni sul seguire una regola Wittgenstein fu naturalmente condotto a occuparsi di questioni fondazionali nel campo della filosofia della matematica. Nel periodo 1937-44, questo tema passò ad essere l'interesse centrale per Wittgenstein, al punto che arrivò a concepire le *Untersuchungen* come divise in due volumi, uno dedicato al problema linguistico-semantico e l'altro alla questione dei fondamenti della matematica. L'abbandono nel 1944 degli interessi verso la filosofia della matematica, tuttavia, dovette convincere Wittgenstein del fatto che le *Untersuchungen* non avrebbero potuto contenere che riflessioni sui temi del significare e del comprendere. Così, le parti sulla matematica furono tagliate, tranne che per quanto riguardava la questione del seguire una regola, che rimaneva di importanza cruciale anche per i temi del significare e del comprendere, già trattati nella prima sezione della prima versione (nel testo a stampa, §§ 137-184).

Nel corso dello stesso anno, Wittgenstein approntò molto probabilmente la *versione intermedia* della prima parte delle *Untersuchungen*, la cui esistenza è testimoniata da vari frammenti dattiloscritti. Tale versione doveva contenere una revisione della prima sezione del dattiloscritto della prima versione, ossia la sezione contenente la variante originaria dei §§ 1-188, e una nuova continuazione di tale sezione.

Di quest'ultima continuazione troviamo svariate tracce – tra i §§ 189-421 – nella *versione definitiva*, ossia quella poi raccolta nell'opera a stampa, della prima parte delle *Untersuchungen*. Questa versione fu composta da Wittgenstein nel 1945-46. Essa deriva in buona sostanza dall'interazione tra la versione intermedia e un dattiloscritto, intitolato da Wittgenstein *Bemerkungen I*, approntato nel 1945 e composto di varie osservazioni, alcune delle quali risalgono addirittura a manoscritti del 1931. Le osservazioni più 'antiche' riguardano sostanzialmente i temi dell'intenzionalità e dell'intendere/comprendere una proposizione (che figurano rispettivamente, nella versione finale, ai §§ 429-476 e a quelli inaugurati dal § 498). Al dattiloscritto suddetto dobbiamo sostanzialmente i restanti §§ 421-693 del testo a stampa.

---

[8] Si notino a questo riguardo le seguenti (pressoché integrali) coincidenze tra il testo di PU e quello della prima parte di BGM: PU §§ 189-190 – BGM I §§ 1-2; PU §§ 191-192 – BGM I §§ 123-124; PU §§ 193-197 – BGM I §§ 122, 125-127, 130.

La seconda parte a stampa delle *Untersuchungen* deriva da una sintesi dattiloscritta del 1949, a cura dello stesso Wittgenstein, di manoscritti da lui composti dal 1946 fino a quell'anno. Si tratta di una sintesi più concisa rispetto a due altri tentativi del genere fatti da lui nel corso di quegli anni su parti diverse dello stesso materiale e pubblicati nel 1980 come *Bemerkungen über die Philosophie der Psychologie* (*Osservazioni sulla filosofia della psicologia*). Questa sintesi appare stilisticamente assai diversa dal testo della prima parte. Le osservazioni hanno qui una forma ancor più rapsodica e meno argomentativa rispetto a quelle della prima parte; inoltre, non sono raccolte per paragrafi numerati, ma sono racchiuse in sezioni di differente lunghezza. Per questi motivi è difficile pensare che Wittgenstein intendesse pubblicare la seconda parte come seguito della prima[9]. Essendo di altro parere, i curatori delle *Untersuchungen* hanno agito diversamente[10]. A loro favore sta ovviamente il fatto che Wittgenstein non fece pubblicare la prima parte separatamente. È anche vero però che, nonostante la diversità di forma, il contenuto della seconda parte non è tematicamente molto differente da quello della prima parte e non è quindi tale da giustificare l'apposizione di un secondo volume a un primo. È più naturale perciò presumere che Wittgenstein ritenesse che, se ne avesse avuto la capacità, avrebbe dovuto fondere prima e seconda parte delle *Untersuchungen* in un unico e più organico volume[11]. Ma, per l'appunto, se ne avesse avuto la capacità; cosa di cui già dubitava al tempo (1945) in cui componeva la Prefazione a stampa delle *Untersuchungen* («è ormai passato il tempo in cui avrei potuto renderlo [= il libro] migliore» [PU, p. 5]). Più che ritenere la seconda parte delle *Untersuchungen* come un secondo volume che, sia pure in abbozzo, completa idealmente il primo già composto, è più realistico vederla come un testo in cui Wittgenstein, persa la speranza di approdare a un'elaborazione organica del suo pensiero, si limitò a raccogliere il meglio della sua produzione di quegli anni (e solo in questo senso pensasse di affiancarlo al dattiloscritto già licenziato della prima parte delle *Untersuchungen*).

[9] Su questa linea cfr. lo stesso von Wright, *op. cit.*, pp. 135-36 [trad. it. cit., p. 169].
[10] Cfr. G.E.M. Anscombe-R. Rhees, *Bemerkung der Herausgeber*, in PU, p. VI.
[11] Von Wright ipotizza (*op. cit.*, p. 136 [trad. it. cit., pp. 169-70]) che questo fosse lo scopo ultimo per cui Wittgenstein conservava una raccolta di ritagli provenienti dai suoi dattiloscritti (pubblicata postuma col titolo di *Zettel*), la quale contiene equanimemente testi provenienti dal dattiloscritto preliminare *Bemerkungen I* del 1945 e da quelli successivi del periodo 1946-49.

Capitolo secondo

STRUTTURA DELL'OPERA

1. *Stile dell'opera*

Come abbiamo detto nel precedente capitolo, le *Ricerche filosofiche* sono state divise dai curatori in due parti principali. La prima parte mostra (specialmente nel settore §§ 1-188, di stesura più antica, e quindi più consolidata, del testo) lo sforzo da parte di Wittgenstein di scrivere un'opera in primo luogo organica, concentrata su pochi temi – la relazione linguaggio-mondo, la questione del significato e della comprensione, il rapporto tra significato e stati mentali di un individuo – analizzati in ogni loro piega, e in secondo luogo davvero destinata a un pubblico, come testimoniano la composizione di una Prefazione e i vari rimandi interni del testo (presenti soprattutto nel settore suddetto; cfr. §§ 5-8, 15-21, 24, 27, 37-38, 41, 48, 51, 53, 60, 64, 86, 142, 163-164, 179, 183, 185, 201).

D'altro canto, anche in questa parte più 'sistematica' dell'opera Wittgenstein si mostra fedele a uno stile di pensiero che gli impone di non preoccuparsi quasi mai di segnalare nel testo un cambiamento tematico oppure di tornare più volte sullo stesso tema come se questo non fosse stato mai trattato da lui in precedenza. La forma della scrittura, a paragrafi brevi, favorisce proprio questo andamento oscillante del testo. Lo stesso autore avverte questo modo di procedere come un difetto per lui costituzionalmente insopprimibile: come scrive nella Prefazione, «non appena tentavo di costringere i miei pensieri in *una* direzione facendo violenza alla loro naturale inclinazione, subito questi si deformavano» (PU, p. 3). Egli oppone peraltro a tale rilevazione critica una considerazione positiva; questo modo di procedere dipende «dalla natura della stessa ricerca, che ci costringe a percorrere una vasta regione di pensiero in lungo e in largo e in tutte le direzioni» (*ibid.*). Questa procedura ha consegnato al patrimonio della riflessione occidentale una filosofia assolutamente unica e irrepetibile, per sua natura difficilmente catalogabile in schemi di pensiero (come quello, oggi molto in voga, della distinzione tra filosofia 'analitica', argomentativa e rigorosa, e 'continentale', prospettica e storicizzante); vale a dire, una filosofia che non disdegna affatto l'argomentazione, ma che fa precedere alla preoccupazione di costruire argomenti rigorosi quella di descrivere tutta l'area concettuale di un tema di ricerca attraverso il paziente smontaggio delle tentazioni teoriche che chi fraintende la "grammatica profonda" del linguaggio, le regole d'uso delle sue espressioni, continua ostinatamente a voler proporre su quel tema. Questo modo di procedere è segnalato anche dall'andamento dialogico che ha il testo, in cui sovente, in una sorta di colloquio tra due anime di se stesso – quella del teorico, pronto ad abbracciare convinzioni filosofiche solo apparentemente intuitive, e quella del maieuta, pronto a mostrare al teorico quanto di fuorviante c'è in tali convinzioni – Wittgenstein si confronta con un ipotetico interlocutore, per dissolvere radicalmente le tesi di costui o per riformulare altrimenti quanto di corretto esse contengono.

2. *Riassunto dei temi principali*

Nella prima parte delle *Untersuchungen* Wittgenstein considera diversi argomenti tra di loro intrecciati, la cui trattazione non è per le ragioni suddette agevolmente localizzabile in maniera precisa entro i paragrafi del testo. Per cominciare, è costume considerare i §§ 1-137 come dedicati alla critica serrata delle posizioni teoriche da Wittgenstein stesso difese nel *Tractatus logico-philosophicus*, secondo la scansione seguente. I §§ 1-64 sono dedicati alla critica della teoria della denotazione del *Tractatus* e della dottrina raffigurativa del significato delle proposizioni che su questa teoria si regge, per arrivare alla concezione del significato come uso dei termini e delle proposizioni entro differenti e svariati giochi linguistici. I §§ 89-137 invece concernono la critica all'idea che la filosofia si debba occupare dell'essenza di qualcosa (il linguaggio, la proposizione) e che nel fare questo debba proporre un ideale logico di linguaggio in cui tale essenza è chiaramente dispiegata. Se la filosofia ha un compito, questo è quello di descrivere il linguaggio così com'è, il nostro linguaggio ordinario cioè, con ciò ottemperando allo scopo 'terapeutico' di liberare dai fraintendimenti concettuali in cui si incappa se non si capisce la grammatica dei termini che costituiscono un siffatto linguaggio. Contro la tendenza 'essenzialista' della filosofia, i §§ 65-81 suggeriscono poi che molti concetti sono caratterizzati soltanto dall'esistenza di "somiglianze di famiglia" tra gli oggetti che ricadono sotto di essi.

I §§ 81-88 anticipano una tematica che verrà compiutamente trattata più avanti nei §§ 185-242, vale a dire la questione del seguire una regola. Prima di arrivare a questo, peraltro, i §§ 138-184 si diffondono sul problema della relazione tra significato e comprensione, per polemizzare contro la tesi mentalista secondo cui comprendere un significato vuole dire avere certi processi o stati mentali (per esempio, avere determinate esperienze vissute); la digressione sulla natura non esperienziale del leggere (§§ 156-178) serve a corroborare tale critica.

I §§ 185-242 rappresentano lo snodo centrale del testo; per la rilevanza secondo Wittgenstein della nozione di regola in relazione a quella di significato, l'analisi del seguire una regola è infatti di fondamentale importanza per l'economia delle *Ricerche*. La critica al mentalismo è qui proseguita nell'accentuazione degli aspetti prassiologico-antropologici del seguire una regola. Il trattamento della questione successivamente presentata dal § 245 in poi, quella del linguaggio privato delle sensazioni e degli stati interni, si muove sulla stessa lunghezza d'onda. Lo scopo del testo è qui quello di provare, primo, che un siffatto linguaggio non può esistere data l'impossibilità per esso di ottemperare a criteri di normatività e, secondo, che molte tradizionali idee filosofiche inerenti a un tale tema derivano da fraintendimenti concettuali.

Difficile stabilire dove esattamente gli argomenti contro il linguaggio privato e le idee che gli girano intorno si concludono. Senza soluzione di continuità, Wittgenstein intreccia con tali argomenti il tema del rapporto pensiero-linguaggio (§§ 316-349, 357-369) e quello dell'io e della coscienza (§§ 404-427). Una relativa autonomia hanno i paragrafi sugli stati intenzionali e sul rapporto tra di essi e il loro soddisfacimento, consegnato a sua volta alla grammatica del linguaggio (§§ 428-465), che continua in una discussione incentrata sulle nozioni di ragione, motivo e giustificazione (§§ 466-490). Temi precedenti, sul rapporto tra significato, stati mentali, e comprensione, sono ripresi sotto una nuova luce, attenta per così dire alla fenomenologia di tali processi ed esperienze, nei §§ 491-570. Un'analisi della grammatica delle espressioni per stati mentali, che connette intimamente tali stati alla loro manifestazione esteriore, ha inizio col § 571; aspettazione, credenza, speranza, sono successivamente oggetto della riflessione di Wittgenstein, finché la sua attenzione (dal § 588 in avanti) è catturata dall'analisi dell'intenzione (nella doppia accezione di voler *fare* qualcosa e di voler *dire* qualcosa), e quest'analisi, dall'impostazione sempre anti-mentalista, si trascina sino alla fine della prima parte, con una sempre più serrata riflessione sull'intreccio tra intendere come *voler dire* qualcosa e intendere come *significare* qualcosa.

La seconda parte, come si è già detto ad andamento ancora più rapsodico della prima, è suddivisa in quattordici sezioni, di lunghezza diseguale. Di queste, la più famosa è di gran lunga la XI, in cui si tratta del tema del "vedere qualcosa come qualcos'altro" come un genere di evento mentale intermedio tra quelli della percezione e del pensiero, per connettere poi tale tema con quello affine dell'esperienza del significato e per concludere infine con una problematica riflessione sull'attribuzione ad altri di stati psicologici. Osservazioni intorno al tema dell'esperienza del significato ricorrono anche nelle Sezz. II e VI. Il tema dell'attribuzione ad altri di stati psicologici ricorre invece anche nelle Sezz. I, IV e V; a ciò si affianca, nelle Sezz. IX e X, la trattazione in chiave anti-mentalista del tema parallelo dell'auto-attribuzione di tali stati. Dal canto suo, la Sez. III tratta nella stessa chiave del tema dell'intenzionalità, del fatto che gli stati mentali vertano su qualcosa. A parte la nozione di "vedere-come", fin qui si tratta della ripresa di argomenti già trattati nella prima parte; le Sezz. VII e XIII trattano invece, seppure nella stessa ottica, di soggetti relativamente nuovi, vale a dire degli stati mentali del sognare e del ricordare. Lo stesso è per la Sez. VIII, dove Wittgenstein parla di sensazioni cinestetiche. Le Sezz. XII e XIV hanno invece un interesse metodologico. Nella seconda, Wittgenstein spiega che il suo ravvivato interesse verso temi e concetti della psicologia non è un interesse scientifico, e che è anzi fuorviante concepire così la psicologia; nella prima, egli torna sul problema generale, fondamentale, dello statuto della grammatica delle espressioni di una lingua, o del sistema di concetti da queste espressi, per mettere in evidenza la complessa relazione tra natura e arbitrio nell'elaborazione di un sistema siffatto.

Molte di queste sezioni (la III, la XII e la XIV in particolare) sono composte da brevi osservazioni, e hanno dunque una natura poco più che aforistica. Per averle trascelte dai manoscritti da cui, come abbiamo detto nel capitolo precedente, la Parte seconda delle *Ricerche* deriva, Wittgenstein doveva peraltro quantomeno ritenere che, nella loro icasticità, esse fossero le osservazioni più capaci di rappresentare correttamente il suo pensiero sui temi trattati.

Schema degli argomenti delle «Ricerche filosofiche»

Parte prima

§§ 1-80, 89-137	§§ 81-88, 138-242, 491-569	§§ 428-465, 466-490	§§ 571-693	§ 243-427
critica del *Tractatus*, somiglianze di famiglia, filosofia	comprendere, significare, seguire una regola	intenzione e suo riempimento, ragioni	stati intenzionali, intenzionalità	linguaggio privato, stati qualitativi, pensiero e linguaggio, io e coscienza

Parte seconda

I – stati mentali in generale: IV, V – in rapporto al comportamento e IX – alla loro espressione

stati mentali in particolare: VII – sognare; VIII – sensazioni cinestetiche; X – credenza e paradosso di Moore; XIII – ricordare

II, VI, XI – esperienza vissuta del significato; XI – vedere-come

III – intenzionalità

XIV – la situazione odierna della psicologia

XII – grammatica e natura

Capitolo terzo

ANALISI DELL'OPERA

1. LA CRITICA AL «TRACTATUS»
E LA NUOVA IMMAGINE DEL LINGUAGGIO

1.1. *Il rigetto degli assunti fondamentali del «Tractatus»*

Scrive Wittgenstein nella Prefazione alle *Untersuchungen** che quest'opera avrebbe dovuto essere pubblicata insieme al suo grande lavoro precedente, il *Tractatus logico-philosophicus*, perché è dal confronto con quest'ultimo che i nuovi pensieri possono ricevere la giusta luce (PU, p. 4). Questo è particolarmente vero per le parti inaugurali delle *Untersuchungen* – grosso modo, PU §§ 1-137 – in cui Wittgenstein si incarica, più esplicitamente che altrove in quest'opera, di criticare la prospettiva da lui difesa nel *Tractatus*. È at-

---

* È opportuno prima di tutto precisare i criteri esegetici che guideranno questo commento. Tra gli interpreti delle *Untersuchungen* si sono recentemente formate due correnti: chi difende una prospettiva *immanentista*, secondo cui le *Untersuchungen* vanno lette come un testo autosufficiente, e chi difende una prospettiva *genetica*, secondo cui i passi del testo a stampa vanno spiegati alla luce delle corrispondenti entrate nei manoscritti e dattiloscritti preparatori a tale testo (si veda rispettivamente E. von Savigny, *The self-sufficiency of the «Philosophical Investigations»*, e H.-J. Glock, *«Philosophical Investigations»: Principles of interpretation*, in *Wittgenstein – Towards a Re-Evaluation. Proceedings of the 14th International Wittgenstein Symposium 1989*, vol. II, a cura di R. Haller e J. Brandl, Hölder-Pichler-Tempsky, Wien 1990, pp. 142-51 e 152-62). Qui si cercherà di tenere una linea intermedia: si proverà a chiarificare il più possibile il testo a stampa dall'interno, sulla scorta dell'indubbia verità per cui tra tutti i suoi elaborati questo era il testo che Wittgenstein giudicò il meno insoddisfacente; si ricorrerà però al *Nachlaß* wittgensteiniano ogni volta che ciò serva a delucidare formulazioni che nel testo a stampa risultano irrimediabilmente opache.

traverso la critica di tale prospettiva, infatti, che Wittgenstein comincia fin da ora nelle *Untersuchungen* a delineare la sua nuova visione del linguaggio, imperniata, come vedremo nelle pagine che seguono, sulle nozioni di *grammatica, giuoco linguistico* e *forma di vita*.

Pertanto, sarà utile cominciare l'analisi del testo delle *Untersuchungen* ricapitolando le tesi del *Tractatus* che Wittgenstein prende in esame particolarmente nei paragrafi 1-137 succitati:

1. Ogni proposizione ha senso nella misura in cui o è una proposizione elementare (una presentazione di uno stato di cose possibile) o è una proposizione complessa (una combinazione verofunzionale di proposizioni elementari) (TLP 2.202, 4.01, 4.031, 5, 5.2341, 6.53).

2. La proposizione è un'immagine della realtà (TLP 4.01).

3. Una proposizione elementare è, come un'immagine, una connessione di elementi segnici primitivi: i *nomi*. Il significato di un nome altro non è che la cosa per cui esso sta. (TLP 2.131, 2.14, 3.14, 3.203, 3.22)

4. Il requisito della possibilità dei segni semplici è il requisito della determinatezza del senso (TLP 3.23).

5. Se il mondo non avesse una sostanza, l'avere una proposizione senso dipenderebbe dall'essere un'altra proposizione vera (TLP 2.0211).

6. Esiste una forma generale della proposizione (TLP 4.5, 6).

7. L'immagine (la proposizione) deve avere in comune con la realtà da essa raffigurata la forma logica (TLP 2.17, 2.18, 4.12).

Partiamo dalla tesi 1. Nel *Tractatus* Wittgenstein aveva stabilito che gli enunciati di un linguaggio hanno senso soltanto in due casi: o quando sono *proposizioni elementari*, ossia proposizioni non ulteriormente analizzabili come combinazioni di proposizioni più semplici, ma composte piuttosto da termini primitivi, i *nomi*, o quando sono *proposizioni complesse*, chiamate da Wittgenstein *funzioni di verità* di proposizioni elementari; in questo secondo caso, si tratta di enunciati costruiti da proposizioni elementari unite dai cosiddetti connettivi proposizionali (enunciati del tipo "*p* o *q*", "se *p* allora *q*", "non (*p* e *q*)", "*p* o *q* o *r*" ecc.) in modo tale, che il loro valore di verità (il loro essere veri oppure falsi) risulta essere una particolare funzione del valore di verità di queste ultime proposizioni (per esempio "*p* o *q*" sarà vero se entrambe le proposizioni elementari "*p*" e "*q*", o almeno una delle due, sono vere, falso se entrambe sono false). Ma in che cosa consiste questo senso che solo le proposizioni elementari e quelle complesse possiedono? Nell'un caso come nell'altro, il senso di un enunciato coincide colle sue *possibilità*, o *condizioni*, *di verità*: detto in termini molto generali, queste ultime sono le circostanze extralinguistiche alle quali l'enunciato in questione è vero (TLP 4.4, 4.41, 4.431). Tutti gli altri enunciati o si riducono a proposizioni siffatte oppure sono insensati.

Nel caso di una proposizione complessa, è relativamente semplice illustrare in che modo il suo senso è la sua possibilità di verità. Wittgenstein dice che il senso di una proposizione complessa dipende da quello dei suoi costituenti proposizionali elementari (TLP 5.2341). Questo significa che avere senso per una tale proposizione coincide colla dipendenza della sua possibilità di essere vera dalle possibilità di verità delle proposizioni elementari che la compongono. Per esempio, per la proposizione complessa "p o q", composta dalle proposizioni elementari "p" e "q", vi sono le seguenti possibilità di essere vera: qualora sia vera "p", oppure qualora sia vera "q", oppure ancora qualora tanto "p" quanto "q" siano vere. Queste possibilità di verità delle proposizioni elementari "p" e "q" costituiscono la possibilità per "p o q" di essere vera, quindi il suo senso.

Chiaramente, però, dire che il senso di una tale proposizione sta nella dipendenza della sua possibilità di verità da quelle delle proposizioni elementari che la compongono fornisce una spiegazione soltanto parziale di che cosa sia questo senso. Infatti, finché non sappiamo cosa significa per una proposizione elementare che il *suo* senso coincide colle sue possibilità, o condizioni, di verità, la tesi secondo cui il senso di una proposizione complessa coincide con le sue condizioni di verità non può essere compresa nella sua interezza. In altre parole, comprendere appieno la tesi che il senso di una proposizione è identico alle sue condizioni di verità quando applicata a una proposizione complessa comporta sapere cosa significa la stessa tesi quando applicata a una proposizione elementare. A questo riguardo, non abbiamo al momento alcuna intuizione; possiamo solo disporre della conoscenza negativa che il senso di una proposizione elementare non dipende da quello di alcun'altra proposizione.

Ma Wittgenstein è pronto a dare un chiarimento. Che cosa significa che per una proposizione elementare il suo senso sta nella possibilità per essa di essere vera? Questo: che il suo avere senso *consiste* nel presentare uno stato di cose possibile, una situazione che, indipendentemente dal suo effettivo sussistere, *potrebbe* darsi nel mondo (TLP 4.031). Dire che una proposizione elementare ha senso e dire che essa presenta uno stato di cose possibile è la stessa cosa.

Tuttavia, ci si potrebbe domandare, come fa una proposizione a presentare uno stato di cose siffatto? Che uno stato di cose possibile sia *presentato* da una proposizione fa pensare che in qualche modo sia possibile vedere tale stato di cose entro la proposizione. Ma come si fa a *vedere* uno spicchio di realtà possibile entro quello che di primo acchito non pare altro che un assemblaggio di fonemi o grafemi? A questo riguardo, Wittgenstein avanza la cosiddetta *teoria raffigurativa* delle proposizioni, che mira ad assimilare le proposizioni ad immagini; vale a dire, la tesi 2, la quale acquista la sua pregnanza proprio nel caso delle proposizioni elementari. Una proposizione elementare ha la capacità di presentare uno stato di cose possibile nella misura in cui, nel suo avere senso, essa si comporta proprio così come si comportano un'immagine grafica o un modello (TLP 4.01).

È proprio di un'immagine avere senso in quanto, nell'essere un'articolazione di elementi che sono in essa combinati in un determinato modo, essa letteralmente *presenta*, proprio come in una fotografia, una situazione che potrebbe accadere, uno stato di cose possibile, costituito da oggetti per i quali gli elementi dell'immagine fanno da sostituti. Un tale stato di cose corrisponde infatti alla possibilità che gli oggetti che lo costituiscono si combinino tra loro in modo strutturalmente identico al modo in cui sono connessi gli elementi dell'immagine (TLP 2.15, 2.202). Se poi un tale stato di cose accadesse davvero, se cioè i suoi oggetti si combinassero davvero così come sono combinati gli elementi dell'immagine in questione, esso renderebbe una tale immagine vera (TLP 2.21). Se tale eventualità si dà, si dirà che l'immagine *raffigura* veracemente o correttamente uno stato di cose sussistente o reale (TLP 2.17, 2.18). Supponiamo per esempio che un istruttore di scherma tracci uno schizzo per disegnare una certa fase di un eventuale combattimento tra due allievi della sua scuola. Una silhouette ha il compito di rappresentare il primo schermidore, un'altra il secondo. Quello schizzo presenta così la possibilità che il primo schermidore stia in una determinata posizione rispetto al secondo; un certo stato di cose possibile, dunque. Se davvero i due schermidori in questione staranno tra di loro in quella posizione determinata, lo schizzo varrà come raffigurazione corretta di uno stato di cose reale[1].

Secondo Wittgenstein, lo stesso vale per una proposizione elementare. Poniamo che l'enunciato "A è a sinistra di B", che dice che una certa macchia A è a sinistra della macchia B, sia una siffatta proposizione. Quest'enunciato risulta essere la combinazione di certi elementi, i segni "A" e "B", che fungono da rappresentanti nell'enunciato di determinati oggetti, le due macchie in questione. Me-

---

[1] Un esempio del genere ricorre in Wittgenstein in TB, p. 92.

diante tale combinazione, esso ci presenta un modo in cui questi oggetti possono stare – in cui una certa macchia è a sinistra di un'altra, appunto; se poi questo modo non è solo possibile, ma anche reale – di fatto la prima macchia *è* a sinistra dell'altra – allora questo sarà uno stato di cose reale che rende il nostro enunciato vero ed è raffigurato veracemente da questo (TLP 4.016, 4.031, 4.0311, 4.06).

Una volta stabilito il carattere iconico di una proposizione elementare, Wittgenstein può estendere la teoria raffigurativa anche alle proposizioni complesse. Nella misura in cui, come abbiamo visto poc'anzi, il senso di una proposizione complessa è funzione dei sensi delle proposizioni elementari che la compongono, e i sensi di queste ultime coincidono con gli stati di cose possibili che tali proposizioni presentano, possiamo dire che anche le proposizioni complesse hanno, sia pur indirettamente, una natura raffigurativa. La tesi che una proposizione *mostra* il suo senso, letteralmente vera per una proposizione elementare una volta che questa sia trattata come un'immagine, vale così per Wittgenstein tanto per proposizioni elementari quanto per proposizioni complesse (TLP 4.022, 4.461).

Risulta perciò che la tesi 2, la teoria raffigurativa delle proposizioni, sta alla base della tesi 1 del *Tractatus*: le proposizioni elementari e quelle complesse sono le uniche ad avere senso nella misura in cui esse soltanto hanno una natura raffigurativa. In altre parole, solo enunciati il cui compito è quello di raffigurare fatti (direttamente, come le proposizioni elementari, o indirettamente, come le proposizioni complesse che sono combinazioni di proposizioni elementari tramite l'applicazione di connettivi enunciativi) sono significanti.

Ma come si fa a ridurre la varietà espressiva del linguaggio alla mera funzione raffigurativa? È su questa sua precedente posizione espressa dalla tesi 2 che l'attenzione critica di Wittgenstein si focalizza fin dai primi paragrafi delle *Untersuchungen*. Per il Wittgenstein delle *Untersuchungen*, l'idea che gli enunciati abbiano senso solo se raffigurano fatti riflette una concezione troppo angusta della significanza enunciativa. Raffigurare fatti è solo uno tra gli svariati scopi per i quali si possono impiegare le proposizioni del linguaggio:

Ma quanti tipi di proposizioni vi sono? Per esempio: asserzione, domanda ed ordine? – Di tali tipi ne esistono *innumerevoli*: innumerevoli tipi differenti di impiego di tutto ciò che chiamiamo «segni», «parole», «proposizioni». E questa molteplicità non è data una volta per tutte; ma nuovi tipi di linguaggio, nuovi giuochi linguistici, come potremmo dire, sorgono e altri invecchiano e vengono dimenticati. [...] È interessante confrontare la molteplicità [...] dei tipi di parole e di proposizioni, con quello che sulla struttura del linguaggio hanno detto i logici. (E anche l'autore del *Tractatus logico-philosophicus.*) (PU § 23; vedi anche § 304)

Ora, se la tesi 2 del *Tractatus* si dimostra inappropriata per le ragioni suddette, anche la tesi 1, che proprio da quella tesi è sorretta, va accantonata. Se la tesi che solo le proposizioni elementari e quelle complesse hanno senso in quanto hanno certe condizioni di verità è sorretta dalla teoria raffigurativa, una volta che si scopra che l'uso degli enunciati per raffigurare fatti è solo *un* uso, quello descrittivo, tra i tanti possibili, non vi è più ragione per sostenere la tesi 1 suddetta. In altre parole, non è più vero che proposizioni elementari o combinazioni verofunzionali di tali proposizioni sono i soli enunciati ad avere senso.

Ma nell'attribuire al Wittgenstein delle *Untersuchungen* il rigetto della tesi 2, della teoria raffigurativa, e quindi anche, sulla base di tale rigetto, la negazione della tesi 1 del *Tractatus*, non siamo stati troppo precipitosi? A ben vedere, l'attribuzione della significanza ad *usi* degli enunciati, in cui quello descrittivo (o come si potrebbe anche dire, *assertorio*) è solo un uso enunciativo a fianco di tutti quelli non descrittivi come chiedere, pregare, ordinare, fare delle ipotesi ecc., non sembra ancora scardinare la teoria raffigurativa del *Tractatus*, ma solo imporre una sua revisione. Come suggerisce lo stesso Wittgenstein, si possono concepire l'uso assertorio e quelli non assertori di uno stesso enunciato – che in italiano potrebbe essere utile distinguere via segni di interpunzione, per esempio "Piove." "Piove?" "Piove!" – come modi diversi di impiegare uno stesso nucleo proposizionale, il «radicale proposizionale» (*Satzradikal*). Lo stesso ragionamento si può proporre per un'immagine. Si può concepire, suggerisce analogamente Wittgenstein, di impiegare in modi diversi una stessa immagine; «un quadro che rappresenti un pugile in una determinata posizione di combattimento [...] può venire usato per comunicare a qualcuno come deve stare, che posizione deve assumere; oppure che posizione non deve assumere; oppure che determinata posizione ha assunto un determinato uomo in quel posto così e così, ecc. ecc.» (PU, p. 21). In questo modo, il paragone tra proposizione e immagine che sta alla base della teoria raffigurativa non sarebbe affatto leso, ma semplicemente riproposto in altra forma. Conseguentemente, si potrebbe pensare che Wittgenstein intenda nelle *Untersuchungen* non abbandonare, ma semplicemente emendare, la tesi 2 nel modo seguente: sebbene, contrariamente a quanto suggerito dal *Tractatus*, si dia un'incredibile varietà di usi enunciativi, tutti i differenti usi, descrittivi o meno, di uno stesso enunciato condividono comunque un nucleo raffigurativo, quello espresso dal radicale proposizionale di tale enunciato[2].

Così emendata, si potrebbe allora dire, la tesi 2 potrebbe ancora fungere per il Wittgenstein delle *Untersuchungen* da sostegno alla tesi 1, qualora evidentemente anche quest'ultima fosse opportunamente ritoccata ponendo al posto della nozione di condizioni di verità quella di *condizioni di soddisfazione* (di enunciati usati tanto in modo non descrittivo quanto in modo descrittivo si dirà che hanno senso non se possono essere veri, ma se possono essere *soddisfatti*). Ma non è necessario vedere in dettaglio come dovrebbe funzionare questa riformulazione della tesi 1, perché Wittgenstein non intende in realtà affatto proporre il suddetto emendamento della tesi 2[3]. Il punto per lui è piuttosto che, una volta scomposta la questione del senso di un enunciato nella questione del senso dei termini che lo costituiscono, la pretesa di aggiustare la tesi 2, la teoria raffigurativa del *Tractatus*, nel modo suddetto − sostenendo cioè che l'aspetto raffigurativo degli enunciati sta solo nel nucleo raffigurativo comune agli usi enunciativi in cui si asserisce, si ordina, si desidera, si chiede ecc. la stessa cosa − risulta inutile. Infatti, il problema fondamentale per Wittgenstein è che la teoria raffigurativa del *Tractatus* si regge a sua volta su un'assunzione che non abbiamo ancora sviscerato, la quale risulta adesso, nelle *Untersuchungen*, certamente erronea. Ma se quest'ultima assunzione è erronea, nessun tentativo di legittimare la tesi 1, secondo cui solo le proposizioni elementari e quelle complesse hanno senso, sarà più possibile. Nessun ristretto criterio di significanza enunciativa, come quello proposto da Wittgenstein nel *Tractatus* sotto la tesi 1, ha dunque più ragione di esistere.

L'assunzione in questione è quella che abbiamo all'inizio chiamato la tesi 3 del *Tractatus*. In realtà, quest'ultima tesi altro non è che un elemento della tesi 2 su cui non ci siamo ancora soffermati. Per il Wittgenstein del *Tractatus*, un'immagine è caratterizzata dal fatto di avere elementi iconici la cui funzione è esclusivamente quella di *fare le veci* degli oggetti che costituiscono lo stato di cose presentato dall'immagine. Per esempio, in un disegno come quello che abbiamo precedentemente ricordato raffigurante il combattimento di due determinati schermidori, le due silhouette hanno l'esclusiva

[2] Per questa interpretazione cfr. A. Kenny, *Wittgenstein*, Penguin Books, Harmondsworth 1973, pp. 122, 226 [trad. it. Boringhieri, Torino 1984, pp. 145, 260]. Già ai tempi del *Tractatus* Wittgenstein aveva considerato quest'emendamento come una variante della teoria raffigurativa: cfr. NL, p. 204.

[3] Cfr. G.P. Baker-P.M.S. Hacker, *An Analytic Commentary on Wittgenstein's «Philosophical Investigations»*, Vol. 1, Blackwell, Oxford 1983[2], pp. 63-68.

funzione di stare rispettivamente per tali schermidori. Se una proposizione elementare è un'immagine in senso letterale, allora anch'essa deve contenere degli elementi la cui funzione è solo quella di fare le veci degli oggetti dello stato di cose presentato dalla proposizione. Non dovendo svolgere alcun'altra funzione semantica, si può ben dire che tali elementi segnici siano dei primitivi semantici non ulteriormente analizzabili. Nel *Tractatus* Wittgenstein chiama questi primitivi semantici i *nomi* e dice che la loro primitività semantica consiste proprio nel fatto che il loro significato coincide col loro referente, l'*oggetto* per cui essi stanno. È mediante nomi siffatti, la cui interpretazione semantica coincide col loro referente, che la proposizione-immagine tocca la realtà (TLP 2.1515).

Ora, è proprio contro questo modello semantico presentato dalla tesi 3, un modello che vede alla radice del rapporto linguaggio-mondo una relazione *diretta* tra termini del linguaggio considerati come primitivi semantici ed elementi individuali della realtà – quello che è ora chiamato «il modello 'oggetto e designazione'» (PU § 293) –, che Wittgenstein lancia i suoi strali fin dalle sezioni inaugurali delle *Untersuchungen*. A riprova di quanto radicato sia nella storia del pensiero umano questo modo di concepire la relazione linguaggio-mondo, egli chiama in causa le *Confessioni* di Agostino come prototipo di tale modello semantico:

> [Nelle parole di Agostino] troviamo, così mi sembra, una determinata immagine del linguaggio umano. E precisamente questa: Le parole del linguaggio denominano oggetti – le proposizioni sono connessioni di tali denominazioni. — In quest'immagine del linguaggio troviamo le radici dell'idea: Ogni parola ha un significato. Questo significato è associato alla parola. È l'oggetto per il quale la parola sta. (PU § 1)

A tale modello 'agostiniano' del linguaggio, per cui il linguaggio è in ultimo composto da termini che fanno da meri segnaposti per elementi individuali della realtà, Wittgenstein replica prima di tutto che esso è assolutamente inadeguato. Un tale modello si potrebbe applicare a un linguaggio rudimentale costituito esclusivamente da termini la cui unica funzione è quella di venire associati a oggetti spaziotemporali di media grandezza: come sarebbe il linguaggio di due muratori costituito solo da termini come "mattone", "pilastro", "lastra", "trave", i quali fossero proferiti solo quando i due muratori intendono scambiarsi certi materiali da costruzione (PU § 2). Ma il nostro linguaggio non è un tale linguaggio; i termini che costituiscono le sue proposizioni hanno una gamma di funzioni ben più articolata di quella rappresentata da ciò che sarebbe – se mai vi fosse una cosa del genere – il puro denotare, il puro 'stare per' una cosa da parte di un elemento segnico (PU § 11).

A questo proposito, peraltro, occorre immediatamente notare che Wittgenstein non intende tanto criticare l'idea di denotazione in generale, quanto rilevare la sua *vacuità* dal punto di vista semantico. Vale a dire, non è sbagliato, ma semplicemente *non si è ancora detto nulla* sul significato dei termini che ricorrono in un enunciato, quando si dice che essi hanno un referente. Wittgenstein non ha nulla in contrario a considerare termini siffatti come nomi dotati di referente; anzi, questo è in accordo con la prassi ordinaria in cui si parla dei numerali come nomi di numeri, dei termini di sensazione come nomi di sensazioni ecc. Ma per l'appunto, «dicendo: 'ogni parola di questo linguaggio designa qualcosa' non abbiamo ancora detto *proprio* niente» (PU § 13; vedi anche § 49), ossia, niente di rilevante sul *significato* di una parola. Che svariati termini del linguaggio – "Palermo", "mare", "blu", "due" – abbiano tutti una denotazione è una verità banale; ma con ciò non si è ancora chiarito in che cosa un termine è semanticamente diverso da un altro, è caratterizzato da una sua specifica funzione semantica.

A quest'osservazione di Wittgenstein verrebbe immediatamente da ribattere in questo modo: certamente è banale che tutti i termini sopraelencati abbiano un riferimento; tuttavia, ciò che li rende semanticamente diversi è ancora un elemento referenziale, ossia il fatto che si riferiscono a *tipi di cose* diverse: per esempio, "Palermo" sta per un *artefatto culturale* come una città, "due" si riferisce a un *numero*. Ma Wittgenstein replicherebbe che se, come è vero, termini del genere si riferiscono a tipi di cose diverse, ciò dipende dal fatto che sono *usati* in modo essenzialmente differente: «che cosa, se non il modo del loro uso, dovrebbe rivelare ciò che [le parole] designano?» (PU § 10). Questo è quanto Wittgenstein intende chiosare nella famosa tesi per cui il significato di un'espressione non sta nel suo referente, ma nell'*uso* che facciamo di essa nel linguaggio (PU § 43); sintagmi nominali, che sono sì accomunati, ma banalmente, dal fatto di avere tutti un riferimento, hanno poi un uso, e quindi un significato, completamente diverso; e questo è ciò che permette loro di riferirsi a cose tipologicamente differenti. Così, per esempio, la lettera "d" impiegata come un numerale, un nome comune come "lastra" e un'espressione deittica come "là" hanno tutti un riferimento: il numero 4 (poniamo), la classe delle lastre e una certa porzione di spazio. Ma questo non rende tali espressioni più simili nella misura in cui la modalità del loro impiego è differente (PU § 17).

È in questo contesto di valutazione critica della tesi 3 del *Tractatus*, per cui alla base del significato linguistico c'è una relazione diretta di riferimento tra elementi segnici primitivi e loro *designata*, che Wittgenstein inserisce una critica alla nozione di *definizione ostensiva*, o meglio a una certa interpretazione di tale nozione. Parlando in generale, per definizione ostensiva si intende la spiegazione del significato di un termine mediante, per l'appunto, l'ostensione o (se si tratta di un termine generale, come "lastra") di un determinato campione rappresentativo della classe di oggetti per cui la parola sta – la spiegazione del significato di "lastra" ricordata nel paragrafo precedente è proprio un caso siffatto di definizione ostensiva: "lastra è *questo*" – o (se si tratta di un termine singolare, come "Federico") del suo referente particolare: "*questo* è Federico". Ora, nello spirito del *Tractatus* qualcuno potrebbe dire che il significato delle espressioni primitive della lingua, i nomi, è dato via ostensione, perché è l'ostensione a dare per ogni nome il suo determinato referente[4]. Ma questo significa interpretare la definizione ostensiva come qualcosa che permette di associare direttamente una qualsiasi parola al suo referente. Quest'interpretazione è per il Wittgenstein delle *Untersuchungen* fuorviante. Non vi è alcun problema ad accettare la definizione ostensiva come spiegazione del significato di un termine, purché, egli rileva, si osservi la restrizione seguente:

La definizione ostensiva spiega l'uso – il significato – della parola, quando sia già chiaro quale funzione la parola debba svolgere, in generale, nel linguaggio. Così, la definizione ostensiva: «Questo si chiama 'seppia'» aiuterà a comprendere la parola se so già che mi si vuol definire il nome di un colore. (PU § 30)

In assenza della pre-comprensione di quello che Wittgenstein chiama il *posto* del linguaggio entro cui l'espressione si colloca, ossia se relativamente a quell'espressione non si sa già se si tratti di un termine di *colore* o un termine di *numero* ecc. (PU § 29), la definizione ostensiva non sarà di alcun aiuto. Di per sé, una definizione ostensiva non può fissare il significato di alcunché. Se non fosse chiaro a che *tipo* di cosa mi riferisco con la parola in questione, se a una persona o a un colore per esempio, la definizione potrebbe essere interpretata in una varietà di modi, nessuno dei quali ha più autorità dell'altro: «colui al quale do una definizione ostensiva del nome di una persona potrebbe interpretarlo come il nome di un

---

[4] Così Hacker propone di leggere TLP 3.263: cfr. P.M.S. Hacker, *Insight and Illusion*, Oxford University Press, Oxford 1972, pp. 49-50.

colore, come la designazione di una razza o addirittura come il nome di un punto cardinale» (PU § 28).

Ricapitolando, ciò che per Wittgenstein non va della tesi 3 del *Tractatus* è, prima di tutto, che essa vale solo per linguaggi rudimentali, e poi, che la mera individuazione di un referente per un termine nominale non ne spiega l'uso, e quindi il significato. A quest'ultima osservazione critica nei confronti della tesi 3 Wittgenstein ne affianca una ancora più radicale; l'individuazione di un referente non può spiegare il significato di un termine nominale perché in generale significato e riferimento (o portatore) di un nome vanno separati, come a detta di Wittgenstein mostra chiaramente il caso dei nomi propri di una lingua naturale. Se viene a mancare il portatore di un nome proprio, non per questo tale nome perde di significato; il nome conserva il suo significato anche in assenza dell'oggetto per cui esso sta. «Se il signor N.N. muore si dice che è morto il portatore del nome, non il significato del nome» (PU § 40).

Tuttavia, come Wittgenstein sa bene, quest'ultimo argomento non è decisivo. Infatti, anche un sostenitore della tesi 3 del *Tractatus* potrebbe accettarlo, dicendo che esso vale sì in relazione alle espressioni che sono di fatto i nomi propri di una lingua naturale – "Federico", "Palermo" – ma *esclusivamente* in rapporto a tali espressioni. Costui direbbe che nelle considerazioni di Wittgenstein finora menzionate non si è fatto cenno all'aspetto secondo cui i costituenti delle proposizioni elementari, i nomi, devono essere dei *primitivi*, ossia degli elementi non ulteriormente analizzabili in altri termini. L'argomento appena avanzato da Wittgenstein mostrerebbe solo che i nomi propri di una lingua non sono quei primitivi. Un primitivo deve essere tale che, se manca di riferimento, non ha senso. Se un nome proprio ha invece, come PU § 40 mostrerebbe, senso anche in assenza di riferimento, per il sostenitore della tesi 3 ciò proverebbe soltanto che esso non è un primitivo, ma va smembrato in termini costituenti, e *questi* (o ulteriori termini costituenti di questi) saranno alla fine i primitivi che cerchiamo. Proprio così ragiona l'ipotetico interlocutore di Wittgenstein in PU § 39: «Analizzando il senso la parola "Nothung" dovrà dunque sparire e al suo posto dovranno subentrare parole che denominano qualcosa di semplice. Queste parole saranno chiamate a ragione i nomi veri e propri».

Ma già nello stesso PU § 40 Wittgenstein ribatte a tale ipotetico interlocutore che, se l'uso linguistico dei nomi propri ordinari mostra che il senso di tali espressioni *non* è il loro riferimento, l'ipotesi che vi siano dei primitivi semantici il cui senso coincide col loro riferimento si rivela implausibile. Infatti, tra tutte le espressioni nominali di cui il linguaggio ordinario dispone, i nomi propri sembrerebbero proprio le espressioni il cui funzionamento ricorda più da vicino quello di tali primitivi semantici. Ma se a ben guardare per i nomi propri ordinari le cose non stanno così, l'onere della prova che ci siano espressioni primitive per cui il significato coincide col riferimento ricade tutto su chi sostiene una cosa del genere – su chi sostiene, insomma, che vi siano espressioni diverse dai nomi propri ordinari, le quali, nel fungere da primitivi semantici nel senso suddetto, sarebbero i *veri* nomi propri: espressioni il cui significato coincide col loro riferimento.

Infatti, quali potrebbero essere gli ulteriori candidati linguistici per un ruolo siffatto? Secondo Wittgenstein, nessuno. Per esempio, non i cosiddetti nomi *logicamente* propri di Russell, ossia dimostrativi come "questo" e "quello" impiegati per riferirsi a dati sensoriali. Nella fase più influenzata dalla lettura del *Tractatus* di tutta la sua filosofia, Russell aveva sostenuto che dimostrativi siffatti sono nomi logicamente propri nella misura in cui essi stanno alla base del linguaggio, sono dei primitivi semantici cui gli altri termini devono essere ricondotti, perché sono gli unici termini che si riferiscono direttamente a qualcosa, il cui significato coincide cioè col loro riferimento[5]. Ma, dice adesso Wittgenstein commentando quest'idea, un dimostrativo non è un nome. È proprio delle regole d'uso di un nome proprio "N" che per definirlo entro una definizione ostensiva si usi un dimostrativo ("Questo si chiama 'N'"); ma ovviamente non si potrà usare un dimostrativo per definire a sua volta lo stesso dimostrativo (PU § 38).

Ma l'ipotetico oppositore del Wittgenstein delle *Untersuchungen* non si darebbe ancora per vinto. Nel *Tractatus*, Wittgenstein non si era minimamente preoccupato della mancanza di candidati concreti per svolgere il ruolo di nome logicamente proprio, di nome come puro designatore del proprio referente. Questo perché secondo lui vi erano due argomenti a priori che dimostravano l'indispensabilità teorica di nomi siffatti, contenuti nelle tesi 4 e 5 del *Tractatus*. L'ultimo tentativo di fondare la tesi 3 è dunque quello di ri-

---

[5] Cfr. Russell (PLA, pp. 136-37). Per Russell, tranne i dimostrativi suddetti tutti i sintagmi nominali sono, in forma camuffata, descrizioni definite (sintagmi del tipo "il così e così" in cui l'espressione formale "così e così" è ogni volta rimpiazzata da un termine per un concetto), le quali sono termini singolari complessi che hanno (entro determinati contesti enunciativi d'uso) un senso anche qualora siano privi di denotazione. Una tale eventuale denotazione sarà poi una costruzione logica di dati sensoriali, i quali sono quanto i suddetti dimostrativi designano direttamente. È tuttavia controverso che nel *Tractatus* Wittgenstein abbia ripreso *in toto* questa posizione di Russell (come pensano M.B. Hintikka-J. Hintikka, *Investigating Wittgenstein*, Blackwell, Oxford 1986, cap. 3 [trad. it. Il Mulino, Bologna 1990]).

correre a tali argomenti a priori. Tuttavia, nella prospettiva delle *Untersuchungen* anche questi argomenti sono privi di efficacia.

La tesi 4 muove dall'assunto che le proposizioni del nostro linguaggio, per quanto complicate possano essere, sono comprese senza residui; per quanto complicate, cioè, possano essere le convenzioni che soggiacciono all'interpretazione delle proposizioni del nostro linguaggio, se una proposizione viene compresa, essa viene compresa *tutta* e *immediatamente*. Se questo è vero, allora il senso delle proposizioni del nostro linguaggio è determinato; l'interezza della comprensione presuppone la determinatezza di ciò che è compreso, cioè il senso di un enunciato. Ora, l'unica spiegazione che si possa dare di tale determinatezza, secondo il Wittgenstein del *Tractatus*, è che il processo di analisi semantica dei componenti di una proposizione abbia un termine, sfoci cioè in elementi ultimi non ulteriormente analizzabili, ossia in primitivi semantici. Solo se l'analisi di una proposizione in componenti più semplici ha un termine del genere, il senso di quella proposizione può legittimamente dirsi determinato.

Ma per il Wittgenstein delle *Untersuchungen* l'assunto della determinatezza del senso è qualcosa che non ha più bisogno di essere perseguito; esso non è, come egli aveva creduto nel *Tractatus*, un dato di fatto, ma un astratto ideale semantico sovrapposto per così dire dal punto di vista esterno di una teoria alla prassi concreta della significanza. Possiamo tranquillamente accettare enunciati il cui senso è indeterminato e convivere con una siffatta vaghezza. La vaghezza non è di ostacolo alla nostra comunicazione, almeno fino a quando non ci poniamo contestualmente il problema di come delimitare meglio un senso indeterminato. Ma questo non è un problema insolubile; esso si affronta in modo non dissimile da come facciamo quando giochiamo a un giuoco le cui regole non sono tutte determinate in anticipo, ma sono anche fatte nel corso del giuoco (PU §§ 99-100, 83). Così, nella misura in cui si possono comprendere anche enunciati il cui senso è vago e non determinato, non vi è più alcuna necessità di postulare dei primitivi semantici. Quindi, la tesi 4 è accantonata. Ma allora, essa perde ogni possibilità di fornire un sostegno alla tesi 3: che vi siano nomi genuinamente propri il cui significato coincide col loro riferimento.

La tesi 5 è sicuramente più intricata della 4. Suo compito immediato è legittimare il seguente sfondo ontologico. Nel *Tractatus*, il correlato ontologico della primitività dei nomi è la semplicità degli oggetti che i nomi designano (TLP 2.02). Tale semplicità consiste nella non scomponibilità dell'oggetto in parti e quindi nella sua inalterabilità (TLP 2.02, 2.0271). L'oggetto è solo il materiale di costruzione per le configurazioni in cui consistono gli stati di cose; in questo senso, gli oggetti sono la sostanza del mondo, vale a dire, ciò di cui il mondo, come totalità di stati di cose, non solo è, ma deve essere fatto (TLP 2.021, 2.024, 2.0271-2.0272). L'argomento con cui la tesi 5 cerca di legittimare uno sfondo siffatto muove sul piano semantico: essa infatti argomenta per assurdo che, se tale sfondo mancasse, si arriverebbe a conseguenze insostenibili sul piano semantico. In primo luogo, la tesi 5 rileva che se non vi fossero oggetti semplici, ma solo complessi, allora il fatto che abbia un senso una proposizione vertente (mediante uno dei suoi termini) su un complesso dipenderebbe dal fatto che un'*altra* proposizione, quella asserente l'esistenza di un tale complesso, fosse vera. Infatti, se quest'ultima proposizione fosse falsa, il complesso in questione non esisterebbe; ma allora, il termine che nella proposizione di partenza si presumeva stare per quel complesso non si riferirebbe in realtà ad alcunché; dunque, quella proposizione non avrebbe alcun senso. Per esempio, una proposizione come "il sole brilla", in cui il sintagma nominale "il sole" stesse per un oggetto complesso irriducibile a oggetti semplici, potrebbe avere senso solo se quest'altra proposizione, "il sole esiste", fosse vera; perché se quest'ultima proposizione fosse falsa il sole ovviamente non esisterebbe, quindi il sintagma "il sole" non si riferirebbe ad alcunché e perciò la proposizione "il sole brilla" sarebbe insensata. In secondo luogo, però, continua la tesi in questione, in tale ipotetica situazione si avrebbe qualcosa di semanticamente insostenibile. La sensatezza della proposizione di partenza dipenderebbe da un fatto contingente, quello descritto dall'altra proposizione, ossia che il complesso in questione esiste. Ma una proposizione non deve dipendere per la sua sensatezza da fatti contingenti. Una proposizione deve poter avere senso in modo indipendente da come di fatto stanno le cose nel mondo (TLP 2.0212).

Questo complicato ragionamento vuole dunque portare un argomento a favore della semplicità degli oggetti: i semplici *devono* esistere perché le proposizioni abbiano senso indipendentemente da come di fatto stanno le cose nel mondo. Così facendo, ed è la ragione per cui ci interessa qui, esso è a sua volta un argomento a favore della tesi 3, in quanto permette altresì di ribadire la necessità dell'esistenza di primitivi semantici, di nomi logicamente propri: se i semplici esistono per permettere alle proposizioni di avere senso nel modo suddetto, essi devono essere designati direttamente da siffatti primitivi.

Ma questa necessità dell'esistenza dei semplici non è, si chiede ora Wittgenstein, un mito che il filosofo sovrappone alla realtà delle cose? Infatti, la realtà effettiva della distinzione semplice/complesso ci dice piuttosto che tale distinzione non ha una sussistenza assoluta, ma è *relativa* ai nostri scopi e interessi:

> Qui [in una proposizione che descrive una configurazione di quadrati colorati] la proposizione è un complesso di nomi, a cui corrisponde un complesso di elementi. Gli elementi primi sono i quadrati colorati. «Ma sono semplici?» – Non saprei cosa potrebbe essere più naturale chiamare il «semplice» in questo giuoco linguistico. Ma in altre circostanze potrei anche chiamare «composto» un quadrato monocolore: composto, per esempio, di due rettangoli, o degli elementi colore e forma. Ma il concetto di composizione potrebbe anche essere esteso in modo da poter dire che la superficie più piccola è 'composta' di una superficie più grande e di un'altra, sottratta da quest'ultima. (PU § 48; vedi anche § 47)

Una volta che tale relatività della distinzione semplice/complesso sia emersa, la situazione si ribalta rispetto al *Tractatus*. Quello che nel *Tractatus* veniva negativamente visto da Wittgenstein riguardo all'idea dell'irriducibilità a semplici di un complesso, ossia che il senso di una proposizione vertente su un complesso dipenda dalla verità contingente di un'altra proposizione che asserisce l'esistenza di tale complesso, viene ora accettato da Wittgenstein a proposito tanto di semplici (relativi) quanto di complessi (relativi). Nella misura in cui è relativo a scopi e interessi che qualcosa sia un semplice o un complesso, che lo si consideri cioè come un'entità irriducibile ad altro o meno, il senso che una determinata proposizione ha, in quanto vertente su qualcosa che è o un semplice o un complesso a seconda del parametro con cui lo si considera, dipende proprio dalla verità di un'altra proposizione, vale a dire dall'assunzione *contingente* che un tale qualcosa sia un semplice o un complesso. Come dice Wittgenstein, «*in certe circostanze* [corsivo mio], siamo anche disposti a concepire il più piccolo come risultato della composizione del più grande, e il più grande come il risultato della divisione del più piccolo» (PU § 48). Ne consegue che non c'è più nessuna esigenza semantica dell'esistenza di semplici, perché, per paradossale che possa sembrare, una volta che un semplice è tale solo in senso relativo anche una proposizione che verte su di esso ha senso in rapporto alle suddette assunzioni contingenti.

In questo modo, Wittgenstein smonta la tesi 5 ed elimina il secondo argomento a priori a favore della tesi 3, dell'esistenza di primitivi semantici che designano direttamente i loro referenti. Tuttavia, sarebbe troppo radicale dire che la dottrina che la tesi 5 doveva fondare direttamente, ossia l'idea secondo la quale gli oggetti formano la sostanza del mondo, o sussistono «indipendentemente da ciò che accade» (TLP 2.024), è completamente accantonata nelle *Untersuchungen*. Essa viene però mantenuta in una forma completamente diversa rispetto al *Tractatus*: infatti è trasformata da presupposto *ontologico*, relativo alla necessaria sussistenza degli oggetti, in una tesi *semantica*, relativa alla necessità che delle cose esistano in qualità di paradigmi della classe di oggetti cui appartengono perché i termini che hanno tale classe come loro estensione abbiano un determinato significato. Quando spieghiamo il significato di una parola P mediante una definizione ostensiva ("P è *questo*"), benché l'oggetto che concretamente indichiamo nell'ostensione abbia una normale esistenza contingente, esso *deve* esistere nella misura in cui esso è trattato come campione rappresentativo, o *paradigma*, della classe di oggetti che cade sotto il concetto espresso da quella parola (PU § 50); la necessità dell'esistenza di una tale cosa in quanto paradigma è così soltanto funzionale al fatto che la parola P abbia un determinato significato, ossia esprima il concetto in questione. Se definisco ostensivamente per esempio la parola "rosso" dicendo "rosso è *questo*", è come se dicessi "rosso è qualunque cosa abbia lo stesso colore di questo", in cui il dimostrativo sta per l'oggetto che è concretamente assunto come paradigma del rosso. Ora, nella misura in cui la denotazione ostensiva dell'oggetto assunto come campione delle cose rosse è presupposta dalla definizione della parola "rosso", tale oggetto, di per sé contingente, deve esistere perché la parola "rosso" abbia un significato determinato, significhi cioè il concetto di *rosso*. In questo senso, Wittgenstein esprime lo slittamento dal piano ontologico a quello semantico della dottrina degli oggetti come sostanza del mondo dicendo che l'enunciato "il rosso esiste", che nella prospettiva del *Tractatus* avrebbe dovuto esprimere la tesi metafisico-ontologica della necessaria sussistenza di qualcosa – il Rosso in sé – preso come oggetto assolutamente semplice, ha in realtà lo stesso significato dell'asserto metalinguistico "la parola 'rosso' ha significato" (PU § 58).

Eliminati gli argomenti a priori contenuti nelle tesi 4 e 5 a favore dell'esistenza di primitivi semantici (tesi 3), il risultato complessivo che a questo punto Wittgenstein ottiene nelle *Untersuchungen* è che la prospettiva semantica del *Tractatus* è letteralmente dissolta. Rimossa la tesi 3 sull'esistenza di primitivi semantici che fanno puramente le veci dei loro referenti, nessuna difesa della teoria della raffigurazione (tesi 2), e quindi nessuna ripresa, per quanto emendata, di un criterio di significanza enunciativa elaborato sulla base della tesi 1 è più possibile. Nessun fondamento è più disponibile per l'idea contenuta in quest'ultima tesi, vale a dire che le proposizioni significanti sono *tutte e sole* quelle che hanno condizioni di verità (o, volendo, di soddisfazione): ossia, proposizioni elementari e le funzioni di verità di queste, le proposizioni complesse.

Il definitivo ripudio delle tesi 1 e 2 comporta per Wittgenstein un'ulteriore presa di distanza dalle posizioni del *Tractatus*, il rigetto della tesi 6 di quell'opera. Nel sostenere che esiste una forma generale della proposizione, ai tempi del *Tractatus* Wittgenstein aveva creduto che vi potesse essere qualcosa come l'essenza della proposizione, una sorta di carattere generale che tutte le proposizioni devono condividere per essere tali. Di questo carattere comune, Wittgenstein aveva dato due illustrazioni. Una, più tecnica (esposta in TLP 6), che serviva a spiegare che ogni proposizione o è una proposizione elementare o una funzione di verità di proposizioni elementari (cfr. TLP 6.001); un'altra, più informale («la forma generale della proposizione è: È così e così» [TLP 4.5]), con cui Wittgenstein aveva voluto sottolineare l'aspetto raffigurativo che tutte le proposizioni, direttamente o indirettamente, posseggono. TLP 4.5 ci dice infatti che ogni proposizione, semplice o complessa, ha un tale aspetto raffigurativo nella misura in cui essa ha, genericamente parlando, il compito di dire come stanno le cose, di dire che la realtà è fatta in un certo modo; qualunque proposizione, se vera, mostra, proprio come un'immagine, che le cose stanno come essa dice che stanno (TLP 4.022).

La critica di Wittgenstein nelle *Untersuchungen* si appunta contro la versione informale della nozione di forma proposizionale generale. Se l'uso descrittivo è, come si è visto in precedenza, soltanto uno tra i tanti usi possibili delle proposizioni, bisogna rinunciare all'idea che qualcosa sia una proposizione solo se possiede un'essenza raffigurativa del genere postulato nel *Tractatus*. Gli enunciati possono fare ben altro che dire che le cose stanno in un certo modo; per esempio enunciati con cui uno esprime moti dell'animo, che letteralmente non *dicono* niente, sono proposizioni allo stesso titolo degli altri (PU §§ 24, 27). Pensare diversamente è solo, ancora una volta, sovrapporre un ideale del filosofo, nella fattispecie una soffocante teoria filosofica arbitrariamente unificatrice, alla molteplicità effettiva degli usi linguistici (PU §§ 92, 108, 114).

Questa critica alla versione informale della nozione di forma proposizionale generale basta a Wittgenstein per rinunciare *tout court* all'idea di una tale forma, o essenza, delle proposizioni. Come abbiamo appena detto, l'altra formulazione di tale idea (TLP 6) aveva nel *Tractatus* solo lo scopo di ribadire che una proposizione è o una proposizione semplice o una funzione di verità di tali proposizioni, ossia quanto espresso dalla tesi 1. Ma, nella misura in cui la tesi 1 è sorretta dalla 2, la teoria raffigurativa delle proposizioni, una volta che Wittgenstein critica l'idea che il compito di una proposizione sia solo quello di raffigurare fatti, anche l'idea che le proposizioni siano solo o semplici o complesse viene abbandonata. Quindi, anche la possibilità di formulare la tesi che vi è un'essenza della proposizione rilevando che una proposizione o è semplice o è complessa cade integralmente.

1.2. *Ruolo semantico e ontologico della grammatica di un'espressione*

A questo punto, è chiaro dalla lettura che abbiamo fatto di queste parti inaugurali delle *Untersuchungen* che tutta l'attenzione di Wittgenstein ruota intorno all'abbandono della tesi 1, cioè dell'idea che le proposizioni sensate sono solo quelle che hanno condizioni di verità, mediante la sistematica negazione di tutte le tesi che nel *Tractatus* Wittgenstein aveva chiamato a sostegno di tale tesi: la teoria della raffigurazione (tesi 2) e la necessaria esistenza di primitivi semantici che significano in quanto designano (tesi 3-4-5). Ma il rigetto della tesi 1 pone a Wittgenstein l'esigenza di delucidare in maniera alternativa che cosa vuol dire che un enunciato ha senso. È su questa ricerca in positivo che concentreremo adesso la nostra analisi delle parti inaugurali delle *Untersuchungen*.

Prima di tutto, va tenuto presente che Wittgenstein pare adottare un atteggiamento *deflazionista* al riguardo. Il problema non è tanto negare che (molte almeno[6] di quelle che chiamiamo) proposizioni hanno condizioni di verità (o forse meglio, condizioni di soddisfazione, se si fa riferimento ai loro *usi*, descrittivi e non), quanto mostrare che, dal punto di vista semantico, se si dice questo non si è ancora detto nulla sul *genuino* significato di una proposizione. Qui per Wittgenstein non si tratta che di generalizzare la strategia già utilizzata a proposito del riferimento. Come, nel caso del riferimento, la tesi semantica secondo la quale i termini di un linguaggio designano qualcosa è non falsa ma vacua, così sembra ora non falso, bensì vacuo, dire (per una buona parte almeno di ciò che

---

[6] Dico "almeno" perché passi come PU §§ 23, 27 e 304 sottolineano proprio come vi siano enunciazioni – per esempio quelle interiettive – che hanno senso ma cui difficilmente si possono ascrivere condizioni di verità o soddisfazione. Il punto è che nello sposare un *atteggiamento* deflazionista Wittgenstein non voleva peraltro fornire una *teoria* deflazionista del senso enunciativo, secondo la quale la sensatezza degli enunciati consisterebbe nel fatto metafisicamente banale che *tutti* gli enunciati, trattino essi di oggetti concreti o astratti, del mondo esterno o di quello della finzione letteraria, di fatti o di valori, parlano di *qualcosa*, ciò che è espresso dalle loro condizioni di verità o soddisfazione.

chiamiamo enunciati) che il senso di un enunciato sta nelle sue condizioni di verità (o anche di soddisfazione); per esempio, è vacuo dire che il senso dell'enunciato "S ha dolore" sta nel fatto che quell'enunciato è vero se e soltanto se il soggetto S ha dolore (PU § 402), oppure anche che il senso dell'enunciato "A è rosso" sta nel fatto che tale enunciato è vero se e soltanto se l'oggetto A è rosso (PU § 429). In altri termini, almeno per tutti gli enunciati cui si possono attribuire condizioni di verità (o di soddisfazione), Wittgenstein sarebbe disposto ad accettare che queste condizioni assegnano il senso agli enunciati rispettivi, a patto che sia chiaro che con ciò non si è detto nulla di rilevante su *quale tipo* di senso un enunciato possiede.

Ma che cosa bisogna fare per Wittgenstein per sapere quale tipo di senso un enunciato possiede? Qui la strategia deflazionista si salda con l'analisi del significato dei termini sub-enunciativi che abbiamo già abbozzato in precedenza. Le condizioni di verità (di soddisfazione) che un enunciato possiede dipendono dal riferimento dei termini che compongono l'enunciato; quindi, solo se è chiaro a che tipo di cose tali termini si riferiscono sarà chiaro il tipo di condizioni che rendono veri (o soddisfatti) i relativi enunciati. Ma il tipo di cosa cui un termine sub-enunciativo si riferisce è determinato, come si era detto in precedenza, dalla specifica modalità d'uso del termine in questione che questi termini hanno; questo è quanto dà al termine il suo significato. In conclusione, dunque, non si può capire che cosa vuol dire per un enunciato avere il senso che ha, le sue specifiche condizioni di verità (di soddisfazione), finché non si capisce cosa vuol dire che i termini sub-enunciativi che lo compongono hanno un significato dipendente non dal loro riferimento, ma dalla modalità del loro uso.

Come abbiamo visto in precedenza, Wittgenstein accetta che termini accomunati dal fatto di avere tutti un riferimento sono differenziati dal loro riferirsi a oggetti di differenti tipi categoriali. Ma la differenza nel riferimento categoriale tra le parole è per lui una di quelle differenze che le parole posseggono per le differenti *regole* del loro uso, ossia per la loro rispettiva *grammatica*. Col senso di "regola d'uso di un termine", la parola "grammatica" è usata varie volte nelle *Untersuchungen* (cfr. PU, p. 30, §§ 149, 150, 187, 199, 257, 492, 660, 693). Così, parole il cui riferimento categoriale è diverso sono semanticamente diverse tra loro nello stesso senso in cui lo sono parole che appartengono a tipi linguistici differenti. Per esempio, parole per artefatti sono diverse da parole per numeri: posto "d" come un numerale, «la funzione della parola "lastra" e quella della parola "mattone" sono fra loro più simili di quanto non lo siano quelle di "lastra" e di "d"» (PU § 17). Ma la loro differenza è una differenza di grammatica, ossia è una differenza nelle regole del loro uso, dello stesso genere che intercorre tra un nome e un'espressione dimostrativa. Questi ultimi termini appartengono a tipi linguistici differenti; tali tipi sono diversi nella misura in cui sono diverse le regole grammaticali del loro uso. Confrontiamo il nome comune "lastra" e il dimostrativo "là". Mentre il secondo va sempre impiegato insieme a un gesto ostensivo – è l'ostensione che contribuisce a discriminare qual è la porzione di spazio che viene di volta in volta denotata da una particolare occorrenza di "là" –, il primo ha bisogno di un gesto ostensivo solo per la spiegazione del suo significato – si risponde "lastra è *questo*", accompagnando il proferimento con un gesto di ostensione, a chi domandi "cosa significa 'lastra'?" – ma viene poi impiegato indipendentemente da atti ostensivi (PU §§ 9, 45).

La riflessione precedente ci permette di dire che il ruolo *semantico* della grammatica, inteso come l'insieme delle regole d'uso di una parola che ne caratterizzano il significato, incorpora per Wittgenstein un suo compito sul piano *ontologico*. Come si è visto, nel determinare la modalità d'uso di una parola le regole della grammatica stabiliscono anche il *tipo di oggetti* cui la parola in questione si riferisce. Conoscere il modo di impiego, la grammatica, di un'espressione nominale è *ipso facto* conoscere a che *tipo* di oggetti essa si applica. Come Wittgenstein chioserà efficacemente più avanti nel testo: «che tipo di oggetto una cosa sia: questo dice la grammatica» (PU § 373).

In questa stessa chiave, Wittgenstein assegna alla grammatica il compito di individuare i *criteri di identità* per gli oggetti che cadono sotto un termine appartenente a un determinato tipo. Per esempio, per venire a un tema che tratteremo diffusamente *infra*, 6.3 e 6.4, Wittgenstein dice che le sensazioni sono grammaticalmente private (PU § 248). Ciò significa che la proprietà che una certa sensazione ha di avere un certo portatore e quello soltanto – di essere la sensazione di *un* determinato individuo – dipende da una regola di grammatica che governa l'uso dei termini di sensazione, la quale dice che un enunciato come "T ha il mal di testa di S" sia privo di senso. Ora, così facendo, la regola di grammatica per termini di sensazione contribuisce a selezionare quali sono i criteri di identità per una sensazione – vale a dire, avere un determinato possessore è (una delle cose almeno) che individua una sensazione come la *stessa* sensazione. Nella misura in cui, inoltre, una sensazione è individuata da un siffatto criterio di identità, secondo Wittgenstein si spiega anche perché una sensazione sia una cosa affatto differente da altri tipi di oggetti, per esempio quelli spaziotemporali. Questi ultimi infatti saranno governati da criteri di identità differenti (PU § 253).

Ciò che rende una sensazione la *stessa* sensazione è cosa ben diversa da ciò che rende un oggetto spaziotemporale lo stesso; perché per la prima, ma non per il secondo, l'appartenenza a un portatore è essenziale. Ma questa differenza è iscritta nelle differenti regole che governano l'uso dei termini per sensazioni e per oggetti spaziotemporali rispettivamente.

Un modo alternativo che Wittgenstein sceglie per illustrare questo ruolo ontologico della grammatica è il seguente. Fissare nella grammatica i criteri di identità per un oggetto cui si applica un determinato termine consiste nell'individuare (ma potremmo anche dire: nel determinare), mediante le regole d'uso di quel termine, le caratteristiche essenziali che appartengono a un oggetto in virtù del suo ricadere sotto il concetto espresso da quel termine. «L'essenza è espressa dalla grammatica» (PU § 371). Vediamo come.

È un dato che di solidi tridimensionali, ma non di corpi sferici, diciamo che *non* possono *non* avere una lunghezza. Ci sono allora proposizioni il cui contenuto non è tale, che si possa immaginare che le cose stiano al contrario di come essa dice che stanno (o si auspica che stiano, fa in modo che stiano ecc.), come accade per una qualunque proposizione dal contenuto empirico o in generale fattuale, per esempio, "quest'asta ha la stessa lunghezza di quella": posso infatti immaginare che quest'asta sia più corta di quell'altra, ma non posso immaginare che non abbia una lunghezza anche in tal caso. Ma questo non dipende dal fatto che tali proposizioni descrivono un'immutabile e indipendente natura delle cose, quanto dal fatto che esse sono *proposizioni grammaticali* che fungono da *regole* sull'uso delle espressioni da esse contenute; nel caso per esempio delle espressioni "asta" e "lunghezza", la proposizione "ogni asta ha una lunghezza" (PU § 251)[7]. Se non ci fossero proposizioni grammaticali di questo genere, non si potrebbe dire che le cose hanno un'essenza, una proprietà che non possono mancare di avere. Infatti, dire che una cosa ha un'essenza equivale a determinare nel linguaggio, mediante il suddetto ruolo regolativo di una proposizione grammaticale, che *certe* predicazioni e non altre sono sensata-

---

[7] Come nota P.M.S. Hacker, *Wittgenstein's Place in Twentieth-century Analytic Philosophy*, Blackwell, Oxford 1996, pp. 214-15, la tradizionale tesi che proposizioni come "ogni asta ha una lunghezza" o anche "nessuno scapolo è sposato" sono proposizioni analitiche, vere in virtù del significato dei termini in esse occorrenti, trova in Wittgenstein la sua riformulazione proprio nell'idea che proposizioni del genere sono proposizioni grammaticali che fungono da regole per l'uso delle espressioni in esse contenute.

mente predicabili di essa. Nel dare le regole per l'uso dei termini in essa occorrenti, una proposizione grammaticale è una proposizione che fissa i *confini* della sensatezza, i limiti di ciò che abbia senso dire o chiedersi intorno al modo in cui le cose stanno; in altri termini, essa fissa i limiti della sensatezza delle proposizioni dal carattere empirico o fattuale (o, se si vuole, il cui radicale proposizionale ha un tale carattere), vale a dire degli enunciati di cui è possibile che tanto essi quanto i loro contraddittori siano veri (soddisfatti)[8]. Se è una regola di grammatica che ogni asta abbia una lunghezza, avrà senso porsi la domanda empirica se quest'asta sia o meno lunga 3 metri. Entrambi gli enunciati empirici "quest'asta è lunga 3 metri" e il suo contraddittorio, "quest'asta non è lunga 3 metri", hanno senso. Ma non ha senso ipotizzare che quest'asta non abbia una lunghezza affatto, poiché la suddetta regola di grammatica *esclude* che vi sia una tale possibilità[9].

Ricapitolando, la grammatica di un termine corrisponde dunque ad almeno due (connesse) funzioni: *a*) qualificazione del termine come espressione di un determinato tipo linguistico e assegnazione ad esso delle restanti regole d'uso rilevanti; *b*) determinazione del tipo categoriale di riferimento di quel termine, via la fissazione di un criterio di identità per l'oggetto che ne costituisce il referente e quindi l'individuazione, o meglio la determinazione, delle proprietà essenziali di un tale oggetto.

Ora, con l'attribuire alla grammatica l'ultima funzione appena citata, quella ontologica (determinare un tipo categoriale di oggetti denominati da certi termini e quindi individuare i criteri di identità e le caratteristiche essenziali di tali oggetti), Wittgenstein può ripudiare la tesi 7 del *Tractatus*, o tesi dell'isomorfismo tra linguaggio e realtà.

Secondo il *Tractatus*, anteriormente al rapporto diretto tra nomi della proposizione elementare e oggetti del fatto raffigurato che, come si è detto in precedenza, la rende vera, vi è una condizione preliminare perché una proposizione possa raffigurare un tale fatto.

---

[8] Questa posizione è espressa nella forma più chiara nel seguente passo di BGM: «la proposizione: "il bianco è più chiaro del nero" asserisce che ha senso parlare di due oggetti, dei quali il più chiaro è bianco, mentre l'altro è nero; ma non di due oggetti dei quali il più chiaro è nero, l'altro è bianco» (I § 28).

[9] Questo riguarda il caso in cui la proposizione grammaticale ha un carattere affermativo, come "ogni asta ha una lunghezza". Un analogo discorso si può fare quando tale proposizione ha un carattere negativo. In tal caso, la proposizione grammaticale si limiterà a *vietare* la formazione sensata di una classe di proposizioni empiriche quanto le loro contraddittorie. Si veda per esempio la proposizione grammaticale che gli oggetti inanimati *non* hanno sensazioni (PU § 360); essa vieta che ci si possa sensatamente chiedere, per esempio, se un'asta abbia o meno un dolore.

Per quanto diversi possano apparire sul piano esteriore – l'una è una configurazione di segni grafici, il secondo di oggetti materiali – proposizione e fatto devono avere in comune la forma logica; vale a dire, essi devono condividere la possibilità che i rispettivi elementi, i nomi e gli oggetti per cui i primi stanno, hanno di combinarsi come effettivamente si combinano nella proposizione e nel fatto rispettivamente. Perché la proposizione elementare "A è su B" possa raffigurare il fatto che questo libro è sul tavolo, i nomi "A" e "B" devono avere la stessa possibilità di combinarsi tra loro che hanno gli oggetti che costituiscono il fatto in questione e per cui tali nomi rispettivamente stanno, vale a dire *questo libro* e *questo tavolo*. In questo modo, evidentemente, la forma logica di un fatto dipende dalle forme logiche, o proprietà formali, degli oggetti in questione, ossia dal campo delle possibilità di combinazione che ciascun oggetto ha come caratteristica della sua natura (TLP 2.013, 2.01231, 2.0141). Ma lo stesso vale per la proposizione elementare che raffigura un tal fatto: nella misura in cui essa possiede la stessa forma logica di quel fatto, quest'ultima dipenderà nello stesso modo dalle forme logiche dei nomi che la costituiscono. Ne segue che, secondo questa concezione, nelle loro possibilità combinatorie i nomi si limitano semplicemente a rispecchiare le capacità formali degli oggetti per cui stanno.

Nelle *Untersuchungen* quest'ultima tesi del *Tractatus* non è più sostenibile. Non solo, come abbiamo ripetutamente detto, crolla l'impalcatura teorica che sorreggeva l'intero apparato concettuale composto dalle nozioni di proposizione elementare costituita da primitivi semantici (i nomi), di oggetto semplice e di designazione diretta di un semplice da parte di un nome. Il punto fondamentale è che la tesi dell'identità di forma logica tra proposizione e fatto raffigurato non è più difendibile, comunque si volessero rivedere le nozioni in questione. Infatti, la grammatica di un'espressione nominale non è più data una volta che siano date le proprietà formali della cosa per cui quell'espressione sta, in quanto, come abbiamo visto, è impossibile stabilire tali proprietà formali indipendentemente dalla fissazione della grammatica di un'espressione. In altre parole, non si può più parlare delle possibilità di combinazione di un oggetto indipendentemente dall'individuazione delle regole grammaticali d'uso del termine che sta per quell'oggetto. Così, che un suono debba avere un'altezza – che TLP 2.0131 indicava come proprietà formale degli oggetti sonori – diventa primariamente una proprietà della grammatica di un termine che verta su suoni; potremmo dire, se a qualcosa si applica la parola 'categoriale' "suono" si deve anche applicare la parola "altezza", perché è una regola che fissa l'uso della parola "suono" il fatto che ogni suono abbia un'altezza; solo a quel punto, avere un'altezza risulterà un criterio per individuare qualcosa come un suono.

1.3. Giuochi linguistici e forme di vita

Con l'analisi della tesi 7 abbiamo terminato (per questo capitolo almeno) il confronto tra la prospettiva delle *Untersuchungen* e quella del *Tractatus*. Come abbiamo visto, il rigetto tanto delle tesi semantiche quanto delle tesi ontologiche del *Tractatus* ha implicato da parte di Wittgenstein l'elaborazione di una nozione complessa come quella di grammatica, quale insieme delle regole semantiche d'uso di un termine e al tempo stesso determinazione delle caratteristiche essenziali del referente del termine. Ma, ci si potrebbe adesso domandare, se come abbiamo appena visto la grammatica non ha più un ancoraggio in un'indipendente struttura della realtà, ma anzi è essa stessa a fissare quale sia la struttura del reale, non sorge il rischio che le costruzioni grammaticali siano puro frutto di decisioni arbitrarie del, o dei, fruitori di una lingua? Al posto del rigido, cristallino, realismo del *Tractatus*, Wittgenstein non ci viene a proporre uno sfrenato convenzionalismo secondo cui la realtà dipende dal modo attraverso cui la si vede tramite le categorie arbitrariamente fissate nel linguaggio?

Questo è un punto molto complesso, la cui analisi esaustiva non può che essere rimandata ai paragrafi 4 e 5 del presente capitolo, ove tratteremo diffusamente del problema del seguire una regola e della dipendenza di tale seguire dall'accordo di un individuo con la sua comunità. Per il momento, possiamo limitarci a dire che per Wittgenstein sostenere che non un'indipendente natura delle cose, bensì la grammatica di un termine, fissa le proprietà caratterizzanti il tipo di cosa a cui il termine si applica, non significa che la grammatica è arbitraria, se con questo si vuole intendere che essa è il frutto di una deliberazione o statuizione consapevolmente adottata. Certo, si può qualificare la grammatica come arbitraria in senso negativo; ossia, solo se si vuole dire che un sistema di grammatica *non* è fondato nella natura delle cose cui si riferiscono i termini che sono caratterizzati dalle relative proprietà che la grammatica assegna loro (PU § 497). Ma la grammatica *non* è arbitraria se con questo si vuole dire che essa è frutto di una costruzione intellettuale fatta a tavolino. Infatti, va piuttosto rilevato che per Wittgenstein la grammatica consegue alla *natura* di chi si attiene ad essa; vale a dire, ai comportamenti e alle reazioni spontanee di chi fruisce del linguaggio che ha quelle regole grammaticali[10].

Per capire quest'ultimo, delicato, punto, dobbiamo chiarire due nozioni che Wittgenstein adotta positivamente nelle *Untersuchungen*, non tanto e non solo in chiave polemica col *Tractatus* ma come espressione della sua nuova visione del linguaggio: vale a dire, le nozioni di *giuoco linguistico* e di *forma di vita*.

Non è possibile dare una definizione di cosa sia per Wittgenstein un giuoco linguistico. La nozione di giuoco linguistico è una classica nozione *aperta*, vale a dire una nozione tale, che le cose che ricadono sotto di essa non soddisfano caratteristiche definitorie. In altre parole, non c'è un'*essenza* del giuoco linguistico; piuttosto, esiste una pluralità di cose che chiamiamo "giuoco linguistico", tra loro variamente intrecciate e apparentate (sul problema generale delle nozioni aperte e delle "somiglianze di famiglia" tra le cose che ricadono sotto tali nozioni, ci soffermeremo in dettaglio *infra*, 2.1). Per chiarire dunque cos'è per Wittgenstein un giuoco linguistico, non si può che partire dagli esempi che Wittgenstein stesso fornisce.

In primo luogo, troviamo Wittgenstein qualificare come giuochi linguistici le differenti modalità di uso di una stessa proposizione (o, come si potrebbe anche dire – vedi in precedenza –, di uno stesso radicale proposizionale), tanto quella descrittiva quanto tutte quelle non descrittive; gli innumerevoli differenti usi di uno stesso enunciato, dunque, distinti fra loro dai diversi tipi di scopi comunicativi per cui quell'enunciato può essere formulato. Non solo descrivere, ma anche comandare, chiedere, far congetture, e così via, sono giuochi linguistici (PU § 23). Ma giuochi linguistici sono per Wittgenstein anche le differenti modalità di usare parole. In primo luogo, battezzare e usare successivamente il nome con lo stesso riferimento adottato in tale battesimo sono giuochi linguistici diversi (PU § 7). In secondo luogo, differenti giuochi linguistici con singole parole sono dati attraverso i differenti tipi di informazione che uno fornisce quando con una parola siffatta parla di oggetti spaziotemporali piuttosto che del loro numero, del loro colore o della loro forma; in altre parole, il giuoco linguistico con, per esempio, un numerale è diverso dal giuoco linguistico con un termine con cui si

---

[10] Tutto questo risulta chiaramente dai seguenti aforismi di Z: «Noi abbiamo un sistema cromatico così come un sistema numerico. Tali sistemi dipendono dalla *nostra* natura o dalla natura delle cose? Come dobbiamo metterla? – *Non* dalla natura dei colori. C'è allora qualcosa di arbitrario in questo sistema? Sì e no. È affine tanto a ciò che è arbitrario tanto a ciò che non lo è» (§§ 357-358).

indica la forma di un oggetto (PU §§ 21, 37). Da ultimo, Wittgenstein giunge a dire che un linguaggio nel suo complesso, sia questo primitivo o articolato, si può considerare un giuoco linguistico (PU § 7). A questo riguardo, Wittgenstein fa l'esempio, cui abbiamo già accennato, di un giuoco linguistico 'denotazionale', giocato da un muratore e da un suo aiutante il quale, al proferire da parte del muratore una delle seguenti parole, "mattone" "pilastro" "lastra" "trave", fornisce a quest'ultimo il materiale corrispondente. Si potrebbe infatti suggerire, dice Wittgenstein, che un giuoco linguistico del genere costituisca una forma primitiva e autonoma di linguaggio (PU §§ 2, 6). Va tuttavia ricordato, a questo proposito, che, nel trattare come giuochi linguistici sia il suddetto comportamento dei muratori come pure situazioni comunicazionali più complesse, lo scopo principale di Wittgenstein non è tanto quello di chiedersi se possano esistere linguaggi completi meno articolati del nostro comune linguaggio, quanto quello di rendere perspicuo proprio quest'ultimo nella sua multiformità attraverso la considerazione dei differenti usi in esso contenuti come differenti giuochi linguistici. Per Wittgenstein, infatti, il trattamento di tali usi come giuochi linguistici ha un valore *metodologico*: «i giuochi linguistici sono piuttosto *termini di paragone*, intesi a gettar luce, attraverso somiglianze e dissimiglianze, sullo stato del nostro linguaggio» (PU § 130).

Ma perché classificare la diversità degli usi del linguaggio, enunciativi e sub-enunciativi, come diversità di giuochi linguistici dovrebbe gettar luce sul nostro linguaggio? Nel rispondere a quest'interrogativo, pur senza approntare una definizione della nozione di giuoco linguistico, Wittgenstein chiarisce che cosa comporti considerare gli usi linguistici come giuochi. Parlare del linguaggio come insieme di (eterogenei) giuochi linguistici ne sottolinea il carattere *prassiologico*: «Qui la parola "*giuoco* linguistico" è destinata a mettere in evidenza il fatto che parlare un linguaggio fa parte di un'attività, o di una forma di vita» (PU § 23). In altri termini, parlare dell'uso di una parola, di un enunciato, o di un intero linguaggio come di un *giuoco* linguistico allude al fatto che l'uso del linguaggio non è l'impiego che ne fa un soggetto disincarnato, bensì è l'uso che ha luogo in un contesto di attività e consuetudini il cui carattere è eminentemente *sociale*. Non vi sarebbe uso linguistico se non vi fosse una comunità di soggetti che usano il linguaggio in questione entro un comune modo di agire.

A questo proposito, va immediatamente notato che c'è un senso debole e uno forte nel dire da parte di Wittgenstein che considerare gli usi linguistici come giuochi significa che parlare un linguaggio fa parte di un'attività. Nel senso debole, Wittgenstein pone l'accento semplicemente sul fatto che parlare un linguaggio non è un'operazione condotta in isolamento da un vasto spettro di comportamenti umani. Questo è vero tipicamente di usi iussivi del linguaggio; un ascoltatore di una lingua sconosciuta potrebbe capire che alcune emissioni verbali da parte dei parlanti di quella lingua contano come ordini nella misura in cui potrebbe notare una correlazione regolare tra quelle emissioni e successivi comportamenti dei parlanti (PU § 206). Più in generale, si può dire che in questo senso debole tutta una serie di procedure linguistiche perderebbero il loro scopo se non fossero viste all'interno di un novero di attività extra-linguistiche concomitanti. Il caso più eclatante di questa situazione è quello del contare e del misurare; difficilmente ci si impegnerebbe nella procedura linguistica del contare se non si avesse in mente lo scopo pratico di misurare (pesare ecc.) gli oggetti che vengono contati[11].

Ma c'è poi un senso forte secondo cui parlare un linguaggio fa parte di un'attività, e questo senso è quello che è rivelato dall'affiancamento da parte di Wittgenstein nel PU § 23 citato dell'espressione "forma di vita" a quella di "attività". Non è difficile vedere come Wittgenstein sia interessato soprattutto a quest'ultimo senso. Qui il punto non è tanto che l'uso del linguaggio va affiancato da un contesto di attività extra-linguistiche che gli danno rilevanza pratica. Piuttosto, è l'uso stesso del linguaggio a dover *costitutivamente* dipendere dall'attività umana, almeno in due aspetti sostanziali: *a*) i giuochi linguistici sono articolazioni di reazioni pre-linguistiche; *b*) i giuochi linguistici stessi sono, nel loro essere configurazioni simboliche soggette a regole, dipendenti dalle attività che di volta in volta fissano l'applicazione di tali regole.

Il primo aspetto è sottolineato nelle *Untersuchungen* specialmente in relazione ai giuochi linguistici con termini di sensazione e di intenzione. L'uso linguistico di enunciati come "Provo dolore" oppure "Ho l'intenzione di..." si innesta sulle manifestazioni naturali di dolore o di intenzione, nel senso che le espressioni linguistiche usate in tali enunciati letteralmente rimpiazzano quelle manifestazioni. In altri termini, i suddetti enunciati altro non sono che articolazioni linguistiche di reazioni pre-linguistiche irriflesse (PU §§ 244, 647, p. 285).

Il secondo aspetto chiama invece in causa il tema del seguire una regola, per sottolineare il fatto che una *nuova* applicazione di una regola, per esempio l'applicazione con cui si sancisce, compiendo l'operazione in questione *per la prima volta*, che l'addizione di 2

---

[11] Wittgenstein insiste su questi aspetti in BGM I §§ 4-5, 143 sgg.

a 1000 fa 1002 (compiendo cioè per la prima volta l'applicazione che determina "1002" come risultato corretto dell'operazione "aggiungi 2" a "1000") non è predeterminata da alcunché che stia *dietro* (per esempio, un'esperienza mentale di comprensione che abbraccia per così dire tutte le potenziali e future applicazioni della regola) o *sotto* (per esempio, una connessione logica tra regola e applicazione già da sempre tracciata in un regno ideale di legami logici) la regola stessa. Piuttosto, nel suo valore normativo, nel suo determinare un criterio di correttezza per le applicazioni future dello stesso passo della regola (il futuro scrivere "1002" come risultato di "1000+2"), tale nuova applicazione è letteralmente *costituita* dai comportamenti simbolici degli individui che seguono la regola, i quali per l'appunto la determinano agendo *così* (PU §§ 185, 198, 211, 217).

Ci diffonderemo ovviamente meglio in seguito (cfr. *infra*, 4.3 e 6.4) sul significato di queste riflessioni per Wittgenstein. Ciò che occorre sottolineare per il momento qui è che tanto sotto l'aspetto della reazione *primitiva*, pre-linguistica, quanto sotto quello che potremmo chiamare della reazione *simbolica*, l'avere siffatte reazioni è essenziale all'usare il linguaggio così come lo si usa. Il giuoco che si fa col linguaggio è caratterizzato in maniera essenziale dall'avere siffatte reazioni. Chi non ha certe reazioni, o ha reazioni differenti, non può impegnarsi negli stessi giuochi linguistici, nello stesso modo di usare il linguaggio, di chi possiede quelle reazioni. Nella misura in cui costui non può giocare allo stesso modo, per lui il linguaggio non ha lo stesso *senso*. Questo è dunque quello che Wittgenstein vuole mettere in evidenza quando dice che parlare un linguaggio fa parte di una forma di vita. L'appartenenza del parlare un linguaggio a una forma di vita significa per l'appunto che un giuoco linguistico è costituito, *inter alia*, da determinati comportamenti che formano la base pre-linguistica del giuoco stesso oppure determinano l'applicazione delle regole simboliche che caratterizzano il giuoco.

Sotto questo profilo, fa poca differenza che il giuoco linguistico in questione sia un giuoco 'enunciativo' consistente nella modalità d'uso (descrittiva o meno: iussiva, ottativa...) di enunciati, o uno 'sub-enunciativo', consistente nella particolare modalità d'uso dei termini costituenti l'enunciato. In entrambi i casi, infatti, la padronanza o meno di un giuoco siffatto caratterizza l'appartenenza o meno a una determinata forma di vita. Il cane, che non può sperare perché manca del giuoco linguistico 'enunciativo' dello sperare qualcosa, ha una forma di vita diversa dall'umano (PU, p. 229); ma lo stesso è vero dell'allievo recalcitrante che non sa giocare un determinato giuoco linguistico 'sub-enunciativo' con termini di numero (PU § 185). Questa differenza di forma di vita si manifesta nel fatto che la difformità delle reazioni che rispettivamente soggiacciono dal punto di vista pre-linguistico al giuoco o costituiscono l'applicazione delle regole del giuoco determina l'ininsegnabilità del giuoco medesimo. Non si può far niente per insegnare a qualcuno a giocare il giuoco linguistico in questione se costui non condivide determinate reazioni, pre-linguistiche o simboliche. Queste reazioni, o ci sono o non ci sono, sono un dato («ciò che si deve accettare, il dato, sono – potremmo dire – *forme di vita*» [PU, p. 295]); e in questo senso, il giuoco linguistico che si articola per loro tramite è come un fenomeno originario, o si è in grado di giocarlo o non lo si è (PU §§ 654, 656). Ecco due esempi, in cui Wittgenstein mostra questa necessaria connessione tra linguaggio e attività, o meglio tra linguaggio e forma di vita, rispetto al tema delle reazioni pre-linguistiche e a quello delle reazioni simboliche:

«Ma se gli uomini non esternassero i loro dolori (non gemessero, non torcessero il volto ecc.)? Allora non sarebbe possibile insegnare a un bimbo l'uso delle parole 'mal di denti'». (PU § 257)

già qui [nella fase di apprendimento] c'è una reazione normale ed una anormale del discente. – Forse in un primo tempo gli guidiamo la mano mentre copia la successione da 0 a 9; ma poi la *possibilità di intesa* dipenderà dal fatto che egli continui a scrivere i numeri da solo. (PU § 143)

l'effetto di ogni ulteriore *spiegazione* dipende dalla sua *reazione*. (PU § 145)

A questo punto, siamo in grado di rendere conto del perché, come avevamo accennato in precedenza, per Wittgenstein un sistema di regole grammaticali non è arbitrario, nella misura in cui non è frutto di stipulazione, ma si articola intorno alla natura data degli uomini. Il punto è che il sistema di regole che caratterizza un giuoco linguistico non sarebbe quel sistema che è se gli individui che giocano quel giuoco non disponessero proprio di quelle determinate reazioni su cui il giuoco linguistico in questione concresce o trova ulteriori applicazioni. Se quelle reazioni mutassero, o se quantomeno mutassero i fatti riguardanti la natura umana da cui quelle reazioni hanno origine, potrebbe darsi un diverso sistema di regole grammaticali. Perciò, sarebbero possibili giuochi linguistici integralmente differenti da quelli che vengono di fatto giocati:

Chi crede che certi concetti siano senz'altro quelli giusti e che colui che ne possedesse altri non si renderebbe conto di quello di cui ci rendiamo conto noi, – potrebbe immaginare certi fatti generalissimi della natura in modo diverso da quello in cui noi siamo soliti immaginarli; e formazioni di concetti diverse da quelle abituali gli diventerebbero comprensibili. (PU, p. 299; vedi anche p. 78)

Ha senso dire che, in generale, gli uomini concordano relativamente ai loro giudizi di colore? E se le cose stessero altrimenti? – Questo direbbe che è rosso il fiore che l'altro chiama blu, ecc., ecc. – Ma allora con quale diritto si potrebbe dire che le parole «rosso» e «blu», che questi uomini usano, sono i *nostri* 'colori'? (PU, p. 295)

2. SOMIGLIANZE DI FAMIGLIA E RUOLO DELLA FILOSOFIA

2.1. *Concetti aperti*

Abbiamo detto *supra*, in 1.3, che la nozione di giuoco linguistico è per Wittgenstein un concetto aperto. Non esiste infatti qualcosa come una *nota caratteristica* che permetta di determinare la classe degli oggetti che ricadono sotto la nozione di giuoco linguistico. A più riprese, Frege aveva sostenuto che ogni concetto è un concetto chiuso, nella misura in cui esiste una proprietà che consente, per ogni oggetto, di determinare se esso soddisfa il concetto in questione o meno: se l'oggetto possiede una siffatta proprietà, cadrà sotto quel concetto; altrimenti, no. Una tale proprietà è per l'appunto la nota caratteristica del concetto[12]. La nota caratteristica di un concetto svolge così il ruolo tradizionale della nozione di essenza: solo oggetti accomunati da una tale essenza possono essere caratterizzati mediante quel concetto. Per il Wittgenstein delle *Untersuchungen*, però, questa tesi di Frege non ha più una validità generale (PU § 71). La nozione di giuoco linguistico, infatti, porta alla luce il fatto che, in una rilevante serie di casi, i concetti sono concetti aperti. In particolare, che questo succeda per la nozione di giuoco linguistico non dovrà stupire, perché le cose stanno così anche per la nozione stessa di giuoco:

Considera, ad esempio, i processi che chiamiamo «giuochi». Intendo giuochi da scacchiera, giuochi di carte, giuochi di palla, e via discorrendo. Che cosa è comune a tutti questi giuochi? – Non dire: «*Deve* esserci qualcosa di comune a tutti, altrimenti non si chiamerebbero 'giuochi'» – ma

---

[12] Cfr. Frege (GA § 53).

guarda se ci sia qualcosa di comune a tutti. – Infatti, se li osservi, non vedrai certamente qualche cosa che sia comune a *tutti*, ma vedrai somiglianze, parentele, e anzi ne vedrai tutta una serie. (PU § 66)

Nel caso di un concetto aperto (come è quello di giuoco), all'idea di una nota caratteristica o essenza che accomunerebbe tutti i membri della classe degli oggetti che ricadono sotto un tale concetto (dell'*estensione* di quel concetto, cioè), Wittgenstein sostituisce l'idea che vi sia una *somiglianza di famiglia* tra i membri di una classe siffatta. Ciò che caratterizza gli oggetti di tale classe è una complessa rete di affinità non transitive. Vale a dire, se *C* è un concetto aperto e *a, b, c* ... sono gli oggetti che cadono sotto tale concetto, allora questi oggetti sono tali che, se *a* e *b* sono simili, e pure *b* e *c* lo sono, non è detto che lo siano *a* e *c*, in quanto il parametro di somiglianza che sussiste tra *a* e *b* non è quello che sussiste tra *b* e *c*, e così via:

Non posso caratterizzare queste somiglianze meglio che con l'espressione «somiglianze di famiglia»; infatti le varie somiglianze che sussistono tra i membri di una famiglia si sovrappongono e s'incrociano nello stesso modo: corporatura, tratti del volto, colore degli occhi, modo di camminare, temperamento, ecc. ecc. – E dirò: i 'giuochi' formano una famiglia. (PU § 67)

Nel caso di un concetto aperto, inoltre, la mancanza di una nota caratteristica fa sì che la classe delle cose che cadono sotto un tale concetto non sia definita una volta per tutte. In altri termini, nella misura in cui per un concetto aperto non si dispone di un criterio rigido mediante cui determinare una volta per tutte se un qualsiasi oggetto appartenga o meno all'estensione di quel concetto, possiamo assegnare nuovi membri alla classe che costituisce tale estensione, decidendo caso per caso se considerare come ulteriori istanze del concetto aperto in questione oggetti relativamente distanti dai membri fino a quel momento caratterizzanti l'estensione di quel concetto. Per esempio una sedia-fantasma, che ora c'è ora sparisce, potrebbe essere accettata come sedia (PU § 80)[13]. Poiché questo

---

[13] Lakoff (WFT, pp. 16-17) attribuisce ai concetti aperti wittgensteiniani non solo le proprietà di avere membri accomunati da somiglianze di famiglia e di avere un'estensione indefinita, ma anche quella di avere membri centrali, o prototipici, e membri non-centrali. Quest'ultima caratterizzazione non sembra tuttavia essere condivisa da Wittgenstein, almeno nelle *Untersuchungen*. Una volta che abbiamo ammesso un nuovo membro nella classe degli oggetti che ricadono sotto un concetto aperto, questo entra a far parte a pieno titolo, e non come mero elemento periferico, della rete di somiglianze di famiglia che caratterizzano i membri di quella classe (PU § 67).

tipo di indefinitezza nell'estensione di un concetto dipende, come abbiamo detto, dalla mancanza di una nota caratteristica per il concetto, tale indefinitezza comporta un'indefinitezza nel concetto medesimo. Come dice Wittgenstein, quando chiamiamo una nuova serie di oggetti – i razionali, per esempio – "numero", noi «estendiamo il nostro concetto di numero» (PU § 67). Egli arriva fino a dire che certi termini del linguaggio vengono usati senza significato fisso (PU § 79)[14].

Come dicevamo prima, Wittgenstein è interessato solo a negare validità generale alla tesi di Frege secondo cui un concetto richiede che gli oggetti che cadono sotto di esso condividano una nota caratteristica. Wittgenstein non esclude infatti che si possano dare definizioni rigorose di termini concettuali. Anzi, è vero proprio il contrario; l'unico vincolo è che sia chiaro lo scopo particolare per cui diamo una definizione siffatta (PU § 69). Così, parlando di concetti le cui istanze sono connesse solamente da somiglianze di famiglia, Wittgenstein non è interessato a sostituire una teoria riguardante la natura di un concetto a un'altra, quella tradizionale fregeana. Se Wittgenstein volesse sostenere che *tutti* i concetti sono aperti invece che chiusi, egli difenderebbe una particolare dottrina filosofica sull'essenza dei concetti. Ma la ragione fondamentale per cui Wittgen-

---

[14] Di fatto, l'esempio principale che Wittgenstein dà a questo proposito concerne i nomi propri. In polemica con Russell, in PU § 79 Wittgenstein dice che possiamo legittimamente continuare a ritenere vero un enunciato che contiene un nome proprio anche quando la descrizione definita che avevamo fino ad allora associato al nome come suo significato si riveli priva di denotazione (in senso russelliano: ossia, non vi sia un individuo che la soddisfi univocamente). (In OD, Russell aveva sostenuto che i nomi propri del linguaggio ordinario sono equivalenti a descrizioni definite. Cfr. *supra*, nota 5 del presente capitolo.) Il punto è che in un caso del genere basterà prendere in considerazione un'altra descrizione come semanticamente associata al nome. Usato entro determinati enunciati veri, dunque, il nome (nell'esempio di Wittgenstein) "Mosè" significa, poniamo, "l'uomo che ha condotto gli Ebrei attraverso il deserto". Ma se si rivelasse che non c'è stato alcun condottiero degli ebrei, quegli enunciati non diventerebbero automaticamente falsi, come pretende Russell. Basterà considerare "Mosè" come significante per esempio "l'uomo che, bambino, fu salvato dal Nilo dalla figlia del Faraone", e così via. Da Kripke (NN, p. 31) in poi, è diventato usuale attribuire a Wittgenstein la teoria secondo la quale il significato di un nome proprio è equivalente a un grappolo indefinito di descrizioni definite, sul modello della proposta avanzata da Searle in PN. Ma è evidente a chiunque legga il testo delle *Untersuchungen* che non è intento di Wittgenstein formulare qui una siffatta teoria, quanto piuttosto quello di dare un esempio eclatante di una situazione in cui un termine è impiegato senza significato fisso (un altro esempio che Wittgenstein fa al riguardo nello stesso § 79 è quello rappresentato dai termini scientifici, in cui ciò che ora è un sintomo del fenomeno A diventa successivamente un criterio per la definizione di "A"). Cfr. anche Hacker, *Wittgenstein's Place* cit., p. 223.

stein avanza le considerazioni precedenti su concetti come quello di giuoco è proprio quella di negare validità generale alle dottrine filosofiche la cui preoccupazione è quella di scoprire o fornire l'essenza delle cose che cadono sotto le nozioni che sono oggetto di indagine del filosofo. Infatti, i casi principali che Wittgenstein ha in mente di nozioni i cui membri sono legati solo da somiglianze di famiglia e non dalla condivisione di un'essenza sono proprio le nozioni di cui un filosofo fa uso nelle sue riflessioni: in particolare, il concetto di linguaggio e quello di proposizione (PU § 108). Nel voler dare una definizione 'essenzialista' di che cos'è il linguaggio o la proposizione, il filosofo fa illecitamente un impiego metafisico dei termini "linguaggio" e "proposizione"; mostrare che ciò che ricade sotto quei concetti non è vincolato da un'essenza metafisica è riportare quelle parole al loro impiego ordinario, o «terra terra» (PU §§ 97, 116).

Come si può facilmente vedere da queste esemplificazioni, il responsabile di una tale operazione illecita è ancora una volta prima di tutto lo stesso Wittgenstein del *Tractatus logico-philosophicus*. In particolare, l'osservazione che i membri dell'estensione di concetti come quelli di linguaggio e di proposizione sono legati tra loro solo da somiglianze di famiglia è avanzata da Wittgenstein proprio contro la tesi del *Tractatus* (che *supra*, in 1.1, abbiamo chiamato la tesi 6) che esista qualcosa come la forma generale della proposizione, ossia un'essenza proposizionale (individuata come l'essere le proposizioni immagini di fatti). Dice Wittgenstein adesso, non c'è un'essenza generale della proposizione o del linguaggio in base alla quale giudichiamo che qualcosa è una proposizione o un linguaggio:

> Invece di mostrare quello che è comune a tutto ciò che chiamiamo linguaggio, io dico che questi fenomeni non hanno affatto in comune qualcosa, in base al quale impieghiamo per tutti la stessa parola, – ma che sono *imparentati* l'uno con l'altro in molti modi differenti. E grazie a queste parentela, o a queste parentele, li chiamiamo tutti «linguaggi». (PU § 65)

> Ma allora non abbiamo un concetto di ciò che una proposizione è, di ciò che intendiamo con «proposizione»? – Certo, nella misura in cui abbiamo un concetto di ciò che intendiamo con «giuoco». (PU § 135)

2.2. *La concezione della filosofia*

Da queste considerazioni Wittgenstein è mosso a riflessioni generali sulla natura della filosofia. Per Wittgenstein, il compito del filosofo non è più quello di scoprire essenze, ordini e forme logiche del mondo, come egli stesso aveva creduto all'epoca del *Tractatus*. Benché già allora Wittgenstein avesse sostenuto, come ora ripeterà (PU § 109), che la filosofia non è una delle scienze naturali (TLP 4.111), di fatto il suo concepire nel *Tractatus* la filosofia come un'attività di disvelamento di essenze assimilava ancora quest'ultima alla scienza, in quanto rendeva la filosofia un'attività che va dietro ai fenomeni per ricercarne la spiegazione (la più generale possibile) (PU § 109). Ma un tale atteggiamento verso la filosofia è sbagliato, dice adesso Wittgenstein. Esso è infatti all'origine di molti fraintendimenti filosofici, *in primis* quello di postulare, per spiegare fenomeni che sono sotto gli occhi di tutti, costrutti teorici la cui natura è lasciata imprecisata, confidando che il progresso scientifico la possa chiarire; per rimuovere poi il fatto di avere lasciato inspiegato un tale costrutto e fare al tempo stesso di tale costrutto la chiave di spiegazione dei fenomeni. Questo è il caso per esempio del trattamento 'scientifico' della nozione di stato mentale (PU § 308, p. 301).

Non è dunque (più) questo – il disvelamento della struttura della realtà – il ruolo della filosofia per Wittgenstein. Inoltre, il filosofo deve evitare di formulare non solo tesi essenzialistiche, ma anche tesi metafisiche *tout court*, impegnate ad asserire l'esistenza esclusiva di una determinata categoria di cose ("solo gli *x* esistono"), o anche, all'opposto, a negare che una determinata categoria di cose esista ("gli *y* non esistono"). Il primo caso è rappresentato per esempio dall'idealismo di tipo solipsista secondo cui sono reali solo le proprie sensazioni. Il secondo è rappresentato invece per esempio dal comportamentismo filosofico, secondo il quale non esistono cose come gli stati mentali (ma solo i comportamenti caratteristici di tali stati). Tesi del genere acquistano la loro apparente plausibilità dal fatto che hanno l'aria di asserzioni fattuali, ma a ben guardare non lo sono (PU § 402); se lo fossero, la loro contraddittoria (ogni enunciato della forma "anche i non-*x* esistono"/"gli *y* esistono") avrebbe senso, e così non è.

C'è un modo, peraltro, in cui asserti metafisici del tipo suddetto sono accettabili per Wittgenstein: se li si intende come *proposizioni grammaticali* (cfr. *supra*, 1.2), ossia come regole linguistiche sull'uso dei termini che in esse figurano, le quali introducono parametri di descrizione del mondo entro cui prendono senso proposizioni empiriche e le loro contraddittorie. Prendiamo per esempio l'idea filosofica di "stanza visiva", cioè l'idea di quella 'cosa', o ambiente, che avrebbe la caratteristica della datità assoluta, dell'essere ciò che si dà direttamente a chi (e solo a chi) ha il corrispondente stato mentale di visione. Secondo tale idea, quando uno percepisce, c'è *qualcosa* che si dà a lui (e solo a lui) immediatamente in una siffatta percezione e che resterebbe tale anche se la sua percezione si rivelasse un'allucinazione; questo qualcosa è la stanza visiva. In relazione a tale idea, Wittgenstein scrive che il filosofo tradizionale che la difende fraintende il suo stesso operato, perché prende quella che è una mossa grammaticale, mediante cui si costruiscono parametri di descrizione del mondo, come un asserto super-fattuale:

> Interpreti la nuova concezione come la visione di un nuovo oggetto. Interpreti una movenza grammaticale, che hai compiuto, come un fenomeno quasi-fisico, che stai osservando. [...] Ma la mia espressione: Hai compiuto una movenza 'grammaticale' non è ineccepibile. Tu hai scoperto, innanzi tutto, un nuovo modo di concepire le cose. (PU § 401)

Nonostante quest'ammissione della validità 'notazionale' della filosofia tradizionale[15], però, Wittgenstein non riserva alla *propria* filosofia un tale compito, per certi versi creativo, di determinare nuovi schemi concettuali alla luce dei quali descrivere il mondo. Questo perché per Wittgenstein, come abbiamo visto *supra*, in 1.3, una grammatica si impone non per scelta convenzionale, quanto piuttosto perché si innesta sulle reazioni naturali degli individui. In luogo di un atteggiamento 'creativo', vediamo dunque Wittgenstein assumere prima di tutto una posizione *deflazionistica* riguardo all'assunzione di tesi filosofiche: «se in filosofia si volessero proporre *tesi*, non sarebbe mai possibile metterle in discussione, perché tutti sarebbero d'accordo con esse» (PU § 128). Così per Wittgenstein, di fronte a ogni domanda che voglia mettere in questione l'esistenza, non di oggetti determinati, ma di *categorie* di oggetti, invece che rispondere come i metafisici che dicono che *questo tipo di cosa* esiste a differenza di *quest'altro*, la replica corretta è una replica deflazionistica che annulli il senso della domanda. In altre parole, è *banalmente* vero che esistono per esempio sensazioni, o stati mentali in generale (PU §§ 304-305, 308).

Ma qual è allora il ruolo della filosofia, una volta esclusi quello metafisico-essenzialistico e anche quello notazionale-creativo? Wittgenstein risponde a quest'interrogativo spiegando il senso della posizione deflazionista appena esposta. Il deflazionismo in filosofia è solo una condizione preliminare; ammettendo per esempio che vi sono processi interni non si è ancora detto nulla, nella misura in cui non si è ancora chiarificato che cosa vuol dire usare un termine come "processo interno" (PU §§ 304-305). Ora, come sappiamo da

---

[15] In BBB, p. 81, Wittgenstein qualifica espressamente in questo modo la mossa teorica del solipsista che dice che solo le sue esperienze sono reali.

supra, 1.2, capire che cosa vuol dire usare un termine è chiarificare le regole del suo uso, vale a dire la sua grammatica. Così, il ruolo che le *Untersuchungen* assegnano al filosofo coincide col compito di mettere in evidenza la specificità grammaticale dell'uso dei termini. Per Wittgenstein, questo è un compito *descrittivo* (PU §§ 109, 124), in quanto esso non consiste in altro che nel richiamare alla mente cose a tutti note (PU §§ 89, 129), ossia le regole d'uso di un termine nella loro affinità e differenza rispetto alle regole d'uso di altri termini. Obiettivo dell'impresa è di arrivare a una «rappresentazione perspicua» dei nostri usi, che permetta di vedere chiaramente la rete complessiva di queste affinità e differenze, attraverso il reperimento, se non la costruzione, di «membri intermedi», ossia di giuochi linguistici da cui tali affinità e differenze possano risaltare (PU § 122).

Quest'idea della rappresentazione perspicua dei nostri usi linguistici mostra chiaramente che il fatto che il compito del filosofo abbia un carattere descrittivo non lo rende affatto superfluo. Infatti, scrive Wittgenstein, il fatto che l'uso dei termini ci sia noto non vuol dire che ci sia trasparente: «la nostra grammatica manca di perspicuità» (*ibid.*). In particolare, questo è vero di tutti quei termini su cui si è tradizionalmente focalizzata l'attenzione – fuorviante – dei filosofi. Questi termini sono caratterizzati dal fatto che il loro significato è tale che sappiamo perfettamente come usarli finché non ci viene chiesto che cosa essi significano, come Wittgenstein esemplifica ricordando nel PU § 89 il famoso passo di Agostino a proposito del tempo («"che cos'è dunque il tempo? Quando nessuno me lo chiede lo so; quando voglio spiegarlo a qualcuno che me lo chiede, non lo so"»)[16]. Questa mancanza di perspicuità della grammatica è dovuta al fatto che il nostro linguaggio stesso tratta allo stesso modo, a un livello *superficiale* della grammatica, termini che invece, a un livello *profondo* della grammatica, si rivelano chiaramente diversi (PU §§ 11, 664). In un certo senso, dunque, il linguaggio stesso è responsabile di quei fraintendimenti filosofici che tocca ora alla filosofia descrittiva dissolvere (PU §§ 111, 115).

Nella misura in cui dunque è un ruolo di evidenziazione e chiarificazione, il compito 'positivo' della filosofia di descrivere la grammatica del linguaggio ordinario è dunque al tempo stesso il compito 'negativo' di smascherare le confusioni concettuali in cui incappano in genere i filosofi, in quanto tali confusioni derivano proprio dal

---

[16] In BBB, p. 38, Wittgenstein aveva esplicitamente contrapposto i termini 'filosofici' come "tempo" a quelli 'non-filosofici' come "sedia", nella misura in cui la grammatica dei primi, ma non quella dei secondi, è per noi fonte di perplessità.

fraintendimento della logica del linguaggio ordinario (indotto, come si è detto, dal linguaggio stesso):

> questa descrizione riceve la sua luce, cioè il suo scopo, dai problemi filosofici. Questi non sono, naturalmente, problemi empirici, ma problemi che si risolvono penetrando l'operare del nostro linguaggio in modo da riconoscerlo: *contro* una forte tendenza a fraintenderlo. (PU § 109)

Arrivare a una rappresentazione perspicua dei concetti espressi dai termini il cui uso non è immediatamente trasparente e con ciò stesso dissolvere le confusioni concettuali della filosofia precedente significa proporre una concezione della filosofia non dissimile da quella difesa nel *Tractatus*, quando Wittgenstein aveva detto che lo scopo della filosofia è la chiarificazione logica dei pensieri, posto che sull'incomprensione della logica del linguaggio sorgono i problemi della filosofia tradizionale (TLP 4.002, 4.003, 4.0031, 4.112). Questo è sicuramente uno dei tratti di continuità tra la riflessione del primo e quella del secondo Wittgenstein[17]. Nel *Tractatus*, peraltro, l'obiettivo della chiarificazione concettuale doveva essere raggiunto affiancando al linguaggio ordinario un linguaggio logicamente ideale che non presenti quei difetti (ambiguità, vaghezza...) che portano ai fraintendimenti filosofici (TLP 3.323, 3.324, 3.325). Nessuna proposta di un linguaggio ideale è invece più formulata nelle *Untersuchungen*: «la filosofia non può in definitiva intaccare l'uso effettivo del linguaggio; può in definitiva soltanto descriverlo. Non può nemmeno fondarlo. Lascia tutto com'è» (PU § 124).

D'altronde, mettere in evidenza nella sua varietà l'effettiva grammatica che regge il linguaggio ordinario non è un obiettivo meno ambizioso di quello di chiarire tale linguaggio sullo sfondo di un linguaggio ideale. «La chiarezza cui aspiriamo è certo una chiarezza *completa*», che si raggiunge quando i problemi filosofici sono dissolti *integralmente* (PU § 133). Nella misura in cui, inoltre, tali problemi possono essere visti come malattie (PU § 255), la funzione della filosofia è per il Wittgenstein delle *Untersuchungen* terapeutica (PU § 133). La filosofia serve infatti a liberarsi dai problemi filosofici da cui i filosofi sono stati avvolti nel loro fraintendimento della logica del linguaggio ordinario. Ma una volta dissolti tali problemi nel mettere in luce l'effettivo funzionamento della grammatica del nostro linguaggio, non esiste più un dominio autonomo di riflessione per la filosofia stessa. «Qual è il tuo scopo in filosofia? – Indicare alla mosca la via d'uscita dalla trappola» (PU § 309).

[17] Cfr. su questo Kenny, *Wittgenstein*, cit., p. 222 [trad. it. cit., pp. 255-56].

3. SIGNIFICARE E COMPRENDERE

3.1. *Wittgenstein contro il mentalismo semantico*

Abbiamo detto *supra*, in 1.2, che per Wittgenstein il significato di un termine consiste nella sua particolare modalità d'uso caratterizzata da determinate regole grammaticali. Una volta delineata questa concezione, peraltro, nei §§ 138-139 delle *Untersuchungen* Wittgenstein lascia spazio al suo ipotetico interlocutore per formulare l'obiezione che segue. Se il significato di un termine fosse il suo uso, come potrebbe uno comprendere un tale termine? L'uso è essenzialmente diacronico; ma il comprendere è sincronico: si afferra infatti di colpo il significato di una parola. Il significato, continua l'interlocutore, non potrà quindi essere l'uso del termine; se le parole si comprendono di colpo, tale significato sarà piuttosto qualcosa di mentale istantaneamente associato al termine – tipicamente, un'immagine che appare dinanzi alla mente (PU §§ 138-139).

La posizione teorica che viene qui delineata da quest'interlocutore di Wittgenstein prende il nome di *mentalismo semantico*: il significato di un termine è un'entità mentale (di qualche tipo; per esempio, un'immagine interna) associata al termine medesimo. Nella formulazione 'iconista' prospettata dall'interlocutore di Wittgenstein al § 139, si tratta di una posizione che trova svariati difensori nella storia del pensiero filosofico; il pensiero va infatti subito agli empiristi britannici come Locke e Hume, per i quali il significato di un termine era un'idea (un'immagine mentale) a questo agganciata. Il mentalista che Wittgenstein direttamente ricorda è però ancora una volta Agostino (PU §§ 1, 30), e non a caso; perché nel mentalismo agostiniano, a lui ben noto[18], Wittgenstein vedeva proprio lo specchio della concezione mentalista del significato a suo tempo condivisa da lui stesso nel *Tractatus*. È dunque prima di tutto per proseguire la critica di tale opera che Wittgenstein affronta nelle *Untersuchungen* l'analisi del mentalismo semantico.

Nel *Tractatus*, Wittgenstein aveva sostenuto che una proposizione-immagine non ha il *particolare* senso che ha, vale a dire, non è l'immagine *di* un determinato stato di cose possibile, fino a quando non è *pensata* come la presentazione di uno stato di cose siffatto (TLP 3.11). Il pensare in tal modo la proposizione, infatti, opera la correlazione che fa degli elementi della proposizione-immagine, i nomi, dei sostituti nell'immagine degli oggetti di un tale stato di cose.

---

[18] Come mostra F. Lo Piparo, *Sull'archeologia teolinguistica della linguistica*, in S. Vecchio, *Le parole come segni*, Novecento, Palermo 1994, pp. V-XXV.

Fino a quando i nomi e gli oggetti in questione non sono posti in tale correlazione, non vi è tra di essi alcun legame; detto altrimenti, prima di questa correlazione il rapporto tra i nomi e gli oggetti in questione è *estrinseco*. Una volta invece operata quella correlazione, il rapporto tra nomi e oggetti diventa *intrinseco*; quei nomi divengono nomi-*di*, ossia divengono essenzialmente nomi di tali oggetti. Ma in che modo pensare una proposizione-immagine può operare una tale correlazione? Ebbene, il pensiero che pensa tale proposizione è qualcosa che già di per sé è dotato di quell'intenzionalità che viene attribuita da quell'operazione alla proposizione-immagine. Mentre tale proposizione, infatti, è solo *derivatamente* immagine *dello* stato di cose possibile che presenta (lo diviene, cioè, solo dopo quell'operazione), quel pensiero, invece, è qualcosa che è *originariamente* immagine *di* un tale stato di cose; ossia, esso ha a sua volta una struttura iconica, solo che gli elementi di tale immagine sono *originariamente* correlati in maniera intrinseca con gli oggetti costitutivi dello stato di cose possibile in questione; sono *già da sempre* nomi-*di* (TLP 3.2)[19].

Al tempo delle *Untersuchungen*, Wittgenstein ritorna più e più volte in chiave polemica sull'aspetto paradossale di questa concezione. Da tale posizione, infatti, consegue che oltre ai fatti ordinari, di carattere fisico, di cui le proposizioni e le immagini grafiche in qualità di immagini non ancora interpretate (come meri segni fisici non ancora investiti di senso, cioè) fanno parte a pieno titolo (TLP 2.141, 3.14), vi sarebbero nel mondo fatti di tipo ulteriore, fatti spirituali, i quali sarebbero di per sé immagini interpretate, ossia sarebbero fatti dotati originariamente di senso[20]. Ma possono esserci

---

[19] Per quest'interpretazione, cfr. per esempio N. Malcolm, *Nothing is Hidden*, Blackwell, Oxford 1986, cap. 4. In verità, non è così automatico che i suddetti passi del *Tractatus* vadano interpretati in questa maniera. A tale interpretazione, infatti, se ne contrappone un'altra secondo la quale non solo una proposizione-immagine, ma anche un qualsiasi pensiero (un'immagine mentale) corrispondente, non è immagine-*di* finché *qualcuno* – in ultimo, il soggetto trascendentale-metafisico che fa da limite del mondo nella misura in cui il mondo è il *suo* mondo (TLP 5.62, 5.641) – non mette in correlazione gli elementi dell'immagine (linguistica o mentale) con quelli che lo costituiscono lo stato di cose presentato. Cfr. per esempio Hacker, *Insight* cit., pp. 47-48, 77. In primo luogo, però, è evidente che la critica che Wittgenstein fa nei passi in questione delle *Untersuchungen* che egli riteneva di aver difeso nel *Tractatus* una dottrina affine alla prima, non alla seconda, interpretazione. In secondo luogo, poi, occorre vedere se la seconda interpretazione è così a-mentalista come appare a prima vista. Può infatti il soggetto metafisico condurre la mediazione semantica tra un qualunque evento iconico (linguistico o mentale) del mondo e il corrispondente stato di cose, senza esercitare una tale mediazione via un suo *pensiero* (ancorché non mondano) dotato originariamente di intenzionalità intrinseca?

[20] In una famosa lettera a Russell del 1919, Wittgenstein accetta esplicitamente l'idea che i pensieri siano fatti. Cfr. AWBR, pp. 252-53.

nel mondo fatti che hanno senso originariamente, che hanno il potere magico di essere originariamente immagini *di* uno stato di cose possibile (PU §§ 329, 337, 339, 689, p. 285)?

A ben guardare, per Wittgenstein l'idea stessa di un processo spirituale dotato di intenzionalità originaria che dà retrospettivamente senso al linguaggio, dunque l'idea di un pensiero pre-linguistico già da sempre intrinsecamente significante, è non solo paradossale, ma incongruente. Da un punto di vista mentalista, si è tentati di concepire un tale processo come un accompagnatore dell'enunciato linguistico che vivifica quest'ultimo dandogli senso. Ora, ovviamente un accompagnatore deve poter esistere indipendentemente dalla cosa che accompagna; ma se cerchiamo di concepire un suddetto processo spirituale senza il linguaggio che esso accompagna, l'idea stessa di un tale processo si dissolve (PU §§ 330, 332; vedi anche p. 241).

Di fronte a questa incongruenza teorica, Wittgenstein si premura di fornire una confutazione radicale della posizione mentalista in semantica e dell'idea di intenzionalità originaria di un'entità mentale, che come si è appena visto è radicata in questa posizione. Le sue osservazioni critiche si possono ricostruire così. Vi sono almeno due forme di mentalismo semantico prese in esame. La prima, contro la quale Wittgenstein si accanisce maggiormente ed esplicitamente (PU, pp. 238-39, 284), ritenendola evidentemente consona alla versione del mentalismo da lui stesso difesa nel *Tractatus*, sostiene che il significato di un termine risiede in un'esperienza mentale vissuta (*Erlebnis*), di cui il soggetto che la possiede è consapevole. Verosimilmente, l'esperienza a cui il mentalista pensa consiste nell'immaginarsi mentalmente qualcosa, dove è il contenuto di tale immaginazione, l'immagine mentale propriamente detta, a fare da significato del termine in questione; ma in chiave mentalista una tale esperienza può essere concepita anche come un'esperienza *sui generis*, una vera e propria esperienza di significato[21]. Per dargli un

---

[21] Cfr. S. Kripke, *Wittgenstein on Rules and Private Language*, Blackwell, Oxford 1982, pp. 41-54 [trad. it. Boringhieri, Torino 1984, pp. 40-49]. Va qui peraltro osservato – come già lo stesso Kripke si è accorto (ivi, nota 29 p. 46 [trad. it. cit., p. 45]) – che l'atteggiamento di Wittgenstein verso l'idea di un'esperienza irriducibile del significato è ambivalente. Se quest'esperienza vissuta è distinta sì da altri stati-processi psichici a disposizione di un individuo, come le esperienze di dolore o di colore per esempio, ma è dello stesso *tipo* di questi (è uno stato qualitativo o *quale*, nella terminologia standard nella filosofia della mente contemporanea), Wittgenstein non ha dubbi nel ripudiare la tesi mentalista secondo cui il significato di un termine risiede in siffatto *quale*. Tuttavia, come vedremo *infra*, nel paragrafo 7 del presente capitolo, egli fu tentato dall'idea che si possa costruire in un senso non-mentalista la nozione di esperienza (irriducibile) del significato.

nome, chiamiamo questa forma il mentalismo semantico *esperienziale* (MSE).

La seconda forma di mentalismo semantico dice invece che il significato di un termine risiede in un processo di tipo cerebrale che giace sotto la coscienza individuale. Questa dottrina è il mentalismo semantico *neurofisiologico* (MSN). Questa forma, peraltro, è considerata da Wittgenstein molto più di sfuggita, non solo perché non corrisponde al tipo di mentalismo semantico da lui avanzato nel *Tractatus*, ma anche perché all'epoca in cui Wittgenstein componeva le *Untersuchungen* non costituiva ancora oggetto di dibattito (come è invece ai nostri giorni, per l'influsso delle neuroscienze sulla riflessione filosofica contemporanea intorno ai problemi del mentale).

Secondo entrambe le varianti del mentalismo semantico, vi sarebbe *qualcosa*, situato rispettivamente nella mente – un'esperienza vissuta conscia – o nel cervello – un processo neurale inconscio –, che assegnerebbe a un termine del linguaggio il suo significato. Un tale qualcosa potrebbe svolgere un compito siffatto perché dal canto suo avrebbe un tale significato originariamente, ossia tale significato non gli sarebbe ulteriormente assegnato da alcunché. Così concepita, l'entità mentale o cerebrale in questione dovrebbe essere ciò che fornisce l'interpretazione che *fissa il senso* di un segno linguistico, il quale dal canto suo, come mera entità morfosintattica, potrebbe avere un'infinità di significati. Se dico per esempio "cubo", presa come mera stringa di fonemi questa parola può avere un'infinità di significati; sarà l'evento che ha luogo nella mia mente o nel mio cervello che fa sì che questa parola significhi *cubo* e non altro.

Ma, dice Wittgenstein, le cose non stanno così. Poniamo per esempio che, come vorrebbe (MSE), quando pronuncio la parola "cubo" mi si dia di fronte agli occhi della mente l'immagine di un cubo. Neanche quest'immagine, però, è, come invece (MSE) ritiene, originariamente l'immagine *di* un cubo e di null'altro. Solo l'applicazione che uno concretamente fa di tale immagine la rende l'immagine *di* un cubo, ossia le dà quel significato. Di per sé un'immagine mentale, per quanto somigliante a un cubo, può anche essere trattata come l'immagine *di* qualcosa d'altro, per esempio di un prisma triangolare:

supponi che quando odi la parola «cubo» si presenti alla tua mente un'immagine, poniamo il disegno di un cubo. In che senso quest'immagine può convenire o non convenire all'impiego della parola «cubo»? – Forse tu dici: «È molto semplice; – se questa immagine mi sta davanti alla mente e io indico, per esempio, un prisma triangolare dicendo che si tratta di un cubo, quest'impiego non conviene all'immagine». – Ma è poi vero che non le conviene? (PU § 139)

In altri termini, nessuna immagine mentale, per quanto somigliante alla cosa rappresentata, può assegnare alla parola corrispondente un determinato significato, perché l'immagine più somigliante possibile a una determinata cosa può sempre essere usata, applicata, diversamente:

Che cosa fa della mia rappresentazione di lui una rappresentazione di *lui*? Non la somiglianza dell'immagine. (PU, p. 234)

l'essenziale è vedere che, quando udiamo una parola, alla nostra mente può presentarsi la stessa cosa, e tuttavia la sua applicazione può essere diversa. Allora si ha lo *stesso* significato entrambe le volte? Credo che diremo di no. (PU § 140)

Messa in altri termini, l'avere una determinata esperienza vissuta conscia non è *condizione sufficiente* per l'usare una parola in un dato significato[22]. Le cose non vanno meglio se pensiamo che, come vuole (MSN), invece di un evento mentale conscio, come il darsi di un'immagine mentale, sia un processo cerebrale inconscio a assegnare il significato a un termine:

Che cosa fa di questa espressione un'espressione su *lui*? – Nulla che si trovi in essa, o che accada simultaneamente a quest'espressione (qualcosa che 'le sta dietro'). (PU, p. 234)

Il motivo è sostanzialmente lo stesso. Supponiamo pure che quando uno proferisce un certo termine abbia luogo in lui un determinato processo neurofisiologico. Pure, da tale processo non si può ricavare il significato in cui quell'individuo usa quel termine (PU, p. 289). Così, anche l'occorrenza in un dato individuo di un processo neurofisiologico non è *condizione sufficiente* per l'uso da parte di costui di un termine linguistico in un dato significato[23].

---

[22] A favore della tesi conversa, secondo cui una tale esperienza vissuta non è *condizione necessaria* dell'usare una parola in un dato significato (si potrebbe usare la parola nello stesso significato e avere un'altra esperienza vissuta, o addirittura nessuna esperienza del genere), Wittgenstein si sofferma nelle *Untersuchungen* di meno: cfr. comunque § 35.

[23] Va peraltro notato che nel caso di (MSN), più che la tesi appena ricordata Wittgenstein è interessato a precisare la tesi conversa secondo cui l'occorrenza di un processo neurofisiologico non è neppure *condizione necessaria* di un tale uso. Come egli sovente ribadisce nelle opere della seconda fase (cfr. per esempio BBB, pp. 12,

Il mentalista semantico potrebbe a questo punto provare a replicare nel modo seguente. Certo, la mera esistenza di qualcosa (di carattere psichico o neurale) 'retrostante' al proferimento di un'espressione non determina il significato di quest'ultima. Ma ciò mostra solo che l'entità che deve svolgere un compito siffatto non sarà il semplice occorrere di un tale qualcosa 'retrostante', quanto l'accadere di un evento 'più retrostante ancora' dotato per l'appunto di intenzionalità originaria; o, per meglio dire, il darsi (nella testa o nella mente) di un *metodo di proiezione* che si innesta sull'occorrenza del qualcosa 'retrostante' e le permette – col proiettarla su un oggetto (o classe di oggetti) della realtà quale suo riferimento – di avere il suo specifico significato intrinseco, in modo tale che, a sua volta, l'espressione cui una siffatta occorrenza sottende abbia derivatamente quello stesso significato. Così, domanda a Wittgenstein il mentalista semantico esperienziale (ma la stessa domanda potrebbe essere posta, *mutatis mutandis*, dal mentalista semantico neurofisiologico): «ma se alla nostra mente non si presenta soltanto l'immagine del cubo, ma, oltre a questa, anche un metodo di proiezione?» (PU § 141).

Ma, obietta Wittgenstein, non vi può essere nella mente (o nella testa) dell'individuo che proferisce una certa espressione nessun evento 'ulteriormente retrostante' che svolga un siffatto ruolo semantico. Per quest'ulteriore evento, infatti, si riproporrebbe lo stesso problema già posto per l'iniziale entità 'retrostante' collocata nella mente (o nella testa) dell'individuo in questione. Pure del preteso 'metodo di proiezione', infatti, si possono immaginare applicazioni semantiche diverse (*ibid.*), così che tale 'metodo' si rivela essere a sua volta un mero segno privo di un significato determinato. Il disperato ricorso, da parte del mentalista semantico, a un elemento collocato in un sito della mente (o della testa) dell'individuo in questione *ancora più recondito* del mero evento psichico (o processo cerebrale) associato al proferimento dell'espressione linguistica in giuoco, quale *interpretazione ultima* dotata dell'intenzionalità originaria richiesta per fissare il significato tanto di un siffatto evento (o processo) quanto della suddetta espressione linguistica 'antistante' a

14-15), la connessione tra l'uso di un'espressione linguistica in un determinato significato e l'occorrere di un determinato processo cerebrale è soltanto *empirica*, oggetto al massimo di ipotesi scientifiche. Nelle *Untersuchungen*, egli si limita a osservare che uno potrebbe usare un'espressione nello stesso significato in cui di fatto la usa e avere nel cervello un *altro* processo cerebrale (PU § 376). Altrove, però, egli sostiene anche la tesi più radicale che qualcuno potrebbe usare un'espressione nello stesso significato in cui di fatto la usa, senza che *nessun* processo cerebrale del genere abbia luogo. Cfr. Z §§ 608-609.

quest'ultimo, non fa altro che generare le premesse di un vacuo regresso all'infinito: ogni pretesa interpretazione ultima di un segno è solo a sua volta un segno da reinterpretare. Da questo vacuo regresso, lascia intendere Wittgenstein, si esce solo smettendo di pensare che applicare un segno linguistico, o qualunque cosa 'retrostante' a questo, corrisponda a interpretarlo (mediante l'opportuno atto mentale) (*ibid.*).

3.2. *Wittgenstein contro il mentalismo psicologico*

Sembrerebbe peraltro che al mentalista semantico resti ancora una carta da giocare. Nel difendere l'idea che il significato di una parola è il suo uso nel linguaggio, Wittgenstein si schiera con coloro – Frege *in primis*[24] – che sostengono che la connessione tra significato e comprensione del significato è *interna*; vale a dire, non ha senso parlare di significati non compresi. Nella formulazione di Wittgenstein, non c'è significato senza spiegazione del significato (PU § 560). Ora, anche il mentalista è dell'avviso che una tale connessione sussista; ma, costui potrebbe a questo punto ribadire, è proprio l'idea che il significato risieda in un evento mentale o cerebrale a fornire un ottimo sostegno per la tesi della connessione interna tra significato e comprensione. Questo si può facilmente vedere nel caso di (MSE): se il significato è un'esperienza vissuta conscia, sarà ovviamente qualcosa di conosciuto, quindi di compreso, dal possessore di quell'esperienza. Ma anche nel caso di (MSN) il significato è qualcosa di conosciuto da un soggetto; solo, si tratta di una conoscenza inconscia, definibile come il fatto che un tale soggetto si trova in una qualche relazione col significato da lui istanziato nel proprio cervello.

Ma anche quest'argomento del mentalista è per Wittgenstein un'arma spuntata. Il punto è che la tesi della connessione interna tra significato e comprensione non comporta affatto l'assunto mentalista che il significato risiede in un evento mentale o cerebrale. Per avere una tale implicazione, anche il comprendere dovrebbe essere un evento del genere; ma per Wittgenstein comprendere un significato non ha a sua volta nulla a che fare coll'avere determinate esperienze vissute o processi neurofisiologici. Come vedremo adesso, l'esistenza di un vissuto mentale o di un processo cerebrale non è infatti né condizione necessaria né sufficiente perché un termine venga compreso da un determinato individuo. Alla negazione del

---

[24] Come rilevato da Dummett (F, p. 134 e OAP, p. 81).

mentalismo semantico si accompagna dunque nelle *Untersuchungen* il ripudio del *mentalismo psicologico*[25] nelle seguenti forme, analoghe a quelle del mentalismo semantico: il mentalismo psicologico *esperienziale* (MPE), la tesi per cui il comprendere è un evento mentale cosciente, e quello *neurofisiologico* (MPN), per cui il comprendere è un processo cerebrale inconscio.

Partiamo da (MPE). Prima di tutto, per Wittgenstein l'esperienza vissuta non è affatto condizione *necessaria* della comprensione del significato di un termine. Perché qualcuno comprenda un tale significato, non solo non è necessario che egli abbia una *determinata* esperienza vissuta, ma non è neanche necessario che egli abbia una *qualche* esperienza vissuta *in generale*. In altre parole, un evento di comprensione non dipende per la sua esistenza né *specificamente* né *genericamente* da un'esperienza vissuta[26]. Infatti, non solo chi comprende una determinata espressione può avere *diverse* esperienze siffatte dinanzi alla mente, ma può anche non avere *alcuna* esperienza del genere. Wittgenstein porta l'esempio della comprensione dell'espressione di una successione aritmetica. Chi dall'espressione di una successione del tipo 1, 5, 11, 19, 29 ... comprende la legge di tale successione può provare le esperienze vissute più disparate. Per esempio, gli può venire improvvisamente in testa una certa formula, "$a_n = n^2+n-1$", o può pensare ai numeri che rappresentano la successione delle differenze fra un numero e l'altro nella successione di partenza (nella fattispecie, 4, 6, 8, 10), o ancora, può provare semplicemente una sensazione di essere a proprio agio colle cifre della successione. Oppure, più radicalmente, può non avere alcuna esperienza del genere, e tuttavia continuare a scrivere i membri della successione (PU §§ 151, 179).

L'avere un'esperienza vissuta, d'altro canto, non è neppure per Wittgenstein una condizione *sufficiente* del comprendere. Tornando al caso della successione aritmetica, supponiamo che l'esperienza che dovrebbe rappresentare una condizione siffatta sia quella di avere improvvisamente in testa una determinata formula algebrica da cui 'ricavare' lo sviluppo della successione. Ma, dice Wittgenstein, può tranquillamente darsi il caso che a uno venga improvvisamente in testa quella formula e tuttavia non comprenda il sistema

---

[25] Per la distinzione tra i due tipi di mentalismo cfr. D. Marconi, *Filosofia del linguaggio*, in *La filosofia*, vol. I, a cura di P. Rossi, UTET, Torino 1995, p. 415.

[26] Così Mulligan e Smith (ARTA, pp. 117-18) definiscono rispettivamente le nozioni di dipendenza specifica e dipendenza generica qui in giuoco: *a* è specificamente dipendente da *b* = df *a* è necessariamente tale che non può esistere se *b* non esiste; *a* è genericamente dipendente da un *B* = df *a* è necessariamente tale che non può esistere a meno che non esista un qualche *B*.

di tale successione. Oppure si potrebbe dare anche il caso che uno dica di comprendere la legge della successione – probabilmente in concomitanza al venirgli in mente della formula, o in base a una 'sensazione di comprensione' (come dice Wittgenstein, la sensazione del "questo è facile!") – e tuttavia non la comprenda affatto, come mostra il fatto che non riesce a continuare la successione se richiesto (PU §§ 151-152, 181, 323). Lo stesso può succedere nel caso della comprensione di una parola (PU, p. 74). Così, commenta Wittgenstein, enunciati come "Adesso capisco!", verosimilmente proferiti in seguito a una suddetta 'sensazione di comprensione', sono meri *segnali* della comprensione. Ciò significa che, quale che sia l'esperienza mentale da cui essi scaturiscono, questa è connessa solo *estrinsecamente*, in modo non essenziale cioè, col comprendere, così come un sintomo lo è col fenomeno di cui è sintomo (PU §§ 179-180, p. 286).

Le cose non vanno meglio se consideriamo (MPN), secondo il quale la comprensione di un termine risiede nell'avere, sia pur inconsapevolmente, un processo cerebrale all'interno del proprio cervello. Così come per la corrispondente versione semantica, quest'opzione è considerata da Wittgenstein di sfuggita nelle *Untersuchungen*. Egli ne tratta analizzando il concetto di leggere, il quale è da lui espressamente chiamato in causa per gettare luce sul corrispondente concetto di comprendere. (Va peraltro rilevato che leggere, nel senso in cui Wittgenstein ne discute qui, non è comprendere; Wittgenstein considera qui il leggere non come l'attività di comprendere il senso di ciò che viene letto, quanto piuttosto come «l'attività del convertire in suoni ciò che è scritto o stampato» [PU § 156]. Secondo questa distinzione, io posso per esempio imparare a leggere un testo arabo anche se non lo comprendo.)

A proposito del leggere, dunque, Wittgenstein si oppone nelle *Untersuchungen* all'idea che avere un processo cerebrale sia condizione *necessaria* del leggere, nel senso di una dipendenza specifica del secondo dal primo (un certo evento di lettura non avrebbe luogo se un *determinato* evento cerebrale non accadesse nella propria testa). Secondo Wittgenstein, quando pensiamo che, perché un certo evento di lettura abbia luogo, *deve* contemporaneamente darsi un certo evento cerebrale nella propria testa, mettiamo in atto solo «una forma di rappresentazione molto evidente per noi» (PU § 158). Il senso di quest'osservazione è negativo[27]: pensare che un

---

[27] Come chiarisce il corrispondente passo di BBB, pp. 153-54. Cfr. anche G. Soldati, *Erlebnis und Bedeutung*, in M. Frank-G. Soldati, *Wittgenstein. Literat und Philosoph*, Neske, Pfullingen 1989, p. 99.

evento di comprensione non possa aver luogo senza che un dato processo cerebrale abbia luogo vuol dire affidarsi a una forma di rappresentazione del mondo che consegue all'ipostatizzazione metafisica di un'ipotesi scientifica che al più, come una qualsiasi ipotesi del genere, può solo suggerire che vi sia una correlazione *empirica* tra un tale processo cerebrale e il suddetto evento di comprensione. In realtà, dunque, non sussiste tra i due eventi alcun legame necessario; è ben possibile immaginare che quell'evento di comprensione si dia senza che quel processo abbia luogo.

Quanto alla riformulazione mentalista della tesi che un evento cerebrale è condizione necessaria del leggere nel senso di una dipendenza generica del secondo evento dal primo (un certo evento di lettura non avrebbe luogo se un *qualche* evento cerebrale non accadesse nella propria testa), Wittgenstein non sembra prenderla in considerazione nelle *Untersuchungen*. Ma possiamo arguire che il suo atteggiamento al riguardo sia negativo. Siamo infatti legittimati a ritenere che Wittgenstein pensasse che sia ben possibile che un certo evento di lettura si dia non solo senza che un *determinato* processo cerebrale abbia luogo, ma anche senza che *alcun* processo del genere abbia luogo. Così infatti si esprime Wittgenstein in *Zettel* a proposito del caso affine del pensare: «nessuna ipotesi mi sembra più naturale di quella che non vi sia alcun processo cerebrale correlato col [...] pensare; cosicché sarebbe impossibile leggere i processi del pensiero da quelli cerebrali» (Z § 608).

Visto che, come abbiamo detto, le riflessioni sul concetto di leggere sono addotte da Wittgenstein per chiarire quello di comprensione, la morale di tali riflessioni è dunque che un processo cerebrale non è in alcun senso per Wittgenstein condizione necessaria del comprendere. Rispetto all'altro aspetto della questione, ossia se avere un processo cerebrale sia condizione *sufficiente* del comprendere, per quanto Wittgenstein la consideri brevemente, egli è nelle *Untersuchungen* altrettanto negativo. Sempre trattando il tema del leggere come cartina di tornasole per chiarire il concetto di comprensione, egli si limita alla seguente osservazione. Quando si dice che non vi sono differenti eventi di lettura senza una corrispondente differenza negli stati cerebrali, non si fa altro che avanzare un'ipotesi scientifica (PU § 156). Con ciò Wittgenstein vuole precisamente rimarcare che, nella misura in cui tale modo di dire corrisponde solamente a un'ipotesi scientifica, anche se quest'ultima fosse vera, essa non basterebbe a fondare la verità della tesi per cui un processo cerebrale è condizione sufficiente del leggere. L'ipotesi scientifica in questione è la mera supposizione che *di fatto*, quando si dà un certo processo cerebrale, si dà anche un corrispondente

evento di lettura. Ma la tesi della sufficienza dice qualcosa di ben
più forte, ossia sostiene che sussiste una connessione *concettuale* tra
eventi di lettura e processi cerebrali, tale che non solo di fatto, ma
necessariamente, se si dà un certo processo cerebrale, si dà anche un
corrispondente evento di lettura. Ma quest'ultima tesi è falsa: quel
processo potrebbe occorrere senza che l'evento di lettura abbia luogo[28]. In effetti, noi non diciamo che, se un tale processo è avvenuto,
allora qualcuno ha letto. Il nostro concetto di leggere è «indipendente da quello di un meccanismo, spirituale o di altro tipo» (PU §
157)[29]. Ne consegue che per Wittgenstein un processo del genere
non è neanche condizione sufficiente del comprendere; il fatto che
nella testa di qualcuno occorra un processo cerebrale non basta
perché costui comprenda una determinata espressione della lingua.

3.3. *La grammatica della comprensione*

Sgombrato il campo, dunque, dalle interpretazioni mentalistiche
della comprensione, Wittgenstein può avanzare delle riflessioni in
positivo su questo tema. Come anticipato *supra*, in 2.2, il metodo
che Wittgenstein segue non è quello di avanzare tali riflessioni come
frutto di una sua teoria in materia, ma come osservazioni grammaticali sull'uso del termine "comprensione". Tali osservazioni, nel-
l'esporci le regole che governano l'uso, e quindi il significato, di tale
termine, *eo ipso* ci diranno *che tipo di cosa sia* un evento di comprensione (cfr. *supra*, 1.2). Così facendo, esse porteranno alla chiarificazione del concetto di comprensione, liberandoci al tempo stesso dalle confusioni concettuali che si commettono al riguardo in
filosofia. In particolare, secondo Wittgenstein proprio le interpretazioni mentalistiche già ricordate nascono da fraintendimenti della
grammatica del termine "comprensione". Al solito, Wittgenstein si
concentra su (MPE); ma molte delle sue osservazioni possono appli-
carsi anche a (MPN). (MPE), nell'assimilare gli eventi di comprensione
a esperienze vissute, trascura il fatto che queste ultime, ma non i

---

[28] Cfr. N. Malcolm, *Wittgenstein's «Philosophical Investigations»*, in *Wittgenstein. The «Philosophical Investigations»*, a cura di G. Pitcher, Macmillan, London
1966, p. 85.
   [29] Cfr. anche il corrispondente passo di BBB, pp. 156-58, in cui Wittgenstein
distingue tra il concetto di leggere che si applica ad esseri umani, e quello che si
applicherebbe a macchine leggenti la cui connessione tra vedere segni stampati e
proferire suoni fosse mediata da un meccanismo causale interno. Per il secondo, ma
non per il primo, un processo causale interno è condizione sufficiente del leggere.

primi, hanno una durata. Questo fa delle seconde, ma non dei primi, stati o processi *psichici*:

> «Comprendere una parola»: uno stato. Ma uno stato *psichico*? – Tristezza, eccitazione, dolore, li chiamiamo stati psichici. Fa' questa considerazione grammaticale; diciamo:
> «È stato triste tutto il giorno».
> «È stato in grande agitazione tutto il giorno».
> «Soffre da ieri, ininterrottamente». –
> Diciamo anche «Comprendo questa parola da ieri». Ma «ininterrottamente»? – Certo, si può parlare di un'interruzione del comprendere. Ma in quali casi? Confronta: «Quando è cessato il tuo dolore?» e «Quando hai cessato di comprendere questa parola?» –. (PU, p. 81)

Nel senso in cui esistono processi (anche processi psichici) caratteristici del comprendere, il comprendere non è un processo psichico. (Processi psichici sono: l'aumentare o diminuire di una sensazione di dolore, l'ascoltare una melodia, una proposizione.) (PU § 154)

(MPN), peraltro, potrebbe accettare che comprendere non è uno stato-processo psichico. Per tale opzione, infatti, si tratta di un processo sub-psichico. Ma i passi appena ricordati stabiliscono anche che il comprendere non è neppure un processo siffatto, perché (come tutti i processi) i processi sub-psichici sono caratterizzati dall'avere durata.

La grammatica di "comprendere", invece, mostra per Wittgenstein che il comprendere è uno stato, anche se non uno stato psichico (se fosse uno stato psichico, esso, come Wittgenstein ha precedentemente ricordato, avrebbe durata). Ma dire che il comprendere è uno stato non-psichico, quindi non-durativo, non basta, perché si tratta ancora di individuare, all'interno degli stati non-durativi, che *tipo* di stato è. Per esempio, dire che il comprendere è uno stato non durativo non è dire che esso è uno stato mentale *istantaneo*, come sembra per Wittgenstein essere il pensare, inteso – abbastanza cripticamente – come l'«espressione» di uno stato di comprendere (PU § 574)[30]. Che cos'è allora? Si veda il passo seguente:

> La grammatica della parola «sapere» è [...] strettamente imparentata alla grammatica delle parole «potere» ed «essere in grado». Ma è anche strettamente imparentata a quella della parola «comprendere». ('Padroneggiare' una tecnica.) (PU § 150)

---

[30] A rigore, PU § 574 dice che un pensiero è l'«espressione» di stati intenzionali come credere, aspettare, sperare; ma BPP II § 45 precisa che il comprendere è uno stato nello stesso senso in cui lo sono il credere, l'intendere, il sapere.

Il sapere di cui parla qui Wittgenstein è la conoscenza della legge di una successione aritmetica o dell'alfabeto. Questo sapere è, dice in primo luogo Wittgenstein, accostabile a una *capacità*, come la solubilità (la capacità che qualcosa ha di sciogliersi), la conduttività (la capacità da parte di qualcosa di trasportare calore o elettricità) e così via. La proprietà saliente delle capacità è di essere delle *disposizioni*, ossia di essere caratterizzabili in termini condizionali: per esempio, la capacità di sciogliersi di una zolletta di zucchero è il fatto che *se* si dessero certe condizioni – poniamo, se tale zolletta fosse posta in acqua – essa si scioglierebbe. Nella misura in cui, inoltre, lo stesso comprendere è qualcosa di molto vicino, dice Wittgenstein, al suddetto tipo di sapere, anche il comprendere sarà accostabile a una capacità, sarà accostabile a ciò che ha una natura di tipo disposizionale.

Occorre però qui fare molta attenzione all'ordine delle connessioni grammaticali che PU § 150 ci presenta. A una capacità è direttamente imparentato il sapere (l'alfabeto, una legge di successione); a tale sapere è a sua volta direttamente imparentato il comprendere; ciò implica che capacità e comprendere sono sì affini, ma *non* direttamente imparentati. Comprendere è infatti padroneggiare una tecnica (PU §§ 150, 199)[31], cosa che una capacità non è. Il punto è che per Wittgenstein il comprendere è qualcosa di più di una capacità nel senso appena detto. Se lo qualifichiamo come una capacità, deve trattarsi di una capacità non solo manifest*abile*, ma proprio manifest*ata*; altrimenti detto, una capacità da manifestare non solo *virtualmente*, ma proprio *effettivamente*[32]. Volendo, per restare fedeli alla tradizione aristotelica in materia (che Wittgenstein di fatto riprende), possiamo introdurre il termine "abilità" per indicare quest'ultimo tipo di capacità e distinguerlo così dalle capacità precedentemente viste[33].

Cerchiamo di chiarire questo punto. Se predico veracemente di un individuo il possesso di una capacità *tout court*, di una disposizione (per esempio la capacità di parlare, nel senso di compiere atti

---

[31] Quest'assimilazione del comprendere al padroneggiare una tecnica ha un'altra conseguenza, su cui non possiamo soffermarci qui; l'attribuzione al comprendere di una natura *olistica*. Come PU § 199 ribadisce, comprendere una proposizione è come padroneggiare una tecnica solo nella misura in cui comprendere una proposizione è comprendere un *linguaggio*.

[32] Cfr. C. McGinn, *Wittgenstein on Meaning*, Blackwell, Oxford 1984, p. 137 (anche se McGinn sostiene, a mio avviso erroneamente, che pure buona parte di quelle che qui trattiamo come mere disposizioni sono per Wittgenstein capacità da manifestare effettivamente: abilità, dunque).

[33] Cfr. A. Kenny, *Wittgenstein, mente e metafisica*, in *Wittgenstein e il Novecento*, a cura di R. Egidi, Donzelli, Roma 1996, pp. 44-45.

fonatori articolati), a rigore non è necessario che quest'individuo abbia mai manifestato nel passato, né mai manifesterà in futuro, una siffatta capacità (per esempio che il nostro individuo abbia mai parlato o mai parlerà: un bambino cresciuto tra i lupi, poniamo, possiede la capacità di parlare anche se finora ha emesso solo suoni gutturali e continuerà a fare solo questo in futuro). Mi basta assumere la verità dell'ipotesi *controfattuale* (relativa cioè a un'eventualità che anche se mai si è data e mai si darà nel mondo reale, *avrebbe potuto* darsi) secondo cui, se l'individuo in questione *fosse stato posto* nelle circostanze C, *avrebbe dato luogo* a una manifestazione della capacità in questione (se per esempio il nostro bambino-lupo fosse stato allevato in un ambiente favorevole, avrebbe parlato). Ciò mostra che l'esistenza di una manifestazione della disposizione non è condizione necessaria dell'esistenza della disposizione stessa. Condizione necessaria (e sufficiente) della disposizione, infatti, sarà piuttosto l'occorrenza di uno stato strutturale (caratterizzabile in termini fisici o biologici) dell'oggetto che possiede tale disposizione. Questo stato avrà il compito di essere causalmente responsabile dell'occorrenza eventuale, in presenza di determinate circostanze cioè, di una manifestazione della disposizione; ci permetterà infatti di spiegare tale manifestazione in presenza di quelle circostanze, nei termini di una connessione empirica di causa-effetto tra lo stato strutturale e quella manifestazione (date siffatte circostanze). (Nel caso del nostro bambino-lupo, noi gli attribuiamo veracemente la capacità di parlare soltanto se il suo sistema nervoso ha una certa configurazione; questa configurazione è infatti causalmente responsabile del fatto che, in presenza di un ambiente favorevole di educazione, questi parlerà.)

Prendiamo però adesso una capacità che consiste nella padronanza di una tecnica, come per esempio la capacità di suonare il flauto. Saper suonare il flauto non è una mera disposizione nel senso suddetto. Per predicare veracemente di qualcuno la capacità di suonare il flauto non basta che sia vera l'ipotesi controfattuale secondo cui, se a costui fosse stato dato in mano un flauto, egli l'avrebbe suonato. Occorre piuttosto che questo qualcuno abbia manifestato o manifesti tale capacità, suonando opportunamente il flauto. Ciò mostra che l'*esistenza* di una manifestazione di tale capacità è una condizione necessaria per l'esistenza della capacità stessa; in questo senso, tale capacità è un'*abilità*.

Lo stesso vale secondo Wittgenstein per il comprendere, che è un essere padroni di una tecnica proprio come la capacità di suonare il flauto. Per ascrivere a qualcuno con veracità la comprensione per esempio di un'espressione, non basta che sia vera per esempio l'ipotesi controfattuale per cui, se a questo qualcuno si fosse richiesto di dire cosa quell'espressione significa, questi si sarebbe prodotto in una delucidazione del significato in questione; occorre invece che costui illustri *effettivamente* che cosa quell'espressione significa, magari semplicemente usandola in maniera corretta. Proviamo pure a supporre che non sia così, come succede per ogni capacità *tout court*. In tal caso, condizione necessaria di quella comprensione sarebbe l'occorrenza di uno stato strutturale, verosimilmente di una certa configurazione neuronale, causalmente responsabile di una manifestazione di tale comprensione in presenza di determinate condizioni (per esempio le opportune richieste di delucidazione del significato dell'espressione in questione). Così, l'esistenza di una manifestazione non sarebbe condizione necessaria di quella comprensione, perché questa sarebbe per l'appunto individuabile altrimenti (nei termini di un siffatto stato strutturale appunto). Come scrive Wittgenstein a proposito dell'analogo caso del sapere l'alfabeto:

> Se dico che il sapere l'alfabeto è uno stato psichico, si penserà allo stato di un apparato psichico (poniamo, del nostro cervello) mediante il quale spieghiamo le *manifestazioni* di questo sapere. Un tale stato si chiama disposizione. Tuttavia il parlare, qui, di uno stato psichico non è del tutto irreprensibile, in quanto devono esserci, per tale stato, due criteri; una conoscenza della costruzione dell'apparato, indipendentemente dal suo funzionamento. (PU § 149)[34]

Ma, commenta Wittgenstein, le cose non stanno così. Nel caso della comprensione, stato e sua manifestazione non sono concettualmente disgiungibili; perché qualcuno possegga davvero la comprensione per esempio di un'espressione, egli *deve* esibirla di fatto (illustrando il significando dell'espressione o comunque usandola correttamente). In altri termini, la manifestazione della comprensione è per Wittgenstein condizione necessaria della comprensione. Come scrive Wittgenstein a proposito del caso del comprendere la legge di una successione aritmetica, «l'applicazione rimane il criterio della comprensione» (PU § 146).

La comprensione è dunque per Wittgenstein un'abilità nel nostro senso di una capacità *para-disposizionale*, nella misura in cui non vi è comprensione di una parola senza che vi sia *un'*effettiva applicazione corretta della medesima. Come l'articolo indeterminativo "un" sottolinea, la dipendenza di uno stato di comprensione dalle sue effettive manifestazioni è *generica*, non *specifica*; perché

---

[34] Cfr. anche BBB, pp. 153-54.

qualcuno comprenda qualcosa, occorre che manifesti la sua comprensione *in un modo o nell'altro* (non necessariamente lo stesso).
Qui abbiamo d'altro canto il riflesso di una tesi generale, che ac-
comuna tutti gli stati non-psichici come la comprensione (come per
esempio il credere, l'attendere, lo sperare..., ossia tutti quegli stati
che la tradizione chiamerebbe *stati intenzionali*). Per Wittgenstein,
la comprensione rappresenta solo un caso particolare tra tutti gli
stati intenzionali, se non addirittura tra tutti gli *stati mentali* nella
loro generalità (una categoria inclusiva non solo degli stati intenzionali, ma anche tanto degli *stati qualitativi*, ossia i già visti stati-
processi psichici di sensazione, quanto degli *stati istantanei*, come –
forse – il pensare)[35]. Parlando di tutti questi stati, chiamati in maniera volutamente impropria "processi interni" (perché la maggior
parte di essi, come abbiamo visto, sono tutto fuorché processi siffatti), Wittgenstein dice: «un 'processo interno' abbisogna di criteri
esterni» (PU § 580), ossia necessita per esistere di qualche sua effettiva manifestazione[36].
Così facendo, intendiamo la nozione wittgensteiniana di criterio
esterno per 'processi interni' in chiave *ontologica*, ossia come criterio parziale di *identità* (le condizioni necessarie, ma non sufficienti)
di un evento come il comprendere. Nelle *Untersuchungen*, Wittgenstein parla sovente di criteri come criteri di identità: cfr. PU §§ 253,
288, 376-377, 404. Ovviamente, nella misura in cui è la grammatica
a dire *che tipo di cosa* una cosa sia, è compito della grammatica del
termine "comprensione" stabilire i criteri di identità che fissano che
tipo di cosa sia un evento di comprensione. Detto altrimenti, è solo
perché "ogni evento di comprensione ha una manifestazione" è assunta come una *proposizione grammaticale* (cfr. *supra*, 1.2) che isti-
tuisce una connessione tra i concetti di comprensione e quello di
manifestazione della comprensione[37] che una manifestazione siffatta
è condizione necessaria di un certo evento di comprensione.

---

[35] Alla trattazione articolata degli stati mentali Wittgenstein dedica tutta l'ultima porzione della prima parte delle *Untersuchungen* (§§ 571-693). Tuttavia, il motivo fondamentale che muove Wittgenstein a questa trattazione è nuovamente il
desiderio di liberarsi dai fraintendimenti relativi ai temi congiunti del significare e
del comprendere. Cfr. Hacker, *Wittgenstein's Place* cit., p. 130.
[36] Spesso e volentieri nel trattare di questo tema Wittgenstein non fa proprio
differenza tra stati intenzionali, qualitativi e istantanei. In LS2, per esempio, troviamo la formulazione generale «l'interno è connesso coll'esterno logicamente» (p. 64).
[37] O anche, mettendola nei termini preferiti da Wittgenstein – cfr. PU § 354;
BBB, pp. 36-37, 77 – "ogni evento di comprensione ha una manifestazione" è una
proposizione grammaticale che fa sì che una manifestazione della comprensione sia
un criterio semanticamente definitorio del termine "comprensione".

Ma che dire del cosiddetto senso *epistemologico* della nozione di criterio esterno per 'processi interni', vale a dire di un criterio per *l'ascrizione* in terza (o seconda) persona di stati mentali ad altri individui? Secondo quest'ultimo senso, le manifestazioni esterne di uno stato mentale SM da parte di un soggetto S sono le *condizioni di asseribilità* di un enunciato del tipo "S ha lo stato mentale SM", ossia ciò che permette di asserire con ragione tale enunciato; esse svolgono questo ruolo in qualità di evidenze dirette, cioè non-inferenzialmente mediate (né in senso induttivo né in senso deduttivo), ancorché non conclusive, per affermare un enunciato del tipo suddetto. Per esempio, poniamo che Gregorio VII proferisca un enunciato come "Enrico IV intende pentirsi". Egli asserirà con ragione un tale enunciato sulla base del comportamento di Enrico IV a Canossa; ma non perché egli *inferisca da* tale comportamento (in maniera induttiva o deduttiva) che Enrico vuole pentirsi, quanto piuttosto perché *vede direttamente nel* comportamento di Enrico una siffatta intenzione. Ciò non toglie che Gregorio possa sbagliarsi; anche se vede la contrizione nel comportamento di Enrico, quest'ultimo potrebbe ben fingere di avere una tale intenzione. Ebbene, non vediamo Wittgenstein usare svariate volte in questo senso la nozione di criterio esterno per un 'processo interno', anche e soprattutto a proposito della comprensione (cfr. per esempio PU §§ 145, 155, 159, 164)?[38]

La risposta a quest'interrogativo è che in Wittgenstein la lettura ontologica della nozione di criterio esterno non esclude, anzi spiega, quella epistemologica. Se, come abbiamo detto, una manifestazione è condizione necessaria di un certo stato mentale, o, messa nei termini semantici corrispondenti, se essa determina il significato del termine per tale stato, ciò spiega perché[39] sia una verità necessaria che tale manifestazione è evidenza per l'ascrizione di tale stato[40]. Del resto, Wittgenstein si muove al riguardo nella tradizione fregeana, che vuole che un criterio di *identità* per *x* sia anche un criterio di *identificazione* per *x*[41]: si veda per esempio PU §§ 288, 376-378, 404.

---

[38] Su questo senso epistemologico della nozione di criterio cfr. per esempio C. Cozzo, *Criteri ed enunciati psicologici*, in *Wittgenstein e il Novecento*, cit., pp. 68-73.

[39] Mettendola nei termini di A. Kenny, *Criterion*, in *The Encyclopedia of Philosophy*, vol. II, a cura di P. Edwards, Macmillan-Free Press, New York 1967, p. 259.

[40] Questa doppia valenza, ontologica ed epistemologica, della nozione di criterio in Wittgenstein è riconosciuta da K. Mulligan, *Criteria and indication*, in *Wittgenstein – Towards a Re-Evaluation* cit., pp. 94-97.

[41] Cfr. su ciò Dummett (F, pp. 109-10).

Ciò che la lettura ontologica invece esclude è che un criterio esterno per 'processi interni' sia da interpretare *soltanto* in quest'ultimo senso, quello epistemologico[42]. Secondo quest'ultima interpretazione, un enunciato di ascrizione psicologica in terza persona come "S ha lo stato mentale SM" avrebbe per Wittgenstein soltanto condizioni di asseribilità e non condizioni di verità[43]. In tale lettura, infatti, non ci sarebbe per Wittgenstein qualcosa come l'essere un tale enunciato vero se e soltanto se qualcosa accade realmente, ossia se e soltanto si dà un fatto genuino per cui il soggetto in questione ha un certo stato mentale; fatti del genere non ci sono proprio, altro non c'è che l'asserire con ragione che il soggetto ha un tale stato[44].

Vediamo la ragione di questa esclusione. Come abbiamo detto *supra*, in 1.2, per Wittgenstein non si tratta di confutare la tesi secondo cui un enunciato ha condizioni di verità, quanto rilevare che tale tesi non dice nulla sul significato di un tale enunciato finché non si sia chiarito di che tipo di enunciato si tratta in base all'enucleazione della grammatica dei termini che lo costituiscono. Compiere un tale chiarimento non inficia l'accettazione della tesi secondo cui un enunciato è vero se e soltanto se qualcosa accade; piuttosto, comporta che l'espressione della condizione di verità di un enunciato, ossia ciò che ricorre sul lato destro di un bicondizionale della forma "l'enunciato E è vero se e soltanto se *si dà il caso che E*", significherà qualcosa di diverso a seconda del *tipo* grammaticale dell'enunciato E in questione. Inoltre, nella misura in cui la grammatica ha anche il compito ontologico di mostrare che genere di cosa una cosa sia, dire che la suddetta espressione significa qualcosa di diverso a seconda del tipo grammaticale dell'enunciato E in questione equivale a dire che i fatti a condizione del cui accadimento sono veri due enunciati E di tipo grammaticale diverso saranno di un tipo ontologico differente.

Applichiamo adesso tutto questo al caso che qui ci interessa. In primo luogo, avremo che per Wittgenstein un enunciato come "S ha uno stato intenzionale SI" ha, proprio come un qualsiasi altro enunciato, effettivamente condizioni di verità e non solo condizioni di asseribilità. In secondo luogo avremo anche, più significativamente, che per Wittgenstein l'enunciato metalinguistico che esprime le condizioni di verità di quell'enunciato, ossia il bicondizionale

---

[42] *Locus classicus* di quest'ultima interpretazione è Kripke, *op. cit.*, pp. 98-100 [trad. it. cit., pp. 82-85].
[43] A rigore, Kripke sostiene ciò per enunciati come "S intende l'espressione E nel significato M": ivi, pp. 73-74 [trad. it. cit., p. 62].
[44] Cfr. ivi, pp. 70-71 [trad. it. cit., p. 60].

" "S ha uno stato intenzionale SI' è vero se e solo tale soggetto ha quello stato intenzionale", è tale che il suo lato destro (cioè, "tale soggetto ha quello stato intenzionale") ha un significato di tipo diverso tanto da quello del corrispondente bicondizionale " "S ha uno stato qualitativo SQ' è vero se e solo tale soggetto ha quello stato qualitativo", quanto da quello dell'ulteriore bicondizionale " "S ha un processo neurofisiologico PN' è vero se e solo tale soggetto ha quel processo neurofisiologico". Messa (in virtù del ruolo in proposito della grammatica) in chiave ontologica piuttosto che semantica, si può dire che un enunciato come "S ha uno stato intenzionale SI" è vero a condizione che sussista un fatto *di tipo diverso* tanto dal fatto psichico a condizione della cui sussistenza è vero un enunciato come "S ha uno stato qualitativo SQ", quanto dal fatto neurofisiologico a condizione della cui sussistenza è vero un enunciato come "S ha un processo neurofisiologico PN"; vale a dire, adeguandoci alla terminologia usata in precedenza, un fatto di tipo *para-disposizionale*[45]. Così, nella misura in cui la grammatica del termine "comprensione" fa di una manifestazione effettiva la condizione necessaria della comprensione, essa determina che un evento di comprensione sia un fatto para-disposizionale irriducibile tanto a quelli di tipo psichico quanto a quelli di tipo neurofisiologico[46].

A questo punto resta un ultimo interrogativo da porci. Una manifestazione effettiva – per esempio, l'uso corretto di una parola – è anche condizione sufficiente del comprendere? Wittgenstein è bene attento a rispondere "no" a questa domanda. Se infatti esibire una

[45] A favore – *contra* Kripke – dell'interpretazione per cui secondo Wittgenstein gli stati intenzionali sono fatti genuini o, detta dal punto di vista semantico, enunciati in cui si attribuisce uno stato del genere hanno genuine condizioni di verità, cfr. (sul comprendere) McGinn, *op. cit.*, pp. 70-71; (sull'intendere) G.P. Baker-P.M.S. Hacker, *Skepticism, Rules and Language*, Blackwell, Oxford 1984, pp. 9-10, Malcolm, *Nothing is Hidden*, cit., pp. 162-70.

[46] In questa chiave, Wittgenstein dice che ci si può *ricordare* di aver compreso (PU § 660), dove la grammatica del verbo "ricordare" prevede proprio che se uno ricorda che *p*, *p* è successo (è stato un fatto). Inoltre, quello che si ricorda nel caso del comprendere è proprio uno stato e non un processo, quindi non qualcosa di durativo (PU § 661). Infine, l'espressione di tale ricordo mostrerà proprio che si tratta del ricordo di un fatto para-disposizionale, perché essa prenderà la forma di un condizionale al passato contenente un'espressione di possibilità che opera su un verbo di azione (se la comprensione è quella della legge di una successione aritmetica, dice Wittgenstein, tale espressione sarà "Allora avrei potuto proseguire" [PU § 660]), la cui veracità è fondata sulla verità di un'ipotesi controfattuale del tipo seguente: se mi avessero fatto una certa domanda (per esempio, se mi avessero chiesto qual è la legge di una certa successione), avrei agito in un certo modo (per esempio, avrei detto questo e quest'altro) (PU §§ 187, 660).

qualche manifestazione fosse tanto condizione necessaria quanto condizione sufficiente di un determinato stato di comprensione, un tale stato finirebbe per coincidere coll'essere una disgiunzione di manifestazioni comportamentali (con l'essere *o* questa *o* quella *o* quell'altra... manifestazione esteriore). In pratica, così, nonostante tutti i suoi sforzi antimetafisici Wittgenstein sarebbe arrivato a difendere (quanto al comprendere, almeno; ma verosimilmente anche per gli altri 'processi interni') la tesi del *behaviorismo logico*, quantomeno nella sua versione forte secondo la quale gli asserti sugli stati mentali sono traducibili in asserti sul comportamento (nella fattispecie, l'asserto "S ha un certo stato di comprensione" sarebbe equivalente a "S si comporta in una qualche maniera di tipo T")[47]. Ma per l'appunto Wittgenstein si guarda bene dal sostenere una cosa del genere. Se l'esibire un comportamento di un certo tipo fosse una condizione sufficiente del comprendere un'espressione, allora ogni qual volta un soggetto esibisse un tale comportamento avrebbe compreso. Ma, dice Wittgenstein sempre in riferimento alla questione del comprendere la legge di una successione aritmetica, non c'è alcun limite nel comportamento con cui un individuo continua una successione aritmetica a partire dal quale possiamo dire con ragione che è padrone della successione (PU § 145). Lo stesso è nel caso del leggere: le domande "Quando un certo individuo ha cominciato a leggere?" e "Qual è la prima parola che ha letto?" sono prive di senso (PU § 157): non c'è un limite a partire dal quale si può dire con ragione che qualcuno ha letto (e non ha solo *finto* di leggere ecc.). Dunque, non c'è per così dire una quantità di comportamento corretto che fa da condizione sufficiente perché qualcuno comprenda una determinata espressione. La domanda "quante volte uno deve applicare correttamente l'espressione per comprenderla?" è priva di senso. Così:

> Diciamo anche: «Ora posso continuare; intendo dire che so la formula»; così come diciamo: «Posso camminare, ho tempo»; ma anche «Posso camminare, cioè sono già abbastanza forte per farlo»; oppure: «Posso camminare, per quanto riguarda lo stato delle mie gambe», vale a dire, quando contrapponiamo *queste* condizioni del camminare ad altre condizioni. Ma qui dobbiamo guardarci dal credere che, corrispondentemente alla natura del caso, esista una *totalità* di tutte le condizioni (per esempio, del camminare) così che quando tutte queste condizioni siano soddisfatte egli, per così dire, non *possa* far altro che camminare. (PU § 183)

---

[47] Su questa tesi cfr. C. Chihara-J.A. Fodor, *Operationalism and ordinary language* (in R, p. 37).

Né nelle *Untersuchungen* né altrove, peraltro, Wittgenstein propone un criterio positivo che faccia da condizione sufficiente per la comprensione, e tantomeno per altri 'processi interni'. Il criterio di identità di un evento di comprensione, così come di ogni altro stato mentale, resta perciò nella prospettiva di Wittgenstein parziale, limitandosi come abbiamo visto alle sue condizioni necessarie.

Ricapitolando, può essere a questo punto utile tracciare la seguente mappa concettuale per ricostruire l'intera posizione di Wittgenstein sulle affinità e differenze tra il concetto di comprensione e altri concetti psicologici, quale risulta dalla grammatica dei termini relativi:

4. SEGUIRE UNA REGOLA I:
LA COMPONENTE ANTROPOLOGICO-PRASSIOLOGICA

4.1. *Introduzione*

Abbiamo visto *supra*, in 3.3, che per Wittgenstein comprendere un'espressione linguistica è un 'processo interno' che, alla stregua di ogni altro 'processo' del genere, è quello che abbiamo chiamato un'abilità, ossia è una capacità che deve avere un'effettiva manifestazione; in altri termini, un evento di comprensione dipende (in senso generico) dal fatto che il soggetto che comprende esibisca in qualche modo tale comprensione nel proprio comportamento (linguistico). Qualcosa del genere, possiamo ora notare, dovrà per Wittgenstein valere *anche* per il 'processo' del significare qualcosa con un'espressione di una lingua. In qualità di 'processo interno', infatti, anche tale stato per Wittgenstein sarà dipendente dagli effettivi comportamenti linguistici di un parlante di quella lingua (PU, p. 231). Del resto, come potrebbe essere diversamente, se, come Wittgenstein più volte sottolinea, il significato di un'espressione risiede nel suo *uso*, nella modalità in cui viene concretamente *impiegata*?

Alla fine di questo paragrafo torneremo a parlare, in maniera più ponderata, di questa caratteristica *para-disposizionale* del 'processo interno' della significazione. Per arrivare a ciò, però, dovremo compiere un lungo giro espositivo. Adesso, infatti, vogliamo mettere in luce un altro aspetto di tale 'processo'. Quest'elemento era in realtà presente anche nel caso della comprensione (del significato) di un'espressione, ma era rimasto in ombra nella nostra discussione della suddetta nel paragrafo precedente. Il significare qualcosa con un'espressione non si manifesterà nel mero usarla, quanto nell'usarla in maniera *corretta*; parallelamente, comprendere il significato di quell'espressione vorrà dire saperla usare in tale maniera[48]. Se torniamo dal 'processo' della significazione alla sua controparte oggettiva, il significato di un'espressione, possiamo infatti subito vedere che, come già detto *supra*, in 1.2, tale significato non è il mero uso di quell'espressione, bensì il suo uso conforme a *regole*, quelle che costituiscono la grammatica di tale espressione; in altri termini, il suo uso *corretto*. Senza tali regole, «la parola non ha più nessun significato; e se cambiamo le regole ha un significato diverso» (PU, p. 194).

Nel fare queste considerazioni, Wittgenstein introduce il tema della *normatività* nelle riflessioni sul significato delle espressioni linguistiche. Senza l'aspetto della normatività, ossia della conformità a regole dell'uso di tali espressioni, quale elemento determinante perché queste espressioni abbiano un certo significato – egli giunge a sostenere – un linguaggio non sarebbe tale. Un meccanismo che producesse impieghi di espressioni tali, che per essi non avesse senso domandarsi se sono o meno corretti (semplicemente, o il meccanismo genera, per via delle opportune connessioni causali, quegli impieghi, oppure questi non si verificano, presumibilmente perché il meccanismo stesso si è inceppato), non darebbe luogo secondo

---

[48] Cfr. Hacker, *Wittgenstein's Place* cit., p. 210.

Wittgenstein a qualcosa che possiamo considerare un linguaggio (PU §§ 492-494)[49].

Abbiamo visto *supra*, in 3.1, che la dottrina del significato come uso deve rimpiazzare la prospettiva del mentalismo semantico secondo cui il significato di un'espressione risiede in un'entità mentale associata all'espressione stessa. Il modo migliore per Wittgenstein di mandare a fondo questa prospettiva consiste, abbiamo detto, nel mostrare che l'idea mentalista dell'intenzionalità originaria di tale entità 'retrostante' all'espressione, secondo la quale quest'entità darebbe significato a una parola perché a differenza di quest'ultima possiede costitutivamente tale significato, è radicalmente sbagliata. Se una parola è un mero segno, anche una siffatta entità 'retrostante' lo è; come tale, essa è a sua volta suscettibile di un numero indefinito di interpretazioni e non reca per così dire il suo significato scritto in fronte. Per avere il suo significato in modo conforme ai desideri del mentalista, essa avrebbe a sua volta bisogno di un'altra entità 'più retrostante ancora' che le conferisse un tale significato; ma, a sua volta, anche di quest'entità si potrebbe scoprire che è un mero segno non originariamente significante, e così via all'infinito.

Adesso, Wittgenstein ritorna sulla stessa critica all'idea mentalista di intenzionalità originaria sotto un'altra prospettiva, che mette per l'appunto in campo la connessione tra significato e normatività. Egli argomenta adesso che le entità mentali non possono rendere conto dell'aspetto normativo del significato, ossia del fatto che una parola ha un certo significato nella misura in cui è usata secondo determinate regole[50]. Il tentativo di fondare tale normatività su entità siffatte conduce infatti solo a un vuoto regresso all'infinito, il che mostra nuovamente che esse sono a loro volta meri segni non originariamente significanti.

Il modo attraverso cui Wittgenstein conduce quest'argomentazione mette in giuoco proprio il 'processo' della *significazione* linguistica, attraverso il 'processo' più generale di *seguire una regola*, ossia di applicare una regola in modo corretto, di cui quello di significazione linguistica è una specificazione; come abbiamo visto, significare qualcosa con un'espressione si manifesta nell'usarla in modo corretto, ossia seguendo le regole della sua grammatica. Ciò

---

[49] Vedi già PG §§ 135-137. Su questo concordano diversi autori: cfr. Baker-Hacker (LSN, pp. 297, 299); Dummett (LBM, pp. 131-33); D. Marconi, *Fodor and Wittgenstein on private language*, in *Wittgenstein: Mind and Language*, a cura di R. Egidi, Kluwer, Dordrecht 1995, p. 113 [trad. it. in *Wittgenstein e il Novecento*, cit., p. 207].

[50] Su questo cfr. Kripke, *op. cit.*, pp. 37, 41 sgg. [trad. it. cit., pp. 37, 39 sgg.].

che Wittgenstein infatti intende direttamente dimostrare è che il concetto di seguire una regola non può essere analizzato in maniera mentalistica, come se seguire una regola dipendesse dall'avere in testa un appropriato atto mentale. Nel sostenere questo, come vedremo, il mentalista incappa per Wittgenstein nel fraintendimento concettuale comune a tutti coloro che ritengono che seguire una regola dipenda dall'*interpretarla*.

Una volta sgombrato il campo da questo fraintendimento si può poi per Wittgenstein arrivare a comprendere, in positivo, ossia come sempre mediante «annotazioni grammaticali» (PU § 232), che cosa sia un tale seguire una regola e di conseguenza che cosa sia il significare qualcosa mediante le espressioni del linguaggio. Seguire regole, e quindi significare qualcosa con le espressioni, vuol dire per Wittgenstein rapportarsi a determinate *applicazioni paradigmatiche* di tali regole o espressioni, nel senso che proveremo a chiarire.

4.2. *Il problema del seguire una regola*

Wittgenstein discute nelle *Untersuchungen* della questione del seguire una regola a proposito della successione aritmetica di ragione 2. Egli ipotizza (PU § 185) il caso di un allievo a cui si insegni la regola "aggiungi 2" il quale, dopo essersi allenato a costruire la successione come tutti noi facciamo – scrivendo le cifre corrispondenti a 0, 2, 4, 6, 8 ... – giunto per la prima volta al mille continui la successione nel seguente modo 'anormale': 1004, 1008, 1012 ..., senza peraltro avere la sensazione di fare qualcosa di sbagliato, ma anzi sostenendo di stare facendo la stessa cosa che faceva prima di arrivare a 1000, e cioè aggiungere 2. In questo contesto, Wittgenstein propone il seguente problema: c'è qualcosa che giustifichi il fatto che l'allievo recalcitrante *si sbagli* nell'applicare la regola "aggiungi 2" a 1000, o, il che è lo stesso, che giustifichi il fatto che, se egli avesse scritto "1002" e non "1004" dopo "1000", avrebbe applicato tale regola *correttamente*?

È importante chiarire subito tre aspetti fondamentali del problema. In primo luogo, la situazione problematica non è quella in cui un soggetto si trova di fronte a un'applicazione *per lui consueta* della regola – come potrebbe essere, nel caso preso in esame da Wittgenstein, quando l'allievo fa un'applicazione della regola di aggiungere 2 relativamente a passi della successione aritmetica da lui già svolti in precedenza (vale a dire, quelli fino al mille) – bensì, come abbiamo già accennato poc'anzi, a un'applicazione *per lui nuova* della regola – nel nostro caso, relativa a un passo della successione che l'allievo compie *per la prima volta*. La domanda allora è: che cosa, *prima ancora* che egli compia quell'applicazione, giustifica il fatto che essa sarà corretta (o scorretta)? Wittgenstein chiarisce infatti che, rispetto al soggetto di cui ci si domandi se applica o meno correttamente una data regola di successione, occorre distinguere tra il tratto della successione già sviluppato e quello non ancora sviluppato da costui, perché una tale domanda concerne proprio l'applicazione della regola da parte di costui a un passo non ancora sviluppato da lui della successione (PU §§ 213, 228).

In secondo luogo, il problema si pone non solo in terza, ma anche in prima persona. *Chiunque di noi*, infatti, avrebbe potuto essere l'allievo dell'esempio di Wittgenstein[51]; per ciascuno di noi, le stesse prime applicazioni di una data regola, quelle che ora sono per noi consuete, sono state applicazioni nuove. Così, ci si trova proprio in quella situazione in cui è l'allievo recalcitrante in una quantità innumerevole di casi, tutte le volte che si è di fronte a un'applicazione *per se stessa nuova* di una regola. Che cosa dunque giustifica per così dire da sempre il fatto che *io stesso*, quando mi trovo di fronte a un'applicazione siffatta, se agisco in un determinato modo applico la regola *correttamente* – per esempio, se mi fossi trovato nella situazione di apprendimento dell'allievo recalcitrante, che cosa giustificherebbe il fatto che, giunto al passo fatidico della successione, se avessi scritto "1002" avrei applicato la regola di aggiungere 2 *correttamente*?

«In che modo posso seguire una regola?» – se questa non è una domanda riguardante le cause, è una richiesta di giustificare il fatto che, seguendo una regola, agisco *così*. (PU § 217)

In terzo luogo, va sottolineato che il problema riguarda *le cose stesse* e non la nostra *conoscenza* di esse. A tutta prima, infatti, il problema sembrerebbe essere *epistemologico*: come faccio a *sapere* qual è il comportamento corretto nel caso di una nuova applicazione di una regola – ossia, nel nostro esempio, come faccio a sapere che se mi trovassi nella situazione di apprendimento dell'allievo, *dovrei* scrivere, nel concreto sviluppo di una successione di ragione 2, "1002" dopo "1000"? Ma il problema in realtà è *ontologico*. Supponiamo pure che uno sia in grado di ottenere la migliore conoscenza possibile di ciò che determinerebbe la correttezza dell'applicazione di una regola in una nuova circostanza, sia cioè al riguardo una sorta di divinità onnisciente. Tuttavia, *che cos'è* ciò che egli dovrebbe conosce-

---

51 Cfr. Malcolm, *Nothing is Hidden*, cit., p. 155.

re? *Che cos'è* ciò che compie una siffatta determinazione? Nel nostro esempio, che cosa fa sì che la regola "aggiungi 2" vada correttamente applicata scrivendo "1002" e non "1004" dopo "1000"?[52] La strategia adottata da Wittgenstein di fronte al problema del seguire una regola consiste nel valutare una serie di possibili candidati a svolgere il ruolo di determinazione del modo corretto di applicare una regola in una nuova circostanza, per poi scartarli tutti e mostrare, da ultimo, che la soluzione al problema è una sua *dissoluzione*, che consegue al riesame di che cosa significa effettivamente seguire una regola in nuove circostanze, mediante l'analisi della grammatica della relativa espressione (PU §§ 199, 201, 232).

Il primo candidato che Wittgenstein considera è quello della formulazione della regola in termini generali (esprimibile in chiave logico-formale mediante l'opportuno inserimento di variabili individuali: x, y ...), il cui presunto senso, nell'esibire ciò che tutte le applicazioni particolari finora ottenute hanno in comune, dovrebbe altresì fungere da prescrizione su come la regola vada applicata in *ogni* caso particolare, compresi quelli non ancora ottenuti. Tale formulazione in termini generali dovrebbe pertanto escludere per così dire *a priori* che applicazioni di una regola del tipo di quelle fatte dall'allievo recalcitrante siano applicazioni corrette. Nel caso in questione della successione di ragione 2, la formulazione in termini generali della regola dovrebbe essere rappresentata dalla formula algebrica che esprime la legge di successione. Così ragiona infatti l'interlocutore di Wittgenstein: «"ma allora i passaggi non sono determinati dalla formula algebrica?"» (PU § 189). Vale a dire, non è la formula a compiere tale determinazione nella misura in cui essa dice che per *ogni* passaggio della successione, compresi quelli non ancora ottenuti, il numero che si ottiene a quel punto deve esser maggiore di due unità rispetto al numero che lo precede?

Sembrerebbe dunque che mettendo in campo formulazioni in termini generali (eventualmente formali) della regola si sia per così dire dato il modo per anticipare ciò che nella realtà non c'è ancora (nella fattispecie, il concreto sviluppo della successione in questione); come se ci fosse una realtà ideale in cui le ulteriori applicazioni sono già date, al di là della contingenza empirica se qualcuno davvero le otterrà o meno, realizzerà o meno quello sviluppo di tale successione (PU §§ 218, 226, 229). È come se dicessimo che una macchina ha già in sé il modo di funzionare, ossia che, indipendentemente da come i suoi meccanismi si muoveranno davvero e dalle contingenze che tali movimenti possono subire (deformazioni, arresti ecc.), quella macchina contiene tali movimenti in sé (PU § 193).

È evidente lo spirito platonico di una siffatta posizione: una realtà ideale contiene *già* ciò che, per mera contingenza empirica, nei fatti non si è ancora realizzato. E in effetti, è proprio per discutere una specificazione di tale posizione nel campo della filosofia della matematica che Wittgenstein considera la formula algebrica come esempio principe del primo candidato atto a risolvere il problema del seguire una regola, ossia la formulazione della regola in termini generali. Almeno dalla seconda metà dell'Ottocento in avanti, in filosofia della matematica aveva attecchito il cosiddetto *platonismo matematico* (rappresentato, tra gli altri, da matematici come Cantor e Dedekind e da filosofi e logici come Frege e Russell), quella dottrina secondo cui la realtà matematica è fatta di connessioni necessarie tra enti matematici le quali, in quanto eternamente sussistenti, preesistono all'attività stessa del fare matematica, così che il matematico deve solo scoprirle[53]. Chiaramente, tale platonismo è all'opera quando si sostiene che i passi di una successione sono già determinati dalla sua formula[54].

Ora, la concezione platonica del seguire una regola può sollevare i dubbi caratteristici a ogni posizione platonica: che cosa vuol dire che esiste in una qualche regione ideale una regola che già contiene tutte le sue possibili applicazioni? Non è che già il porre le cose in questo modo, osserva Wittgenstein, deriva da un'incomprensione del nostro stesso modo di esprimerci sulle cose che costituiscono il tema della questione in giuoco (PU § 194)? Ma, e questa è una delle ragioni fondamentali per cui Wittgenstein presenta tale concezione nelle *Untersuchungen*, a difesa di tale posizione interviene a questo punto un ulteriore interlocutore: il mentalista *normativo* (progenitore, possiamo dire, di un mentalista a noi già noto, il mentalista semantico). Questi fornisce infatti alla concezione platonica un sostegno *epistemologico* che interviene a fugare il dubbio *ontologico* appena sollevato: l'*esistenza* di una rete già tracciata di connessioni tra la regola e le sue applicazioni sarà garantita dal fatto che chi segue la regola *afferra* questa rete in un unico atto mentale[55].

[53] Come esplicitamente detto dal matematico Hardy (con cui Wittgenstein polemizzò nelle sue lezioni: cfr. WLFM, pp. 94, 143-45, 248-49) in MP.
[54] Una critica dettagliata di Wittgenstein al platonismo matematico ricorre non tanto nelle *Untersuchungen*, quanto nelle *Bemerkungen über die Grundlagen der Mathematik*. Su tale critica cfr. per esempio A.G. Gargani, *Tecniche descrittive e procedure costruttive*, in *Stili di analisi*, Feltrinelli, Milano 1980, pp. 5-43.
[55] Per questa connessione tra platonismo e mentalismo, cfr. D. Pears, *The False Prison*, vol. II, Clarendon Press, Oxford 1988, particolarmente cap. 17.

Così facendo, il mentalista normativo fornisce un secondo candidato per risolvere il problema del seguire una regola, che interviene immediatamente a sorreggere il primo candidato. La formulazione in termini generali della regola determinerà le sue applicazioni nella misura in cui vi è un *atto mentale* che coglie al volo tutte queste applicazioni prima ancora che siano concretamente eseguite: una sorta di intuizione, oppure di intendimento anticipatore. Scrive Wittgenstein rivolto al suo interlocutore mentalista: «la tua idea era che quell'intendere il comando ["aggiungi 2"] avesse già eseguito, a suo modo, tutti i passaggi; che la tua mente, quando intende, voli, per così dire, in avanti e compia tutti i passaggi prima che tu pervenga fisicamente a questo o a quel punto» (PU § 188). Il modo in cui tali applicazioni sono intese da tale atto corrisponderà precisamente al fatto che l'atto ha per contenuto il senso presunto della formulazione in termini generali della regola. Sempre a proposito della successione di ragione 2, riconosce infatti l'interlocutore mentalista di Wittgenstein che l'atto di intendimento in questione non è quello di intendere una lista infinita di passi della successione, quanto piuttosto l'atto di intendere «che dopo *ogni* numero che [l'allievo] scrive dovesse scrivere il successore del suo successore immediato» (PU § 186).

Ora però entrambi i candidati in questione chiamati l'uno dopo l'altro, anzi l'uno a sostegno dell'altro, a risolvere il problema del seguire una regola, tanto la formulazione in termini generali della regola quanto l'atto mentale di intendimento che interviene a cogliere il senso di quella formulazione, falliscono il loro compito. Tanto il platonista quanto il mentalista compiono per Wittgenstein lo stesso errore. Né la formulazione in termini generali della regola, né l'atto mentale che ne coglierebbe il preteso senso, hanno infatti la supposta capacità di precorrere a volo tutte le nuove applicazioni della regola prima che esse siano concretamente date. Certo, a proposito del candidato 'forte', quello mentalista, Wittgenstein discute soltanto del pretendente proposto da quella che possiamo chiamare – in conformità con quanto abbiamo fatto *supra*, in 3.1, a proposito del mentalismo semantico – la variante *esperienziale* del mentalismo normativo: secondo tale variante, l'atto mentale 'anticipatore' delle future applicazioni della regola è un'esperienza vissuta conscia. Ma, ci suggerisce implicitamente Wittgenstein, le cose non andrebbero meglio se scegliessimo una qualsiasi altra possibile variante del mentalismo normativo, per esempio quella *neurofisiologica* – secondo cui il pretendente è un processo cerebrale inconscio. Neppure così inteso, infatti, il candidato mentalista avrebbe la capacità 'anticipatrice' richiesta per risolvere il problema del seguire una regola[56].

Qualunque sia il candidato in questione, per svolgere un tale compito esso dovrebbe fungere da *interpretazione* decisiva ed esaustiva dell'espressione della regola, tale che *solo una* determinata applicazione della regola in nuove circostanze risulti essere l'applicazione corretta. Nel nostro esempio, tale candidato dovrebbe determinare che scrivere "1002" è la sola applicazione corretta della regola di aggiungere due giunti per la prima volta a mille. Possiamo così chiamare tanto il platonista quanto il mentalista che interviene a suo sostegno degli *interpretazionisti*, nella misura in cui entrambi accettano che il loro candidato abbia la suddetta caratteristica.

Ora, scrive Wittgenstein, si potrebbe in prima battuta pensare che il problema di connettere una regola a una siffatta interpretazione sia quello che, paradossalmente, *ogni* applicazione di una regola in una nuova circostanza può risultare corretta se l'opportuna interpretazione interviene a mediare tra l'espressione della regola e tale applicazione. Per esempio, anche il comportamento dell'allievo recalcitrante nello scrivere "1004" può risultare corretto, una volta che si supponga che quello che lui fa è interpretare la regola "aggiungi 2" così: "aggiungi sempre 2 fino a 1000, *4 da 1000 a 2000, 6 da 2000 a 3000*, ecc."; si potrebbe dire che *questo* è per lui il senso dell'espressione della regola, o, meglio ancora, che *così* egli intende tale espressione nella sua mente.

Ma in realtà, rileva Wittgenstein, il problema è ben più radicale. Una volta che una *qualsiasi* applicazione della regola in una nuova circostanza può risultare, mediante l'opportuna interpretazione, in accordo con la regola, una tale applicazione può altresì risultare, tramite la *medesima* interpretazione, in *disaccordo* con questa. In questo modo, ciò che doveva determinare, in qualità di interpretazione decisiva ed esaustiva, le nuove applicazioni corrette della regola è in realtà ciò che manda a fondo la regola nel suo carattere *normativo*; per suo tramite, infatti, la medesima applicazione della regola può risultare corretta come scorretta:

> «Ma come può una regola insegnarmi che cosa devo fare a *questo* punto? Qualunque cosa io faccia, può sempre essere resa compatibile con la regola mediante una qualche interpretazione». (PU § 198)

---

[56] Su questo cfr. Baker-Hacker (LSN, p. 255); A. Voltolini, *Linguaggio, regole e comunità*, relazione presentata al convegno *Filosofia e analisi filosofica. Atti del II convegno nazionale SIFA*, Vercelli 1996.

Il nostro paradosso era questo: una regola non può determinare alcun modo d'agire, perché qualsiasi modo d'agire può essere messo d'accordo con la regola. La risposta è stata: Se può essere messo d'accordo con la regola potrà anche essere messo in contraddizione con essa. Qui non esistono, pertanto, né concordanza né contraddizione. (PU § 201)

Wittgenstein argomenta questo punto nel modo seguente. Assumiamo, per assurdo, la bontà della tesi secondo cui l'applicazione corretta della regola in una nuova circostanza è quella mediata dall'opportuna interpretazione, sia pure con la conseguenza paradossale che ogni applicazione della regola in una nuova circostanza è corretta purché si trovi per essa l'opportuna interpretazione – nel nostro esempio classico, in relazione al comportamento 'normale' l'interpretazione sarà "aggiungi 2 *simpliciter*", in relazione a quello 'anormale', l'interpretazione sarà "aggiungi 2 fino a 1000, *4 da 1000 a 2000, 6 da 2000 a 3000*, ecc.". Tuttavia, questo ricorso, sia pure paradossale, alle interpretazioni non risolverà il problema del seguire una regola. Nella stessa nuova circostanza, infatti, potrebbe darsi un'*ulteriore* applicazione 'anormale' della regola che venisse compiuta in riferimento alla *medesima* interpretazione che per ipotesi regge la *precedente* applicazione 'anormale' della regola in quella circostanza – per esempio, potrebbe apparire un *altro* allievo recalcitrante che al passo fatidico della successione scrivesse, poniamo, "1006" e dicesse di aver operato così facendo riferimento alla medesima interpretazione che per ipotesi aveva determinato il comportamento del *precedente* allievo recalcitrante, quello che scrive "1004", vale a dire "aggiungi 2 fino a 1000, *4 da 1000 a 2000, 6 da 2000 a 3000*, ecc.". Se quest'ultima applicazione 'anormale' apparisse sulla scena come l'applicazione corretta della regola in rapporto a una certa interpretazione, se ne dovrebbe dedurre che la precedente applicazione 'anormale' era scorretta *in rapporto alla stessa interpretazione*; per esempio, se il *secondo* allievo recalcitrante avesse agito in conformità all'interpretazione che anche il *primo* allievo recalcitrante cita a sostegno del proprio operato, allora, in riferimento a quell'interpretazione, la *sua* applicazione, e non quella del primo allievo recalcitrante, sarebbe l'applicazione corretta. Oppure si dovrebbe dedurre il contrario, così da mantenere la prima e non la seconda applicazione 'anormale' come l'applicazione corretta in rapporto alla stessa interpretazione? Nel nostro esempio, come fa il secondo e non il primo allievo recalcitrante ad essere quello che fornisce l'applicazione corretta della regola in una nuova circostanza in rapporto alla stessa interpretazione? A questi interrogativi non c'è risposta; il problema del seguire una regola si è semplicemente riproposto un passo più in là: posto che le regole si applicano in una nuova circostanza *interpretandole*, qual è in rapporto alla *medesima* interpretazione l'applicazione corretta e quella scorretta? Ciò mostra che affidare all'interpretazione il valore *normativo* della regola è stato fare un buco nell'acqua. Visto che così stanno le cose, allora, non è nemmeno necessario andare, come abbiamo fatto, al passo successivo (quello delle due applicazioni 'anormali') per ottenere il problema nella versione relativa all'interpretazione della regola; rispetto a tale versione il problema si può già porre al passo iniziale al quale l'avevamo originariamente formulato (quello dove si confrontano un'applicazione 'normale' e una 'anormale'): potrebbe per esempio tranquillamente succedere che il *primo* allievo recalcitrante facesse riferimento alla *stessa* interpretazione cui noi rinviamo, e tuttavia, come ormai sappiamo, applicasse la regola "aggiungi 2" scrivendo "1004" invece che "1002".

Nei paragrafi delle *Untersuchungen* che stiamo qui considerando – sostanzialmente, §§ 185-242 – Wittgenstein lascia praticamente implicito quest'argomento, avendolo egli già avanzato nei §§ 85-86 a proposito della regola rappresentata da un indicatore stradale (che egli richiama al § 198). Per maggiore chiarezza, esemplifichiamo dunque il ragionamento di Wittgenstein anche in questo caso, che è sicuramente più semplice di quello aritmetico finora esaminato. Supponiamo che io mi trovi per la prima volta nella mia vita nella foresta di Sherwood e, come sempre accade a Sherwood, mi smarrisca rapidamente, finché a un certo momento non veda incisa su un albero la seguente freccia: "$\Rightarrow$". Naturalmente, una volta vista quella freccia, piegherò a destra. Già, ma cosa fa sì che io pieghi a destra? Non potrei infatti piegare altrettanto a sinistra? In altre parole, perché seguo *così* e non *cosà* la regola di direzione espressa dalla freccia?

Il difensore dell'interpretazionismo potrebbe rispondermi: tu vai a destra perché tu *interpreti* la freccia come se fosse l'espressione della regola "ogni volta che vedi un segno fatto così e così, piega a destra". Va da sé, però, che si potrebbe interpretare la freccia anche come se essa fosse l'espressione della regola "ogni volta che vedi un segno fatto così e così, o piega a destra, *o piega a sinistra se ti trovi a Sherwood*". Così, posso supporre che anche se io ho piegato a destra data la mia interpretazione, *qualcun altro* entrato per la prima volta a Sherwood alla vista di quella freccia vada a sinistra perché ha interpretato la freccia proprio nel modo appena detto – per rendere la cosa più vivida, posso supporre che quando egli ha visto quella freccia l'abbia interpretata così nella sua testa: "$\Rightarrow\Leftarrow$". Così, per quanto paradossalmente, si potrebbe provvisoriamente concludere che ogni comportamento susseguente alla vista della freccia in questione sia corretto in relazione all'opportuna interpretazione di tale segnale. A bloccare questa conclusione, però, interviene immediatamente un dubbio ulteriore. Non posso infatti immaginarmi un *altro* individuo ancora, anch'egli in visita a Sherwood per la prima volta, il quale si imbatta nella freccia, si formi nella testa la *stessa* interpretazione del precedente individuo – "⇒ ⇐" – e tuttavia *torni indietro*? Chi avrebbe ragione, allora, tra i due individui 'anormali', a seguire la freccia nel proprio rispettivo modo? Tutti e due e nessuno. Fare riferimento a un'interpretazione non ha quindi semplicemente *riproposto* un passo più in là il problema del seguire una regola? E a questo punto non posso avere il problema anche al passo più in qua, ossia non posso semplicemente supporre che il primo individuo 'anormale', quello che va a sinistra, abbia in realtà in testa la stessa interpretazione della freccia che ho io, e tuttavia vada per l'appunto a sinistra mentre io piego a destra?

Ora, sia che si esemplifichi il nostro problema col caso della successione aritmetica sia che lo si faccia col caso della freccia, l'"interpretazionista" potrebbe essere tentato da un'ultima, cervellotica, replica. Non è vero che in una nuova circostanza si può applicare la regola in modi diversi pur facendo riferimento alla medesima interpretazione. Come si era in precedenza distinto tra l'*espressione* della regola – un mero segno: per esempio, "aggiungi 2", "⇒" – e l'*interpretazione* della regola, così dobbiamo adesso distinguere tra l'*espressione* dell'interpretazione e l'*interpretazione vera e propria*. La prima sarà a sua volta un mero segno, magari un segno mentale, che non conterrà però la seconda. Così, non è vero che andare al passo successivo della questione è inutile. Può infatti ben essere che in una data circostanza due individui condividano non solo la stessa espressione della regola, ma anche la stessa espressione dell'interpretazione della regola, e pur tuttavia interpretino quest'ultima espressione (e di conseguenza la prima) in modo diverso, così da spiegare il loro differente modo di seguire la regola in quella circostanza. Per esempio, può ben essere che nella stessa circostanza i due allievi 'recalcitranti' condividano non solo l'espressione della regola, ma abbiano in testa la stessa espressione dell'interpretazione della regola, poniamo "aggiungi sempre 2 fino a 1000, 4 da 1000 a 2000, 6 da 2000 a 3000, ecc." (oppure, riprendendo il caso della freccia, che i due 'anormali' non solo leggano lo stesso segno ma vi associno nella loro mente la stessa immagine, poniamo "⇒ ⇐"), e tuttavia interpretino quest'ultima espressione (e quindi anche la precedente) in modo diverso, così che il primo allievo scrive "1004" (oppure, il primo pedone 'anormale' va a sinistra), mentre il secondo scrive "1006" (oppure, il secondo pedone 'anormale' torna indietro). Ma questa mossa dell'interpretazionista è disperata. Non si potrebbe infatti ulteriormente supporre un *terzo* individuo 'anormale' che fa riferimento alla *stessa* interpretazione dell'espressione dell'interpretazione della regola chiamata in causa dal secondo individuo 'anormale' e che tuttavia applichi la regola diversamente da questi nella nuova circostanza in questione – per esempio, un terzo allievo 'recalcitrante' che abbia in testa ciò che ha in testa il secondo allievo recalcitrante, ossia "aggiungi sempre 2 fino a 1000, *o 4 o 6* fino a 2000, *o 6 o 8* fino a 3000, e così via", quando quest'ultimo interpreta l'espressione dell'interpretazione della regola di aggiungere 2 nel modo in cui la interpreta (ossia, quel modo che indurrebbe costui a scrivere "1006"), e tuttavia *scriva "1008"*; oppure, non si potrebbe supporre un terzo 'pedone anormale' che abbia in testa "$\Rightarrow$ $\Leftarrow$ $\Downarrow$", cioè la stessa lettura dell'espressione dell'interpretazione della regola che ha in testa il secondo pedone anormale, quello che a Sherwood torna indietro vedendo "$\Rightarrow$", e tuttavia *vada dritto* di fronte a sé? Vale a dire: il problema del seguire una regola non si riproporrebbe anche a questo nuovo passo? e se a questo punto l'interpretazionista dicesse che anche qui bisogna distinguere tra l'espressione dell'espressione dell'interpretazione e l'interpretazione medesima, non potremmo riformulare il problema a un passo ulteriore, e così via *ad infinitum*?

Come si può vedere, l'interpretazionista è finito nel vicolo cieco del vacuo regresso all'infinito. Questo mostra che fare ricorso all'interpretazione per risolvere il problema del seguire una regola è il risultato di un fraintendimento della nozione stessa di seguire una regola, quello secondo cui seguire una regola significa interpretarla:

> Che si tratti di un fraintendimento si può già vedere dal fatto che in questa argomentazione avanziamo un'interpretazione dopo l'altra; come se ogni singola interpretazione ci tranquillizzasse almeno per un momento, finché non pensiamo a un'interpretazione che sta a sua volta dietro la prima. (PU § 201)

Ma come mai l'interpretazionista è potuto finire in un tale *cul de sac*? Ebbene, nella sua concezione del seguire una regola, l'interpretazionista crede che esista in fondo un'interpretazione della regola dotata già da sempre del suo senso e che tale interpretazione investa di questo senso l'espressione della regola. Così, egli è convinto che il problema del seguire una regola abbia in ultimo una soluzione; si tratta solo di aver pazienza e trovare, dietro il mare delle espressioni, delle espressioni delle espressioni ecc., l'interpretazione *genuina* della regola. Così facendo, però, incappa nello stesso errore che Wittgenstein aveva fatto notare al discendente diretto del mentalista normativo, ossia il mentalista semantico (cfr. *supra*, 3.1): ossia, credere che esista qualcosa dotato di *intenzionalità originaria*. L'argomento wittgensteiniano appena visto tuttavia mostra, ancora una volta, che tale convinzione è illusoria: non esiste niente dotato di intenzionalità originaria. Ogni pretesa interpretazione ultima in fondo altro non è che un mero segno, che deve ricevere il suo senso per così dire dall'esterno esattamente come l'espressione della regola che essa è supposta interpretare; così, essa non ci dice affatto come la regola vada seguita in nuove circostanze. Posto questo, dice Wittgenstein, è opportuno prendere atto di quello che anche l'interpretazionista avrebbe potuto vedere da sempre se non fosse stato avvolto dai suoi fraintendimenti concettuali e dalle sue illusorie concezioni, ossia che interpretare (l'espressione di) una regola *altro non significa* che rimpiazzare un segno – l'espressione stessa della regola – con un altro segno. Di fronte a quest'argomento e alla suddetta 'scioccante' (per l'interpretazionista, almeno) presa d'atto che ne consegue per la nozione stessa di interpretazione, il paradosso che originariamente scaturiva dal connettere l'applicazione della regola a un'interpretazione – ossia quello secondo cui, mediata dall'opportuna interpretazione, ogni applicazione di una regola in una determinata nuova circostanza risulta essere corretta – si rivela essere la minore delle preoccupazioni per l'interpretazionista:

«Ma come può una regola insegnarmi che cosa devo fare a *questo* punto? Qualunque cosa io faccia, può sempre essere resa compatibile con la regola mediante una qualche interpretazione». – No, non si dovrebbe dire così. Si dovrebbe invece dire: Ogni interpretazione è sospesa nell'aria insieme con l'interpretato; quella non può servire da sostegno a questo. Le interpretazioni, da sole, non determinano il significato. (PU § 198)

esiste una tendenza a dire che ogni agire secondo una regola è un'interpretazione. Invece si dovrebbe chiamare «interpretazione» soltanto la sostituzione di un'espressione della regola a un'altra. (PU § 201)

4.3. *La (dis)soluzione wittgensteiniana del problema*

Ora però, posto che la tesi secondo cui applicare una regola in una nuova circostanza è interpretarla opportunamente scaturisce da un fraintendimento relativo alla nozione stessa di seguire una regola, come va allora intesa dunque una siffatta nozione, in modo tale che il problema del seguire una regola possa trovare una soluzione? Come sempre, la risposta di Wittgenstein a questa domanda verrà da un chiarimento grammaticale, nella fattispecie quello della locuzione "seguire una regola". La laconica osservazione 'in positivo' di Wittgenstein, la sua 'soluzione' al problema del seguire una regola (vedremo presto il perché delle virgolette), è questa:

esiste un modo di concepire una regola che *non* è un'*interpretazione*, ma che si manifesta, per ogni singolo caso di applicazione, in ciò che chiamiamo «seguire la regola» e «contravvenire ad essa». (PU § 201).

Ma che cosa significa che esiste un modo non-interpretativo di concepire una regola, il quale si manifesta nell'essere le concrete applicazioni della regola (in determinate circostanze) corrette o scorrette? Verosimilmente, questo[57]: che un'applicazione della regola in una nuova circostanza è posta come *paradigma di correttezza* per le *ulteriori* applicazioni della regola alla *stessa* circostanza. In altri termini, l'applicazione in questione è definita come *l'applicazione paradigmatica* della regola in tale circostanza, rispetto alla quale le ulteriori applicazioni della regola in tale circostanza risultano essere corrette o scorrette.

Messa in termini semantici piuttosto che ontologici, asserire che esiste un modo non-interpretativo di seguire una regola che si manifesta nel modo suddetto equivale a sostenere che una proposizione del tipo "A è l'applicazione corretta della regola R nella circostanza C" viene ad assumere il ruolo di *proposizione grammaticale* che fa da *criterio di sensatezza* per le proposizioni empiriche in cui si dice che qualcuno ha seguito la regola nella circostanza in questione. Vale a dire, tale proposizione sancisce che ogni enunciato del tipo "Facendo *non*-A, S ha seguito/ha applicato correttamente la regola R nella circostanza C" risulti *insensato*[58].

Nei nostri esempi, l'azione consistente nello scrivere "1002" dopo il mille nella successione di ragione 2, così come quella di andare a destra alla vista della freccia "⇒" nel punto in questione della foresta di Sherwood, sono definite come le applicazioni paradigmatiche delle regole, rispettivamente, di aggiungere due e di andare a destra alla vista della freccia "⇒", nelle nuove circostanze di applicazione (rispettivamente, la prosecuzione della successione di ragione 2 dopo il mille e la direzione di marcia a Sherwood); vale a dire,

---

[57] In quanto segue, sono debitore all'interpretazione del problema del seguire una regola e della relativa (dis)soluzione da parte di P. Frascolla, *Wittgenstein's Philosophy of Mathematics*, Routledge, London 1994, cap. 3.

[58] Ivi, pp. 115 sgg.

tali azioni fungono da paradigmi di correttezza tali che, rispettivamente, *ogni ulteriore* scrivere "1002" dopo il mille e *ogni ulteriore* andare a destra in quel punto della foresta di Sherwood saranno modi *corretti* di applicare la regola relativa in tali circostanze, saranno *il seguire quella regola* in tali circostanze, mentre ogni ulteriore *non* scrivere "1002" (ma, magari, "1004") o *non* andare a destra (ma, magari, a sinistra) saranno modi *scorretti* di applicare la regola relativa in tali circostanze, saranno *il contravvenire a quella regola* in tali circostanze. Correlativamente, proposizioni come "1002 è il risultato corretto dell'applicazione della regola 'aggiungi 2' a 1000" e "andare a destra è l'applicazione corretta della regola 'vai a destra se vedi un segno come «⇒»' relativamente a una certa occorrenza di tale segno a Sherwood" fungono da proposizioni grammaticali, tali che ogni enunciato come, rispettivamente, "scrivendo '1004', S applica correttamente la regola 'aggiungi 2' a 1000" e "andando a sinistra, S applica correttamente la regola 'vai a destra se vedi un segno come «⇒»' relativamente a una certa occorrenza di tale segno a Sherwood" risulta essere insensato.

Una volta posta nel modo suddetto la distinzione tra applicazione paradigmatica e applicazioni ulteriori di una regola in una nuova circostanza, da ciò risulta ovviamente che le nozioni di correttezza/scorrettezza di un'applicazione *non* si predicano delle applicazioni paradigmatiche. Se qualcosa può essere corretto o scorretto solo in rapporto a un paradigma di correttezza, chiaramente il paradigma stesso non è né corretto né scorretto. Wittgenstein aveva già chiarito un punto analogo a proposito del ruolo dei paradigmi nella significazione linguistica: se qualcosa è il paradigma che rende *sensato* attribuire a un determinato oggetto il possesso di una determinata proprietà, ossia predicare veracemente o falsamente che quell'oggetto possiede la proprietà in questione – per esempio, quella di essere lungo un metro – non avrà senso attribuire a quella cosa la proprietà in questione, non si potrà cioè predicare veracemente o falsamente quella proprietà del paradigma medesimo – così, «di *una* cosa non si può affermare e nemmeno negare che sia lunga un metro: del metro campione di Parigi» (PU § 50).

Ora, porre un'applicazione della regola in una nuova circostanza come applicazione paradigmatica della regola comporta che per Wittgenstein la connessione tra la regola e le sue applicazioni paradigmatiche nelle differenti circostanze della sua applicazione è *interna*[59], ossia che la regola stessa dipende per la sua esistenza dall'esistenza delle sue applicazioni paradigmatiche (una dipendenza

---

[59] Cfr. Baker-Hacker, *Skepticism* cit., p. 72.

specifica, dunque: cfr. *supra*, 3.2). Se non ci fossero tali applicazioni, non ci sarebbe neppure la regola stessa. Ogni singola applicazione paradigmatica infatti articola ciò che la regola è *in se stessa*. Così facendo, in un certo senso lascia intatta la regola, ma in un altro senso la muta. Infatti, le connessioni grammaticali, ossia i legami di significato, costituiti tra le espressioni coinvolte dalla proposizione grammaticale assunta come tale mediante l'applicazione paradigmatica della regola in una nuova circostanza, non sostituiscono, ma per così dire riorientano, tutte le connessioni grammaticali istituite mediante le precedenti applicazioni paradigmatiche della regola in circostanze anteriori. Per esempio, se mediante la proposizione grammaticale "1002 è il risultato corretto dell'applicazione della regola 'aggiungi 2' a 1000" il numerale "1002" viene grammaticalmente legato ai numerali "2" e "1000", vengono cioè intrecciati i significati di tali espressioni, da un certo punto di vista i significati di "2" e "1000" restano gli stessi – una delle modalità d'uso di tali espressioni è sempre quella per cui 2 è il risultato corretto della divisione di 1000 per 500, per esempio – ma da un altro punto di vista tali significati mutano – una nuova modalità d'uso di tali espressioni è quella per cui 2 e 1000 divengono anche ciò la cui somma corretta è 1002. Così Wittgenstein risponde alla domanda se sviluppando una successione si fa sempre la stessa cosa o qualcosa di diverso con un'ulteriore domanda retorica il cui senso è quello di negare tale alternativa ammettendone entrambe le opzioni:

Supponi che un tale segua la progressione 1, 3, 5, 7, ... sviluppando la successione rappresentata dalla formula 2x + 1, e si chieda: «ma faccio sempre la stessa cosa, o faccio ogni volta qualcosa di diverso?»
Chi, giorno dopo giorno, promette ad un amico «Domani verrò a trovarti» – dice ogni giorno la stessa cosa, o dice ogni giorno qualcosa di diverso? (PU § 226)[60]

Vediamo ora in che modo l'applicazione paradigmatica della regola in una nuova circostanza riesce a realizzare quest'articolazione della regola stessa. Porre un'applicazione della regola in una nuova

---

[60] Cfr. anche G.P. Baker-P.M.S. Hacker, *Wittgenstein: Rules, Grammar and Necessity*, Blackwell, Oxford 1985, pp. 220-21. L'intuizione qui presentata (marginalmente e obliquamente) da Wittgenstein secondo cui le espressioni indicali come "domani" hanno da un lato lo stesso senso e dall'altro un senso diverso nelle differenti occasioni del loro uso è stata recentemente sviluppata da Kaplan (De, pp. 500-507) con la sua distinzione, rispetto a un'espressione indicale, tra *carattere* (il significato linguistico di tale espressione) e *contenuto* (il contributo di una determinata occorrenza dell'espressione in questione alle condizioni di verità della replica enunciativa in cui tale occorrenza figura).

circostanza come paradigma dell'applicazione della regola in quella circostanza equivale a istituire una nuova regola *particolare* (la cui applicazione paradigmatica è la stessa della regola in questione in tale circostanza) che *specifica* il valore *generale* della regola di cui quell'applicazione paradigmatica è applicazione. Prendiamo la solita regola di aggiungere 2. Questa regola sembra dirci che *ogni volta* che abbiamo a che fare, a partire dallo 0, con un dato numero x, dobbiamo trovare un numero y che sia maggiore di due cifre rispetto ad x. Ma, come ormai sappiamo bene, una suddetta formulazione, che altro non è che la formulazione della regola in termini generali, non significa nulla, finché non si stabilisce caso per caso, *numero per numero* cioè, cosa significa trovare un y maggiore di 2 rispetto ad x. Ora, stabilire ciò in ogni dato caso particolare è compiere un'applicazione paradigmatica della regola in questione in quel caso, per esempio ottenere che 1000 + 2 fa 1002 e contemporaneamente sancire che *questo* – 1002 – è il risultato corretto dell'applicazione al mille della regola di aggiungere 2. Ma compiere una tale applicazione paradigmatica è istituire una nuova regola particolare, quella secondo cui aggiungere 2 a 1000 vuol dire aggiungere 1002, la cui applicazione paradigmatica è ovviamente la stessa di quella che in tale circostanza ha la regola generale di aggiungere 2 *tout court*.

Ora, potrà sembrare strano che Wittgenstein intenda tutto questo per "modo non-interpretativo di concepire la regola che si manifesta nel chiamare determinate applicazioni 'seguire (applicare correttamente) una regola' ed altre applicazioni 'contravvenire a (applicare scorrettamente) una regola'". Ma che le cose stiano proprio così è reso palese dal seguente passo delle *Bemerkungen über die Grundlagen der Mathematik*, nelle quali Wittgenstein si diffonde più ampiamente che nelle *Untersuchungen* sul tema del seguire una regola:

> Se non può essere una proposizione empirica che la regola ["aggiungi 1"] conduce da 4 a 5, allora *questo*, il risultato, *deve* essere preso come criterio del fatto che si è proceduti secondo la regola.
>
> Dunque la verità della proposizione che 4 + 1 fa 5 è per così dire, *sovradeterminata*. Sovradeterminata perciò: che il risultato dell'operazione è stato definito come il criterio per stabilire che quest'operazione è stata eseguita.
>
> Per essere una proposizione empirica quella proposizione si regge ora su un piede di troppo. S'è trasformata in una definizione del concetto 'applicare l'operazione +1 a 4'. In altre parole ora possiamo giudicare in un nuovo senso se qualcuno abbia seguito la regola.

Pertanto 4 + 1 = 5 è ora, a sua volta, una regola con la quale giudichiamo certi procedimenti.
Questa regola è il risultato d'un procedimento, che ora prendiamo come un procedimento *decisivo* per giudicare altri procedimenti. Il procedimento che fonda la regola è la prova della regola. (BGM VI § 16)

Nelle *Untersuchungen*, Wittgenstein si preoccupa di caratterizzare il modo non-interpretativo di concepire una regola in termini
prassiologico-antropologici. Quello che noi abbiamo chiamato il porre un'applicazione della regola in una nuova circostanza come paradigma di correttezza delle successive applicazioni della regola alla
stessa circostanza corrisponde a un *agire* che, nel suo spontaneo
scaturire, caratterizza un modo dell'*essere umano*, il modo in cui,
potremmo dire, un essere umano è un animale simbolico.

In prima istanza, Wittgenstein sostiene che quanto abbiamo
chiamato il definire un'applicazione della regola in una nuova circostanza come applicazione paradigmatica della regola in tale circostanza è una *decisione*; ma chiarisce immediatamente che quest'ultimo termine viene usato per evitare il termine "intuizione":
«anziché dire che in ogni punto è necessaria un'intuizione sarebbe
forse più esatto dire: ad ogni punto è necessaria una nuova decisione» (PU § 186). Parlare qui di decisione è infatti appropriato
nella misura in cui con ciò si vuole eliminare l'idea 'interpretazionista' che un atto mentale come l'intuizione debba determinare
quale sia l'applicazione corretta di una regola in una nuova circostanza. Ma diventa anch'esso improprio nella misura in cui rischia
di comunicare l'idea che trattare l'applicazione di una regola in una
nuova circostanza come applicazione paradigmatica della regola in
quella circostanza corrisponda ad adottare deliberatamente una certa convenzione. Non è questa l'intenzione di Wittgenstein: quando
non c'è nessuna tesi mentalistica da confutare nelle vicinanze, Wittgenstein parla di un tale trattare un'applicazione come applicazione
paradigmatica come di un'operazione irriflessa, spontanea: «Quando seguo la regola non scelgo. Seguo la regola *ciecamente*» (PU §
219). «*Operiamo*, senza fare appello a nessun suggerimento ulteriore» (PU § 228)[61].

Si può inoltre notare che, a mitigare ulteriormente l'effetto di
arbitrarietà connesso all'uso del termine "decisione" in questo contesto, Wittgenstein sottolinea che il rendere paradigmatica un'applicazione della regola in una nuova circostanza consegue general-

---

[61] Questo punto è stato sottolineato da parecchi critici: cfr. per esempio Frascolla, *op. cit.*, p. 117; McGinn, *op. cit.*, pp. 17 sgg.; Pears, *op. cit.*, p. 519.

mente a uno strenuo *addestramento*, mediante il quale un maestro cerca di influire su un allievo in maniera tale che questi tratti come paradigmatica, nella nuova circostanza in questione, la stessa applicazione della regola che il maestro (quale espressione della comunità cui egli appartiene) tratta come tale. Così per esempio il maestro insegna all'allievo come continuare progressioni (aritmetiche o meno): «Io avvierò [...] a continuare progressioni; per esempio, a proseguire . .. ..., così: .... Gli faccio vedere come si fa, e lui fa come faccio io; e influisco su di lui con espressioni di consenso, di rifiuto, di aspettazione, di incoraggiamento. Lo lascio fare, oppure lo trattengo; e così via» (PU § 208).

In questo senso, si può dire che il trattare un'applicazione della regola in una nuova circostanza come paradigmatica non sia l'effetto di una decisione consapevole quanto piuttosto di un'*abitudine*. L'aver seguito nelle circostanze precedenti la regola in un determinato modo, infatti, attenua il carattere di novità di un'applicazione della regola in una circostanza ulteriore. Per esempio, benché sia logicamente possibile che io pieghi a sinistra quando entro per la prima volta a Sherwood e vedo la freccia "⇒", in quanto non c'è alcun fattore, alcuna interpretazione, che mi costringa a fare l'usuale mossa contraria, cioè a piegare a destra anziché a sinistra in tale circostanza, perché tuttavia dovrei davvero andare a sinistra, visto che in tutte le precedenti occasioni in cui mi sono trovato di fronte a un segno del genere sono stato abituato (mediante l'opportuno addestramento) ad andare a destra?

Lasciami chiedere: Che cosa ha da spartire l'espressione della regola – diciamo, un segnale stradale – con le mie azioni? Che tipo di connessione sussiste tra le due cose? – Ebbene, forse questa: sono stato addestrato a reagire in un certo modo a questo segno, e ora reagisco così. [...] in questo modo [...] ho anche messo in evidenza che uno si regola secondo le indicazioni di un segnale stradale solo in quanto esiste un uso stabile, un'abitudine. (PU § 198)

Occorre tener ben presente, tuttavia, che per Wittgenstein quest'influenza dell'abitudine (mediata dall'addestramento) sul trattare un'applicazione della regola in una nuova circostanza come paradigmatica non è *sufficiente* perché un tale trattamento abbia luogo. Per Wittgenstein c'è infatti qualche cosa di più forte di una siffatta abitudine e che non si potrebbe descrivere in altro modo che come la *naturalità* del trattare una certa applicazione della regola in una nuova circostanza come l'applicazione paradigmatica relativamente a quella circostanza[62]. Se un tale trattamento non ci risultasse *naturale*, nessun addestramento, nessuna abitudine potrebbe mai forzarci ad assumerlo. Se per esempio non ci risultasse naturale fare dello scrivere "1002" una volta arrivati al cinquecentoduesimo passo della successione di ragione 2 l'applicazione paradigmatica della regola di aggiungere due in quella circostanza, *niente* potrebbe farci assumere una tale applicazione come tale. Questo è proprio il caso dell'allievo recalcitrante che scrive "1004" dopo il mille nella fatidica successione. Per lui, l'addestramento con cui si cerca di portarlo a scrivere "1002" dopo "1000" non funziona. A lui, infatti, è naturale un altro modo di agire:

> In un caso del genere potremmo forse dire: Quest'uomo è portato per natura a comprendere il nostro ordine, con le relative spiegazioni, come se fosse stato formulato così: «Aggiungi sempre 2 fino a 1000, 4 da 1000 a 2000, 6 da 2000 a 3000, ecc.».
> Questo caso avrebbe somiglianza con quello di un uomo che, a un gesto ostensivo della mano, reagisse naturalmente guardando in direzione del polso, anziché nella direzione della punta delle dita. (PU § 185)

Col dire che tra noi e un individuo 'anormale' intercorre una differenza di natura, Wittgenstein non vuole certo sostenere che noi e quell'individuo siamo diversi biologicamente (neurofisiologicamente); come se un tale fattore biologico di diversità intervenisse a determinare che una e non un'altra applicazione della regola in una nuova circostanza è l'applicazione corretta. Per ripeterci, nessun fattore che funga da interpretazione della regola, processi neurofisiologici compresi, può compiere una determinazione siffatta. Piuttosto, Wittgenstein intende semplicemente ribadire la diversità tra noi e quell'individuo per quanto riguarda i *comportamenti simbolici* che adottiamo spontaneamente, in cui ci troviamo rispettivamente a nostro agio (PU §§ 143, 145).

Questo attenuare il peso dell'addestramento nel trattare un'applicazione della regola in una nuova circostanza come paradigmatica non significa peraltro per Wittgenstein tornare a valutare un tale trattare come un atto arbitrario di decisione. Proprio il caso dell'allievo recalcitrante è indicativo al riguardo, perché ci mostra come un tale trattare non possa essere un *fiat* siffatto. Vediamo perché.

Incontrovertibilmente, l'allievo recalcitrante *si sbaglia* nello scrivere "1004" dopo il mille, ossia contravviene in tale circostanza alla regola di aggiungere due. Nella misura in cui tutti noi convergiamo

---

[62] Cfr. R.J. Fogelin, *Wittgenstein*, Routledge & Kegan Paul, London 1976, p. 143.

nel trattare "1000 + 2 = 1002" come l'applicazione paradigmatica della regola "aggiungi 2" al mille, l'applicazione di tale regola da parte dell'allievo recalcitrante risulterà infatti essere una qualsiasi *ulteriore* applicazione di quella regola, nella fattispecie un'applicazione *sbagliata* (PU § 206). Eppure, si potrebbe osservare, nella misura in cui Wittgenstein ci dice che quell'uomo è portato per natura a comprendere l'ordine di aggiungere due come se significasse "aggiungi sempre 2 fino a 1000, 4 da 1000 a 2000, 6 da 2000 a 3000, ecc.", non si potrebbe dire che scrivendo "1004" l'allievo ha compiuto l'applicazione paradigmatica di un'*altra* regola, per l'appunto quella espressa dalla formulazione appena citata?

Vedremo *infra*, in 5.2, in quale senso e misura si può parlare di regole seguite da un individuo soltanto. Per il momento, comunque, possiamo ben soprassedere a tale questione, perché preliminare a tale questione vi è un elemento, riguardante *tutte* le regole indiscriminatamente, il quale, stando alla descrizione che fa Wittgenstein del caso dell'allievo recalcitrante, ci fa sospendere il giudizio se costui nello scrivere "1004" stia seguendo un'altra (sua) regola o meno. Quest'elemento consiste nel fatto che, scrive Wittgenstein, fa parte della grammatica dell'espressione "seguire una regola" che una regola dev'essere seguita *più volte in ogni circostanza della sua applicazione*: «non è possibile che un solo uomo abbia seguito una regola una sola volta» (PU § 199). Vale a dire, non basta che qualcuno compia *una sola* applicazione di una regola in una determinata circostanza per stabilire che egli ha seguito la regola, che ha cioè applicato la regola correttamente, in tale circostanza; egli deve applicare quella regola in tale circostanza *ripetutamente*[63]. Anche in

---

[63] A rigore si potrebbe anche intendere il § 199 delle *Untersuchungen* come se Wittgenstein dicesse che per seguire *tout court* una regola occorre che la si applichi *in più* di una circostanza. Cfr. McGinn, *op. cit.*, p. 81. Ma BGM VI § 34 chiarisce che non è questo il senso di tale paragrafo. In questo passo di BGM, Wittgenstein ipotizza una situazione in cui esistesse un'Inghilterra-di-due-minuti, ossia una replica qualitativamente identica a due minuti della *nostra* Inghilterra, dell'Inghilterra reale cioè, per dire che in una tale situazione, qualunque cosa facessero gli individui qualitativamente identici a due minuti dei nostri inglesi, tale cosa non sarebbe ciò che i *nostri* inglesi fanno nei due minuti corrispondenti, ossia seguire delle regole; nella fattispecie, l'attività degli 'inglesi gemelli', qualitativamente identica al calcolare svolto dai nostri inglesi in quegli stessi due minuti, non sarebbe un calcolare. Ora, quello che in un tale para-calcolare gli inglesi-di-due-minuti riuscirebbero a fare non sarebbe certo il compiere l'analogo qualitativo del *ri*-applicare una regola nella *stessa* circostanza, quanto piuttosto lo svolgere l'analogo qualitativo dell'applicare la stessa regola *una sola volta* in *una* circostanza (oppure anche in *diverse* circostanze: in due minuti, questi individui avrebbero infatti il tempo per esempio di para-sviluppare il frammento di una successione aritmetica). Così, nel dire che un tale analogo qualitativo del calcolare non sarebbe in realtà un calcolare, Wittgen-

questo senso, commenta Wittgenstein, seguire una regola è un'abitudine (*ibid.*) (parlo di un *ulteriore* senso del termine "abitudine" perché qui, a differenza dell'uso di tale termine visto poc'anzi, per qualificare il seguire una regola (in una data circostanza) come un'abitudine Wittgenstein non fa riferimento alcuno al seguire tale regola in *precedenti* circostanze). Da questo elemento segue che, per l'appunto, occorre per il momento sospendere il giudizio relativamente al fatto se l'allievo recalcitrante stia seguendo o meno un'*altra* regola, almeno nella misura in cui non si evince dal testo di Wittgenstein se egli abbia scritto *più volte* "1004" in ripetuti tentativi di continuare dopo il mille la famosa successione aritmetica.

Ma, e qui era dove volevamo arrivare chiamando nuovamente in causa il caso dell'allievo recalcitrante, dal fatto che per seguire una regola in una data circostanza occorre applicarla in modo *multiplo* in tale circostanza discende anche che, perché si possa seguire una regola in una nuova circostanza – nel nostro caso, la regola di aggiungere due applicandola al mille – (così come, del resto, perché si possa contravvenire a tale regola in quella circostanza), l'applicazione paradigmatica della regola in una data circostanza non può bastare a se stessa, come (impossibile) applicazione unica della regola in tale circostanza, ma deve essere attorniata da una *pluralità* di applicazioni ulteriori della regola in quella circostanza. O, per essere più fedeli alla lettera del PU § 201 già citato, il fatto che rispetto a una nuova circostanza applichiamo la regola in un certo modo paradigmatico *si mostra* nel fatto che, in quella circostanza, *in tutta una serie di volte* fare una certa cosa (per esempio, scrivere "1002") ha contato come seguire la regola ("aggiungi 2", nel nostro esempio), ossia applicarla correttamente, mentre fare altre cose (per esempio, scrivere "1004") ha contato come contravvenire ad essa, ossia applicarla scorrettamente[64].

---

stein intende proprio negare che sia un genuino seguire una regola l'applicare una regola una sola volta in *una* circostanza (oppure anche in diverse circostanze). Inoltre, come già sappiamo, Wittgenstein ci dice che oltre alle regole generali vi sono regole particolari (cfr. il passo di BGM VI § 16 precedentemente citato nel testo). La differenza tra regole generali e regole particolari si può anche esprimere dicendo che vi sono regole con *indefinite* circostanze di applicazione paradigmatica e regole con *una sola* circostanza di applicazione paradigmatica. Dato ciò, dire da parte di Wittgenstein che una *qualsiasi* regola va seguita in modo multiplo non può che significare che essa va applicata più volte nella *stessa* circostanza di applicazione.

[64] Si potrebbe anche mettere la cosa così: la distinzione tra applicazioni paradigmatiche e applicazioni ulteriori (corrette o scorrette) di una regola in una certa circostanza è *funzionale*, non ontologica; alcune applicazioni *sono trattate come* paradigmatiche, o, per meglio dire, perché esistano applicazioni corrette o scorrette di una regola in una data circostanza *deve* esistere un'applicazione paradigmatica della

A questo punto, chiarito che cosa Wittgenstein intende per "modo non-interpretativo di seguire una regola", siamo finalmente in grado di capire in che senso la soluzione che Wittgenstein dà al problema del seguire una regola, che su questa nozione di "modo non-interpretativo di seguire una regola" fa perno, è qualitativamente diversa dalle soluzioni che Wittgenstein prende di mira polemicamente; è, come si era accennato in precedenza, una vera e propria *dissoluzione* del problema in questione.

Come si ricorderà, tutte le strategie che Wittgenstein rifiuta al riguardo convergevano sul fatto che debba esserci un candidato atto a *risolvere* il problema del seguire una regola, atto cioè a determinare perché, in una *nuova* circostanza, *questo* e non quest'altro sia il modo *corretto* per applicare la regola in tale circostanza. Tracciando invece la distinzione tra applicazione paradigmatica e applicazioni ulteriori di una regola in una nuova circostanza, Wittgenstein pone invece le basi per *dissolvere* il problema stesso. Con la suddetta distinzione, Wittgenstein vuole mostrare che si può parlare di correttezza o meno di un'applicazione di una regola in una nuova circostanza solo nella misura in cui si dispone di un'applicazione paradigmatica della regola in tale circostanza; predicare la correttezza o la scorrettezza di un'applicazione di una regola in una data circostanza coincide infatti col predicare la conformità o meno di tale applicazione all'applicazione paradigmatica di quella regola in tale circostanza. Ma da ciò segue che *prima che venga compiuta* un'applicazione paradigmatica della regola in una nuova circostanza, ossia prima che un'applicazione della regola in siffatta circostanza venga trattata come paradigmatica, *non ha* letteralmente *senso* domandarsi come possa fare un'applicazione della regola in una nuova circostanza ad essere o meno corretta. Se le cose stanno così, allora non ci può essere letteralmente niente che abbia il compito di determinare *in anticipo* se l'applicazione di una regola in una nuova circostanza sia corretta o meno; detto altrimenti, nessun candidato atto a risolvere il problema del seguire una regola è il candidato vincente, semplicemente perché non c'è *niente* per cui porre la candidatura. Così, in ultimo, se non ci può essere niente che debba determinare se l'applicazione di una regola in una nuova circostanza è corretta o meno, il problema di trovare un candidato per fis-

---

regola nella stessa circostanza, con cui le prime possano essere confrontate quanto alla loro correttezza o scorrettezza. In questo senso, l'esistenza di un'applicazione paradigmatica della regola in una nuova circostanza funge da criterio di identità parziale, entra cioè nelle condizioni necessarie, del fatto normativo costituito da un'ulteriore applicazione corretta (o scorretta) della regola in tale circostanza. Cfr. BGM VI § 16.

sare la correttezza o meno di una tale applicazione è letteralmente *dissolto*.

Così, se ci si domandasse: ma nella prospettiva wittgensteiniana non è comunque almeno l'applicazione paradigmatica stessa della regola nella nuova circostanza ciò che determina la correttezza o meno delle ulteriori applicazioni della regola in tale circostanza?, la risposta sarebbe: ovviamente e banalmente, sì. Ma ricordiamoci che nella sua originaria formulazione, il problema del seguire una regola era, che cosa determina che, *prima* che la regola venga *tout court* applicata in una *nuova* circostanza, una tale applicazione della regola sia corretta o meno? Perciò, che l'applicazione paradigmatica di una regola in una nuova circostanza determini la correttezza o meno di un'applicazione ulteriore della regola in quella circostanza non dà quello che si può propriamente chiamare una soluzione al suddetto problema, perché l'applicazione paradigmatica non *precede* l'applicazione della regola stessa in tale circostanza, semplicemente *è* quella stessa applicazione considerata come paradigma di correttezza (di se stessa come di altre applicazioni della regola in quella circostanza), e dunque non può *giustificare* alcunché:

> «In che modo posso seguire una regola?» – se questa non è una domanda riguardante le cause, è una richiesta di giustificare il fatto che, seguendo una regola, agisco *così*.
> Quando ho esaurito le giustificazioni arrivo allo strato di roccia, e la mia vanga si piega. Allora sono disposto a dire: «Ecco, agisco proprio così». (PU § 217)

Una volta dissolto nel modo suddetto il problema del seguire una regola, si potrà per Wittgenstein ricuperare un ruolo del tutto legittimo al 'processo interno' dell'intendere [*meinen*] o conoscere [*wissen*] applicazioni ulteriori della regola che il mentalista normativo aveva, come abbiamo visto, contribuito a screditare.

Prima di tutto, Wittgenstein vuole mettere in evidenza due elementi concettuali che caratterizzano l'intendere le applicazioni ulteriori della regola. In primo luogo, questo 'processo' dell'intendere o conoscere le altrui (o anche le proprie) applicazioni future di una regola è per Wittgenstein uno stato che, come ogni altro 'processo interno', ha una natura *para-disposizionale*: è un'abilità, ossia una capacità da manifestare effettivamente. Prima di tutto, si possono per Wittgenstein intendere tali applicazioni senza pensarle (senza concepirle in forma istantanea, cioè; cfr. *supra*, 3.3) (PU §§ 187, 692-693; p. 285). Inoltre, dire che si era intesa una certa applicazione equivale a esprimere l'ipotesi controfattuale che se ci si fosse chiesto cosa si intendeva, si sarebbe risposto così e così: «"Ma quando gli ho dato l'ordine, sapevo già che dopo 1000 doveva scrivere 1002!" – Certo; e puoi addirittura dire che l'avevi *inteso* fin d'allora [...]. Il tuo "Allora sapevo già..." vuol dire pressappoco: "Se allora mi si fosse chiesto che numero doveva scrivere dopo il 1000, avrei risposto '1002'"» (PU § 187)[65]. Infine, non ci sarebbe stato intendimento da parte di un determinato soggetto se la relativa capacità non fosse stata connessa a una manifestazione effettiva, per esempio se il soggetto in questione non avesse insegnato a un altro come applicare la regola in determinate circostanze (PU § 692).

In secondo luogo, sicuramente l'intendere, il sapere quale siano le altrui (o anche le proprie) applicazioni di una regola prima che esse vengano concretamente realizzate è qualcosa che, come ogni altro stato intenzionale (aspettative, desideri, ordini...), in un certo senso anticipa il suo soddisfacimento, cioè il fatto che tali applicazioni sono davvero svolte. Per Wittgenstein, è indiscutibile che dalla semplice formulazione di uno stato intenzionale si possa già *riconoscere* quale sia l'evento che soddisferà tale stato (che costituirà l'adempimento di un desiderio, l'esecuzione di un ordine ecc.) e che quindi, nella misura in cui si dà un tale riconoscimento, sia in un certo senso vero che lo stato intenzionale prefiguri quale sia il suo soddisfacimento (PU § 437). Nella tradizione filosofica, per esempio quella fenomenologica, ciò verrebbe giustificato dicendo che tra lo stato intenzionale e il suo soddisfacimento sussiste una *relazione interna*. Quest'ultima si differenzia da una relazione *esterna* per essere, contrariamente alla seconda, una relazione che occorre necessariamente tra i suoi termini, ossia che non può non sussistere tra le cose da lei correlate. Nel nostro caso, uno e un solo evento può costituire il soddisfacimento di un certo stato intenzionale, nella misura in cui questo stato non può che essere il pensiero di quell'evento. Se per esempio desidero che le giostre di fronte al lungomare di Palermo vengano rimosse, solo l'evento della rimozione di quelle giostre site nella posizione suddetta costituirà la soddisfazione di quel mio desiderio, perché quell'evento è l'oggetto del mio desiderio in modo tale, che senza di esso il mio desiderio non sarebbe il desiderio che è. Ora, nelle *Untersuchungen* Wittgenstein non vuole minimamente intaccare questa concezione tradizionale – da lui stesso difesa ai tempi delle *Philosophische Bemerkungen* – quanto riformularla in termini a lui più congeniali[66]. Visto che, come sempre, le

---

[65] Vedi già BBB, p. 183. Cfr. McGinn, *op. cit.*, pp. 34, 75-76.
[66] Vedi PB §§ 21-35. Su questo cfr. Baker-Hacker, *Skepticism* cit., cap. 3; A.G. Gargani, *Wittgenstein e gli atti intenzionali*, in Id., *Lo stupore e il caso*, Laterza,

relazioni interne tra entità, così come le proprietà essenziali delle stesse, sussistono tra siffatte entità in virtù della grammatica che governa l'uso delle espressioni con cui ci si riferisce a tali cose, anche il fatto che tra lo stato intenzionale e il suo soddisfacimento sussiste una relazione interna dovrà mostrarsi nella grammatica delle espressioni (degli enunciati) che parlano di tali eventi. «Nel linguaggio, aspettazione e adempimento si toccano» (PU § 445). Che lo stato intenzionale che *p* (il mio desiderio che le giostre siano rimosse, per esempio), espresso dal proferimento dell'enunciato "*p*" nell'opportuna modalità ("se le giostre fossero rimosse!") possa essere soddisfatto da uno e un solo evento soltanto, ossia l'evento che rende vero lo stesso enunciato "*p*" quando asserito (per esempio, l'evento che rende vero l'asserto "le giostre sono rimosse"), è una regola di grammatica secondo la quale la descrizione "lo stato intenzionale che *p*" denota lo stesso stato che la descrizione "lo stato intenzionale che l'evento *p* soddisfa"[67], nella misura in cui determinati termini sub-enunciativi (nel nostro caso, il sintagma plurale "le giostre" e il predicato "essere rimosso") hanno lo stesso significato sia quando figurano nella suddetta espressione dello stato intenzionale che *p* ("se le giostre fossero rimosse!") sia quando figurano nell'enunciato "*p*" in qualità di asserzione resa vera dall'evento che soddisfa quello stato ("le giostre sono rimosse") (PU § 444).

Ma la messa in evidenza di questi elementi caratterizzanti l'intendere le applicazioni ulteriori di una regola sarebbe del tutto vana, se ad essa non fosse preliminare un'*altra* considerazione, mediante la quale Wittgenstein può nuovamente descrivere l'errore del mentalista normativo in un'altra forma. Ciò in cui il mentalista normativo sbaglia proprio in relazione all'intendere, ci suggerisce adesso Wittgenstein, sta nel suo invertire l'ordine della prospettiva. Il punto è che *una volta* fissata, mediante l'applicazione paradigmatica di una regola in una nuova circostanza, qual è l'applicazione corretta di tale regola in quella circostanza, si può ben *intendere*, nel senso appena chiarito, quale sia l'applicazione corretta della regola *anche prima* che qualcuno (un altro individuo; o anche se stessi relativamente alle proprie ulteriori applicazioni della regola in quella circostanza) la compia effettivamente. Una volta applicata paradigmaticamente la regola di aggiungere 2 a mille, posso ben intende-

---

Roma-Bari 1985, pp. 157-71; Kenny, *Wittgenstein*, cit., cap. 7 e p. 228 [trad. it. cit., p. 262].

[67] Così in PG § 112: «l'enunciato che il desiderio che *p* è soddisfatto dall'evento *p* non dice nulla se non come regola segnica: (il desiderio, che *p* accada) = (il desiderio, che è soddisfatto dall'evento *p*)». Per una formulazione alternativa dello stesso punto nelle *Untersuchungen*, cfr. § 458.

re che il risultato che *chiunque* a quel passaggio della successione *deve* ottenere è 1002. Mentre dove il mentalista sbaglia è nel ritenere che si possa intendere quale sia l'applicazione corretta di una regola in una nuova circostanza *anteriormente* al fatto di aver posto un'applicazione della regola in quella circostanza come paradigmatica. Così egli conferisce all'intendere un carattere magico che esso non ha:

> Si può dire: «Il modo in cui la formula viene intesa determina quali passaggi si debbano compiere». Qual è il criterio per stabilire in che modo viene intesa la formula? Forse il modo e la maniera in cui la usiamo costantemente, il modo in cui ci è stato insegnato ad usarla. [...] *Così* dunque l'intendere può predeterminare i passaggi. (PU § 190)

> – qual genere di connessione ultra-rigida sussiste tra l'atto e l'oggetto dell'intenzione? — Dove viene effettuata la connessione tra il senso delle parole «Giochiamo una partita a scacchi!» e tutte le regole del giuoco? – Ebbene, nell'elenco delle regole del giuoco, nell'insegnamento degli scacchi, nella pratica quotidiana del giuoco. (PU § 197; vedi anche § 337)

4.4. *La (dis)soluzione applicata alla questione semantica*

Conformemente a quanto avevamo suggerito all'inizio di questo paragrafo, possiamo adesso vedere come l'intento forse principale di Wittgenstein nel formulare nelle *Untersuchungen* le precedenti osservazioni in relazione al problema del seguire una regola sia quello di applicare tali riflessioni al tema del significare qualcosa con un termine. Anche in relazione a questo tema, infatti, si può formulare il problema di che cosa determina quale sia il futuro impiego corretto di un termine, come mostra questo passo delle *Bemerkungen über die Grundlagen der Mathematik*:

> Come può la parola «Lastra» indicarmi quel che devo fare, dal momento che di fatto posso far in modo che qualsiasi azione io compia vada d'accordo con qualsiasi interpretazione? (BGM VI § 38)

Il problema del significare qualcosa con un termine non è infatti per Wittgenstein altro che un caso particolare del problema del seguire una regola, nella misura in cui, come abbiamo originariamente detto, significare qualcosa con un'espressione ha per Wittgenstein un aspetto normativo, corrisponde cioè a usare tale espressione in conformità alle regole della sua grammatica. Parallelamente, il modo appropriato di trattare un siffatto problema sarà lo stesso – *dissolverlo*.

Come è fuorviante ritenere che le applicazioni di una regola in nuove circostanze siano predeterminate da un atto mentale di intuizione o intenzione, così per Wittgenstein è fuorviante ritenere che l'impiego complessivo (passato, presente e soprattutto *futuro*) di una parola stia tutto insieme di fronte alla mente di un individuo, possa essere abbracciato in un sol colpo dall'appropriato stato mentale, che è invece quanto il mentalista semantico pretende nella sua concezione della significazione (PU § 191). Il punto è, di nuovo, che *non ha senso* domandarsi se futuri impieghi di una parola in determinate circostanze sono o meno corretti, e quindi che cosa determina tale correttezza o scorrettezza, almeno fino a quando quegli impieghi non saranno rapportati a un *impiego paradigmatico*; fino a quando, cioè, uno di quegli impieghi non verrà realizzato e posto come criterio di correttezza degli *impieghi ulteriori* della parola in tali circostanze. Come Wittgenstein dice chiaramente fin dal § 1 delle *Untersuchungen*, è in rapporto a un uso paradigmatico dei segni che si possono avere usi corretti (o scorretti) dei medesimi: «così, o pressappoco così, si opera con le parole».

Ecco dunque come la normatività del significato si può spiegare per Wittgenstein negli stessi termini della normatività del seguire una regola: una volta che abbiamo fissato, mediante un'applicazione paradigmatica in una data circostanza, che cosa significa una determinata parola, avremo che chi non la usa così in tale circostanza la usa in maniera scorretta, negli stessi termini in cui, una volta fissato nella grammatica che per esempio nello sviluppo della progressione aritmetica di ragione 2 il successore di 1000 è 1002, il comportamento di chi scrive "1004" dopo "1000" nello sviluppo di tale successione non potrà che risultare una scorretta applicazione della regola di aggiungere 2.

Nella misura in cui, inoltre, un termine può ricevere altre applicazioni paradigmatiche in rapporto a nuove circostanze del suo impiego, il suo significato può essere ulteriormente esteso, nel senso di conseguire ulteriori articolazioni non contenute nell'applicazione paradigmatica originaria. Un concreto esempio al riguardo è riportato nelle *Wittgenstein's Lectures on the Foundations of Mathematics* del 1939; se dicessimo che la costruzione geometrica di una figura come l'eptadecagono è analoga a quella del pentagono (fatta con riga e compasso), estenderemmo il significato della parola "analogo" rispetto a quello che essa ha quando diciamo che cerchiamo l'analogo di un determinato disegno (per esempio di un leone bianco)[68].

---

[68] WLFM, p. 66. Vedi anche tutta la discussione alle pp. 61-69.

Infine, una volta che è stata fissata un'ulteriore applicazione paradigmatica del termine in una nuova circostanza e quindi esteso il significato di questo, possiamo ben accettare quello che sarebbe totalmente fuorviante sostenere se tale applicazione paradigmatica non fosse stata posta, e cioè che quando diciamo che il significato di una parola è presente in un sol colpo davanti a noi, questo modo di esprimersi sia perfettamente in ordine (PU § 197).

Posta quell'applicazione paradigmatica, infatti, è del tutto legittimo dire che si intende una parola in un certo significato anche prima che essa sia stata applicata (da altri; o da se stessi in successive applicazioni) così in quella circostanza. Come si era poi già visto *supra*, in 3.3, un tale intendere sarà, esattamente come l'intendere le future applicazioni di una regola in determinate circostanze, un 'processo interno' di natura para-disposizionale, un'abilità nel senso summenzionato di una capacità da manifestare effettivamente. Un tale intendere non solo non è uno stato-processo durativo (PU § 661, p. 286), ma non è neanche uno stato istantaneo (PU, p. 285)[69]; inoltre, significare qualcosa con un'espressione dipenderà da una qualche azione (linguistica) con cui si manifesta effettivamente tale significazione, ossia da una modalità di uso di quell'espressione:

Dicendo: «Quando l'ho udita, quella parola significava per me...» si riferisce ad un *punto del tempo* e a un *modo di impiego della parola*. (Quello che non afferriamo è, naturalmente, questa combinazione.)
E l'espressione «Allora volevo dire...» si riferisce a un *punto nel tempo* e a un'*azione*. (PU, p. 231)

5. SEGUIRE UNA REGOLA II:
LA COMPONENTE ANTROPOLOGICO-COMUNITARIA

5.1. *Introduzione*

Abbiamo detto *supra*, in 4.3 e 4.4, che per Wittgenstein sono le *applicazioni paradigmatiche* di una regola/di una parola in una nuova circostanza a fissare che cosa sia seguire una regola/usare una parola correttamente in tale circostanza. Ma non ci siamo ancora chiesti che cosa consenta a un'applicazione paradigmatica di una

---

[69] Ancora, nell'enunciato con cui si esprime il *ricordo* di un tale intendere, ossia "io significavo S con l'espressione E" (PU § 660), si mostra la natura para-disposizionale di un tale fatto, perché tale enunciato è equivalente a "se mi avessero chiesto cosa E significava, avrei risposto *questo e questo*" (PU §§ 666, 682, 684).

regola/di una parola in una data circostanza di avere tale valore paradigmatico, di fungere cioè da criterio di correttezza per le applicazioni ulteriori della regola/della parola in tale circostanza. La risposta di Wittgenstein a quest'interrogativo è: solo se la regola è applicata/la parola è usata in modo *pubblico*, in modo tale cioè che una *pluralità* di individui la *possa* applicare/usare, essa può essere applicata/usata correttamente (o scorrettamente), ossia in maniera conforme a (o difforme da) le sue applicazioni paradigmatiche in circostanze date. Detto in modo più articolato, solo se il linguaggio entro cui l'applicazione paradigmatica della regola/della parola in una data circostanza è formulata (nei termini della corrispondente proposizione grammaticale) è un linguaggio *pubblico*, vale a dire, è un linguaggio le cui espressioni *possono* essere comprese da *più* individui, hanno un significato *disponibile intersoggettivamente*, l'applicazione paradigmatica in questione è davvero tale, funge davvero da criterio di correttezza delle applicazioni ulteriori della regola/della parola (nella circostanza in giuoco). Una regola/parola non può essere dunque seguita/usata in modo *privato*, in modo cioè che *solo* un individuo *possa* seguirla/usarla; per una regola/parola così seguita/usata non si daranno infatti applicazioni paradigmatiche che fungano da criterio di correttezza per le sue applicazioni ulteriori (nelle relative circostanze). Questo significa – dato che tra regole e loro applicazioni paradigmatiche sussiste una relazione interna, come abbiamo visto *supra*, in 4.3 – che una regola del genere non sarà in realtà una regola affatto. Così, in un ipotetico sistema simbolico che sia per definizione l'opposto di un linguaggio pubblico, un linguaggio *privato*, ossia un linguaggio comprens*ibile solo* a chi lo parla, le cui espressioni hanno cioè significati *non* intersoggettivamente disponibili, non sarà possibile formulare alcuna applicazione paradigmatica di una regola/di una parola. A sua volta, un linguaggio le cui (supposte) regole siano prive di applicazioni paradigmatiche non sarà per Wittgenstein un linguaggio affatto. Per la suddetta relazione interna tra regola e sue applicazioni paradigmatiche, un linguaggio le cui regole siano prive di applicazioni paradigmatiche è in realtà un linguaggio privo di regole; ma, per la connessione che, come abbiamo visto *supra*, in 4.1, sussiste per Wittgenstein tra linguaggio e normatività, un tale preteso linguaggio non è un linguaggio affatto.

In questo paragrafo inizieremo dunque l'analisi di quelli che, insieme ai paragrafi sul seguire una regola, sono ricordati come i passi più famosi delle *Untersuchungen*, vale a dire i passaggi contenenti il cosiddetto argomento sull'*impossibilità* di un linguaggio privato. Nell'ambito di questo paragrafo, peraltro, tratteremo quest'argomento solo nelle linee *generali*, in relazione cioè a *qualsiasi cosa* possa figurare come un linguaggio privato nel senso di Wittgenstein. Questo perché tale impossibilità in generale discende una volta di più dalla caratterizzazione grammaticale che per Wittgenstein spetta all'espressione "seguire una regola". Nel prossimo paragrafo, invece, ci dedicheremo all'analisi del caso *particolare* di linguaggio privato diffusamente trattato da Wittgenstein nelle *Untersuchungen*, vale a dire l'ipotetico linguaggio in cui ci si riferisce direttamente alle proprie incondivisibili sensazioni.

5.2. *L'argomento contro il linguaggio privato*

Nel tentativo di caratterizzare più a fondo il concetto di seguire una regola, ossia di delineare la grammatica della relativa espressione, al § 202 delle *Untersuchungen* Wittgenstein, dopo aver ribadito che seguire una regola è una prassi, aggiunge che non si può seguire una regola in maniera privata. Per argomentare questa tesi, Wittgenstein chiama in causa la distinzione concettuale tra credere di seguire una regola e seguirla effettivamente, ossia applicarla davvero in modo corretto (in una data circostanza). Vediamo come.

Secondo Wittgenstein, occorre distinguere concettualmente tra il seguire una regola, cioè l'applicare tale regola in una data circostanza correttamente, in conformità dunque all'applicazione paradigmatica della regola in quella circostanza, e il credere di seguire una regola, di compiere un'applicazione corretta di tale regola. Tale distinzione è necessaria in quanto il fatto che si creda di stare seguendo una regola compiendone un'applicazione *non* implica che la si stia seguendo davvero, che l'applicazione in questione sia corretta: uno potrebbe credere di applicare correttamente la regola in tale circostanza e tuttavia *sbagliarsi*. Torniamo al solito caso della successione di ragione 2. Se, una volta stabilito nella grammatica che il membro di tale successione di ragione 2 dopo il mille è 1002, a chi mi chiedesse quanto fa 1000+2 rispondessi "1003", come ormai ben sappiamo avrei applicato scorrettamente la regola "aggiungi 2" a quel passo della successione. Pure, magari perché ricordo male qual è l'applicazione paradigmatica della regola a quel punto, o per qualsiasi altra ragione (mi trovo sotto l'influsso di una droga ecc.), potrei credere di aver applicato la regola correttamente. Ma per l'appunto, il mio credere di aver seguito la regola non me l'avrebbe fatta seguire davvero; credere di seguire una regola e seguire la regola sono cose distinte.

Ora, non ci sono dubbi che il seguire una regola in modo *pubblico* rispetti questa distinzione; il caso della regola di aggiungere 2 ne è proprio un esempio. Ma come starebbero le cose nel caso di una regola seguita in maniera *privata*? Prima di rispondere a quest'interrogativo, occorre domandarsi che cosa significa esattamente seguire una regola in modo privato. A questo punto dello sviluppo testuale (ricordiamo, § 202), infatti, Wittgenstein non ci dice in che cosa consisterebbe la privatezza di un siffatto modo di seguire una regola. Per capire ciò non abbiamo che un modo: andare a vedere cosa Wittgenstein intende più avanti nel testo per *linguaggio privato*. Un siffatto tipo di linguaggio, infatti, sarebbe proprio quello le cui regole verrebbero seguite in maniera privata. Che cos'è un tale linguaggio viene così specificato da Wittgenstein:

> Un uomo può farsi coraggio, darsi ordini e obbedire; può biasimare e punire se stesso, porsi una domanda e rispondere ad essa. Dunque si potrebbero anche immaginare uomini che parlassero solo in monologo; che accompagnassero le loro attività con soliloqui. – Un esploratore che li osservasse e stesse ad origliare i loro discorsi riuscirebbe a tradurre la loro lingua nella nostra. [...]
> Ma sarebbe anche pensabile un linguaggio in cui uno potesse esprimere per iscritto od oralmente le sue esperienze vissute interiori – i suoi sentimenti, umori, ecc. – per uso proprio? – Perché, queste cose non possiamo già farle nel nostro linguaggio ordinario? – Ma io non l'intendevo così. Le parole di questo linguaggio dovrebbero riferirsi a ciò di cui solo chi parla può avere conoscenza; alle sue sensazioni immediate, private. Dunque un altro non potrebbe comprendere questo linguaggio. (PU § 243)

Come accennato in precedenza, facciamo qui astrazione dal fatto che Wittgenstein sembra in questo passo considerare il linguaggio in cui qualcuno si riferisce direttamente alle sue proprie sensazioni come *il* linguaggio privato. La cosa interessante di questo paragrafo è che Wittgenstein distingue tra *due* possibili candidati al ruolo di linguaggio privato per antonomasia, per poi scartare subito il primo e accettare soltanto il secondo. La differenza tra questi due candidati potrebbe essere descritta così: il primo è un linguaggio solo *contingentemente*, quindi accidentalmente, il secondo è un linguaggio *necessariamente*, quindi essenzialmente, privato. Vale a dire, il primo – esemplificato nella citazione appena ricordata dal caso dei soggetti monologanti – è un linguaggio che soltanto *di fatto* è tale, che solo il suo proferitore lo capisce; esso *potrebbe* infatti essere capito da qualcun altro oltre a questi. L'esploratore-antropologo dell'esempio di Wittgenstein è proprio qualcuno che potrebbe decifrare i monologhi dei soggetti sotto esame. Nella misura in cui la comprensione di esso è solo *di fatto* non condivisa, il linguaggio contingentemente privato non pare porre alcun problema filosofico di rilievo[70]. Quello che a Wittgenstein interessa discutere sul piano filosofico è il secondo tipo di linguaggio – nel contesto della citazione, esemplificato dal linguaggio in cui i termini si riferiscono direttamente alle proprie sensazioni – il quale è un linguaggio che non solo di fatto, ma anche *in linea di principio* è tale, che nessuno oltre al suo parlante lo comprende; *nessun altro* oltre a questi lo *può* capire. Il linguaggio essenzialmente privato è dunque il linguaggio privato per antonomasia; da qui in avanti, tranne nei casi in cui occorra distinguerlo dal linguaggio contingentemente privato, per quanto riguarda il linguaggio necessariamente, o essenzialmente, privato ometteremo la qualificazione modale e parleremo di linguaggio privato *tout court*.

Diventa chiaro adesso che cosa Wittgenstein intende in PU § 202 per seguire una regola *privatim*. Un linguaggio privato dovrebbe essere intessuto di regole private nel senso che *solo* il parlante di tale linguaggio le *può* seguire. Ora, questa definizione ci permette di rispondere in modo negativo all'interrogativo posto in precedenza: una regola seguita *privatim* sarebbe tale che per essa non varrebbe la distinzione tra il credere di seguirla e il seguirla effettivamente in una data circostanza. Non ci sarebbe cioè la possibilità di avere un'applicazione paradigmatica della regola in siffatta circostanza, tale che una qualsiasi altra applicazione ulteriore della regola in quella circostanza risultasse essere un'applicazione sbagliata della regola nonostante le convinzioni in proposito del suo attuatore. Qualunque comportamento sembrasse per il suo attuatore essere conforme all'applicazione paradigmatica della regola lo sarebbe *ipso facto*.

Ma, e qui tocchiamo il cuore dell'argomentazione wittgensteiniana, l'assenza di questa distinzione è fatale per l'idea stessa di seguire una regola *privatim*. La distinzione tra credere di seguire una regola e seguirla davvero è *essenziale* alla nozione stessa di seguire una regola. Senza tale distinzione, infatti, non ci può essere alcun seguire una regola, nella misura in cui non ci può essere alcuna applicazione paradigmatica della regola in una data circostanza che faccia da autentico criterio di correttezza per le ulteriori applicazioni della regola in quella circostanza; altrimenti detto, il collasso di tale distinzione fa della pretesa di aver compiuto un'applicazione

---

[70] Cfr. però le precisazioni *infra*, nota 78 del presente capitolo.

paradigmatica in quelle circostanze un mero *flatus vocis*, o come dice Wittgenstein, una mera cerimonia (PU § 258). Ne discende perciò che la regola seguita privatamente, ossia la regola per cui la suddetta distinzione è assente, *non può essere in realtà seguita*, ossia applicata correttamente: «qui non si può parlare di 'corretto'» (*ibid.*).

Prendiamo il caso dell'uso secondo regole di un termine, per esempio "rosso". Quando "rosso" è usato come termine di colore di un linguaggio pubblico come l'italiano, dire rispetto a una data circostanza d'uso di quel termine che il colore di un determinato oggetto è rosso sarà o meno corretto a seconda della conformità o meno di questa predicazione all'applicazione paradigmatica che, in rapporto a quella circostanza d'uso, si dà del termine in italiano. Ma se io volessi dire che per me, in rapporto a una certa circostanza d'uso, "rosso" ha un significato privato, significa QUESTA COSA, ossia significa, potremmo forse dire (ma, come si vedrà *infra*, in 6.2, sarebbe già troppo persino dire ciò), "qualsiasi cosa dello stesso tipo di ciò che io ho davanti agli occhi", risulterebbe in realtà che, nella misura in cui qualunque di questi usi di "rosso" mi sembrasse corretto lo sarebbe, nessun uso di tale termine potrebbe fungere da criterio di correttezza per i miei usi ulteriori nella medesima circostanza. Ma allora la suddetta regola semantica privata non può essere seguita:

> Al trapasso *privato* da ciò che vedo alla parola non potrei applicare nessuna regola. Qui le regole sono veramente sospese nel vuoto; perché manca l'istituzione della loro applicazione. (PU § 380)

> Come faccio a sapere che questo colore è rosso? – Una risposta potrebbe essere questa: «Ho imparato l'italiano». (PU § 381)[71]

Ora, come sappiamo, per Wittgenstein sussiste una relazione interna tra regole e loro applicazioni paradigmatiche; perciò, la suddetta mancanza di applicazioni paradigmatiche per una regola se-

---

[71] In BGM I § 3, Wittgenstein traccia esplicitamente un paragone tra il caso dell'impiego di termini di colore e quello del continuare una successione aritmetica come istanze di comportamento guidati da regole (mediante la loro conformità alle rispettive applicazioni paradigmatiche): «*Come so* che per continuare la progressione aritmetica di ragione 2 si deve scrivere: "2004, 2006" e non: "2004, 2008"? – (Dello stesso tipo è la domanda: "come so che questo colore è 'rosso'?")». Baker e Hacker in *Skepticism* cit., pp. 12-13, hanno mostrato che in un manoscritto preparatorio alle *Untersuchungen* l'occorrenza di quello che sarà nel testo definitivo il § 202 (sull'impossibilità di seguire regole *privatim*) ricorre proprio nel contesto della discussione di come faccio a sapere che questo è rosso (che nel testo definitivo diventano appunto i §§ 377-381).

guita *privatim* fa sì che una tale regola non sia una regola affatto (PU § 259).

La conseguenza immediata dell'impossibilità di seguire una regola *privatim*, quindi addirittura di avere regole private, è l'impossibilità del linguaggio privato stesso, del linguaggio caratterizzato da regole seguite in maniera privata. Come abbiamo osservato più volte, per Wittgenstein il linguaggio è una struttura segnica soggetta a regole; ma un linguaggio come il linguaggio privato, le cui regole non possono in realtà essere seguite, è dunque un linguaggio privo di regole, il che è come dire, data la connessione essenziale che per Wittgenstein sussiste tra linguaggio e normatività, che esso non è un linguaggio affatto (PU § 261).

Abbiamo dunque visto cosa Wittgenstein intende per impossibilità di seguire una regola *privatim* e quindi per impossibilità di un linguaggio privato. Ma non sappiamo ancora in quale situazione un'attività dall'apparenza simbolica si rivela essere per Wittgenstein un impossibile seguire una regola in modo privato (o anche un impossibile usare una parola in tal modo, attività dello stesso genere in base alla connessione fondamentale tra significato e normatività; d'ora in avanti, tutto quello che diremo sul seguire una regola *privatim* varrà *tout court* per l'usare un termine *privatim*). Come abbiamo accennato più volte, in Wittgenstein il caso principe di una circostanza del genere è quando qualcuno pretende di usare un termine per riferirsi direttamente alle proprie incondivisibili sensazioni. Ma, nonostante tutta la sua pregnanza teorica, testuale e financo emotiva, questo è solo un caso *particolare* del seguire privatamente una regola. C'è per così dire una situazione *standard* che per Wittgenstein fa precipitare un'attività dall'apparente carattere simbolico, a prescindere dal suo preteso tema concreto (trattare delle proprie sensazioni, per esempio), in un impossibile seguire una regola *privatim*?

A quest'interrogativo la critica converge nel dare in generale una risposta affermativa, ma diverge nelle repliche specifiche. Per alcuni, difensori (di una variante) della prospettiva *comunitaria* sul seguire una regola, è una applicazione privata di una regola ogni applicazione compiuta da un individuo in isolamento ideale dalle reazioni al riguardo dei membri di una comunità. In altre parole, se un soggetto S potesse seguire, producendo un determinato comportamento simbolico, una regola R in condizioni non tanto di separatezza *fisica* da una qualsiasi comunità (nel caso rilevante, una separatezza *totale*, per tutto l'arco della sua esistenza, cioè; si tratterebbe di una sorta di Robinson Crusoe *originario*), quanto di indipendenza *concettuale* dai comportamenti analoghi dei membri di una qualsiasi comunità, ebbene, questo sarebbe un seguire la regola *privatim*[72]. All'estremo opposto altri, i cosiddetti *individualisti*, sostengono che le applicazioni di una regola che si hanno in un isolamento siffatto sono perfettamente a posto[73]; applicazioni private saranno allora solo quelle il cui soggetto non riesce a *distinguere* la loro correttezza genuina dalla loro correttezza presunta[74].

Per districarci in questa complessa faccenda esegetica, dobbiamo tenere presenti almeno due elementi. In primo luogo, la distinzione tra accidentalità ed essenzialità non è rilevante soltanto per il linguaggio privato in generale, come abbiamo visto in precedenza, ma anche per l'applicazione privata di una singola regola. Ancora una volta, nella prospettiva wittgensteiniana tra applicazione accidentalmente e applicazione essenzialmente privata di una regola soltanto il secondo caso è problematico. Nel primo caso, infatti, benché in una determinata circostanza solo io *di fatto* segua quella regola così come la seguo, *altri avrebbero potuto* seguire la regola nello stesso modo. Nel secondo caso, invece, quest'ultima eventualità non si dà: nella circostanza di applicazione in questione, *solo io posso* seguire la regola come di fatto la seguo. In secondo luogo, va sottolineato che l'argomento wittgensteiniano contro la possibilità di un'applicazione privata di una regola non è un argomento *epistemologico*, come l'interpretazione individualista summenzionata lascia presagire. Il problema che Wittgenstein pone in questo caso al suo ipotetico interlocutore, a colui che questa volta potremmo chiamare il *privatista normativo*, il sostenitore dell'idea che si può seguire una regola *privatim*, non è che colui che applica privatamente la regola *non è in grado di distinguere* tra la correttezza presunta e la correttezza effettiva della sua applicazione. Se così fosse, si potrebbe immaginare qualcuno – al limite, una divinità onnisciente – in grado di cogliere la distinzione in questione e quindi di saper discernere se l'applicazione in giuoco della regola è davvero corretta o se ciò è solo quello che il suo attuatore crede. Di conseguenza,

---

[72] In Kripke, l'indipendenza di S è quella dalle inclinazioni dei membri di una comunità a comportarsi nello stesso modo in cui S si comporta (inclinazioni che entrano nelle condizioni di asseribilità per un giudizio come "nella circostanza di applicazione C, S segue la regola R"). Cfr. *op. cit.*, pp. 86-98, 110 [trad. it. cit., pp. 72-82, 89-90]. Versioni più blande del comunitarismo in questa variante, che non comportano il suddetto rimando alle inclinazioni di una comunità, ma secondo le quali semplicemente un individuo non segue pubblicamente una qualsiasi regola se non esiste effettivamente una comunità che segue tale regola allo stesso modo, sono difese per esempio in Frascolla, *op. cit.*, pp. 122-24 e Malcolm, *Nothing is Hidden*, cit., pp. 156, 173-75.

[73] Cfr. per esempio Baker-Hacker, *Skepticism* cit., pp. 38-42, 44-46; McGinn, *op. cit.*, pp. 77-92, 184-200.

[74] Cfr. McGinn, *op. cit.*, p. 48 e nota 47.

non ci sarebbe in realtà alcuna difficoltà nel seguire privatamente una regola: uno potrebbe applicare correttamente la regola in modo privato anche se per ipotesi lui stesso non fosse capace di riconoscerlo. Il punto è che il problema sollevato da Wittgenstein è *ontologico*: nell'applicazione privata di una regola, correttezza presunta e correttezza reale *collassano*. Nessuno dunque, neppure una divinità, potrebbe distinguerle, semplicemente perché non ci sarebbe *niente* da distinguere[75].

Combinando questi due elementi, si ottiene quella che possiamo chiamare una versione *indebolita* della prospettiva comunitaria. Tale versione si articola nei seguenti due punti. Prima di tutto, *non* è un'applicazione privata (nel senso forte del termine, quello 'essenzialista') di una regola quella condotta in un isolamento *fattuale* da una comunità quando tale applicazione consegua all'*effettiva* condivisione dell'applicazione di *altre* regole. In altri termini, un'applicazione solo *localmente* isolata è un'applicazione soltanto *accidentalmente* privata. Certo, il soggetto di tale applicazione non potrà distinguere tra la correttezza reale e la correttezza presunta di tale applicazione, per la banale ragione che è di fatto solo lui ad applicare così la regola nella relativa circostanza. Ma questa sua impossibilità epistemica non fa collassare quella correttezza reale e quella correttezza presunta, ossia non rende la sua applicazione della regola privata nel senso importante, quello 'essenzialista'. *Altri* avrebbero potuto ben seguire quella regola così come lui di fatto la segue; ossia, la comunità di coloro che hanno finora condiviso con costui, prima cioè che qualcosa intervenisse a separarlo da loro, l'applicazione di tutta una serie di altre regole.

Supponiamo per esempio che io conii il nuovo termine "Sudania" per designare la parte meridionale d'Italia e immaginiamo altresì che proprio mentre faccio questo per un qualche tipo di disastrosa catastrofe io rimanga il solo essere vivente sulla Terra. In tale terrificante situazione, certo non potrei distinguere se un mio qualsiasi successivo uso di "Sudania" sia realmente o solo illusoriamente corretto rispetto al suo uso paradigmatico; se mi riferisca davvero al Sud Italia in quell'uso oppure se, in una tale situazione di immaginabile confusione per me, avendo dimenticato che la designazione che ho dato a "Sudania" è il Sud Italia, mi trovi a designare con quel termine la Lombardia credendo di usarlo così correttamente. Ma tale dolorosa situazione non fa collassare gli usi corretti e gli usi solo presuntivamente corretti di "Sudania", nella misura in cui tale

---

[75] Cfr. Marconi, *Fodor and Wittgenstein* cit., pp. 107-108 [trad. it. cit., pp. 200-201].

nuovo conio linguistico avviene sullo sfondo di tutta una serie di usi linguistici che ho condiviso con i miei consimili finché questi sono esistiti. Se essi non fossero scomparsi, sulla base di tale sfondo non avrebbero avuto alcun problema a comprendere il mio uso di "Sudania" e a usarlo opportunamente, di modo che chiunque di loro avrebbe potuto immediatamente notare che quel mio uso di "Sudania" per parlare della Lombardia era scorretto.

In secondo luogo, però, sarà applicazione privata (nel senso forte) di una regola quella condotta già in *fattuale* isolamento da una comunità, quando tale applicazione *non* consegua all'*effettiva* condivisione dell'applicazione di *altre* regole. In altri termini, un'applicazione *globalmente* isolata è un'applicazione *essenzialmente* privata. Applicazione corretta e applicazione solo presunta tale, infatti, qui davvero collassano, nella misura in cui non solo il suo attuatore *di fatto* non distingue tra di esse, ma *nessun altro*, nessun membro di una comunità linguistica (divinità comprese), *potrebbe farlo*[76].

Torniamo al caso di "Sudania". Se il tentativo di fornire un'applicazione paradigmatica di questo termine da parte del soggetto trovatosi in isolamento da una comunità non riposasse su alcun'altra applicazione paradigmatica condivisa di qualche altro termine, se il nostro soggetto fosse per esempio una sorta di Humpty Dumpty che tra sé e sé dicesse qualcosa come "per 'Sudania' intenderò *Sud Italia*, dove per 'Sud Italia' intendo in realtà *Lombardia*, dove 'Lombardia' per me in realtà designa... e così via", allora non solo il soggetto in questione, ma *chi altri* potrebbe discernere tra le sue ulteriori applicazioni corrette e quelle solo presuntivamente tali di "Sudania"? e nella misura in cui tale discernimento fosse impossibile, come potrebbe mai "Sudania" avere un'applicazione paradigmatica tale da fungere da criterio di correttezza di una qualsivoglia applicazione ulteriore di quel termine?[77]

---

[76] Detto in altri termini, ciò significa che l'argomento *ontologico* sull'impossibilità di seguire una regola *privatim* coincide sì con una versione dell'argomento *epistemologico*, ma solo quando quest'ultimo sia formulato *dal punto di vista della comunità* e non da quello del suo singolo attuatore. Cfr. Frascolla, *op. cit.*, p. 125.

[77] Quest'interpretazione indebolita della prospettiva comunitaria, secondo la quale per Wittgenstein solo un individuo che ha di fatto già concordato con una comunità nelle sue reazioni simboliche può seguire ulteriori regole in un isolamento fattuale da tale comunità, è apparentemente sostenuta da R. Rhees, *Can there be a private language?*, in *Wittgenstein. The «Philosophical Investigations»*, cit., pp. 267-85 e da Winch (ISS, p. 46). Personalmente, ritengo che questa sia l'interpretazione più fedele al testo delle *Untersuchungen* così come esso figura nella versione definitiva. È ben possibile invece che versioni preliminari di esso, come quelle ricordate da Baker-Hacker, *Skepticism* cit., pp. 41-42, si attaglino a un'interpretazione *ancora più debole* della prospettiva comunitaria, secondo la quale intorno al soggetto che

Nelle *Untersuchungen*, Wittgenstein esprime la distinzione tra applicazione localmente isolata ma accidentalmente privata e applicazione globalmente isolata ma essenzialmente privata di una regola (in una data circostanza di applicazione) nelle forme criptiche della seguente domanda retorica:

> Così come stanno le cose, potrei forse inventare un giuoco che non venga mai giocato da nessuno. – Ma, posto che l'umanità non abbia mai giocato nessun giuoco, è possibile che un bel giorno qualcuno abbia inventato un giuoco – che non è mai stato giocato? (PU § 204)

Ma che Wittgenstein intenda proprio tracciare questa distinzione è chiarito dai seguenti passi delle *Bemerkungen über die Grundlagen der Mathematik*, in cui egli è molto più esplicito sul tema:

> Qual genere di intersoggettività [*Öffentlichkeit*] appartiene essenzialmente al fatto che esiste un giuoco, che se ne può inventare uno?
> [...] Certo, al giorno d'oggi potrei inventare un giuoco sulla scacchiera che realmente non sia mai stato giocato. Mi basterebbe limitarmi a descriverlo. Ma la cosa è possibile perché esistono già giuochi simili, vale a dire, perché giuochi di questo genere *si giocano*.
> · [...] Oggi posso dare una nuova regola che non è mai stata applicata e che tuttavia viene capita. Ma sarebbe possibile ciò, se nessuna regola fosse mai stata applicata nel fatto?
> Se poi si chiede: «Non basta l'applicazione che se ne fa nella fantasia?» la risposta è: No. – (possibilità d'un linguaggio privato). (BGM VI § 32)

> Certo: posso darmi una regola da solo, e poi seguirla. Ma non sarà una regola solo perché è analoga a ciò che si chiama 'regola' nei rapporti tra gli uomini? (BGM VI § 41)[78]

Ora, se la differenza tra applicazione localmente e applicazione globalmente isolata di una regola in una data circostanza è la differenza tra un'applicazione accidentalmente e una essenzialmente

---

applica una qualsiasi regola, perché tale applicazione valga come corretta, deve essere semplicemente *possibile* che si dia una comunità di altri soggetti che compiono la stessa applicazione della regola. Quest'interpretazione 'virtualista' del comunitarismo sembra essere difesa da C. Peacocke, *Rule-following: The nature of Wittgenstein's arguments*, in *Wittgenstein: To Follow a Rule*, a cura di S.H. Holtzman e C.M. Leich, Routledge & Kegan Paul, London 1981, pp. 93-94.

[78] Ciò che vale per l'applicazione di una singola regola varrà ovviamente in relazione a un intero linguaggio; a precisazione di quanto detto in precedenza nel testo, sarà per Wittgenstein linguaggio *accidentalmente* privato solo quello *localmente* isolato (vale a dire, ogni idioletto derivato rispetto a un socioletto condiviso: per esempio, un gergo o un codice), mentre un linguaggio *globalmente* isolato sarà già un linguaggio *essenzialmente* privato. Cfr. anche Dummett (OAP, p. 124).

privata di tale regola, data la già rilevata impossibilità di un'applicazione essenzialmente privata quello che otteniamo è la cosa seguente. Perché l'applicazione paradigmatica di una *qualsiasi* regola sia possibile, ciò che occorre è che tale applicazione avvenga sullo sfondo dell'applicazione paradigmatica *effettivamente* condivisa di una *pluralità* di regole. Così, l'accordo *fattuale* di una comunità di individui sul modo paradigmatico di applicare regole in date circostanze è per Wittgenstein un *presupposto* dell'attività stessa di seguire regole, e quindi (per la più volte ricordata connessione tra linguaggio e normatività) della stessa significazione linguistica:

> Non sorge nessuna differenza (poniamo tra i matematici) per stabilire se si è proceduto o meno secondo una regola. Per questo non si viene, per esempio, a vie di fatto. Ciò fa parte dell'intelaiatura sulla cui base opera il nostro linguaggio (sulla cui base, per esempio, dà una descrizione). (PU § 240; vedi anche p. 295)[79]

5.3. *L'accordo nel paradigma come accordo nella forma di vita*

Come possiamo già presumere da quanto detto *supra*, in 4.3, quest'accordo nell'applicazione paradigmatica di regole non andrà concepito tanto come il frutto di una deliberata statuizione tra i membri di una comunità, quanto come una coincidenza nelle reazioni simboliche spontaneamente prodotte da tali membri. Per sottolineare questa caratteristica dell'accordo in questione, Wittgenstein chiama infatti in causa il termine "forma di vita" (*Lebensform*) e dice che tale accordo è una concordanza di forma di vita. Che una pluralità di soggetti abbia concordato nell'assumere *un'*applicazione di una regola in una data circostanza come *l'*applicazione paradigmatica della regola in quella circostanza non è frutto di un compromesso a tavolino; è piuttosto quanto *si mostra* nel fatto che in quella circostanza *tutti* questi soggetti convergono nel compiere una certa applicazione della regola e non altre come l'applicazione corretta:

> «Così, dunque, tu dici che è la concordanza fra gli uomini a decidere che cosa è vero e che cosa è falso!» – Vero e falso è ciò che gli uomini *dicono*; e nel linguaggio gli uomini concordano. E questa non è una concordanza delle opinioni, ma della forma di vita. (PU § 241)

[79] Vedi anche BGM III § 67; Z § 428.

Della comprensione che si raggiunge tramite il linguaggio non fa parte soltanto una concordanza nelle definizioni, ma anche (per quanto strano ciò possa sembrare) una concordanza nei giudizi. [...] ciò che chiamiamo «misurare» è determinato anche da una certa costanza nei risultati delle misurazioni. (PU § 242)

Ma quanto estesa *deve* essere questa comunità il cui accordo è il presupposto secondo Wittgenstein della significazione linguistica? E all'opposto, quanto si *può* estendere una siffatta comunità? La risposta di Wittgenstein al primo interrogativo è perentoria (benché sia ancora una volta espressa nelle forme criptiche di una domanda retorica): perché, al di là delle particolari applicazioni di regole attuate in isolamento locale, ci sia in generale qualcosa come il seguire regole, occorre che ci sia *più* di un individuo a convergere effettivamente nell'applicazione paradigmatica di una regola. Detto sinteticamente, condizione *necessaria* dell'attività di seguire regole, e quindi della stessa significazione, è non tanto un'effettiva *comunità*, quanto un'effettiva *intersoggettività*, linguistica:

Ciò che chiamiamo «seguire una regola» è forse qualcosa che potrebbe esser fatto da *un* solo uomo [...]? (PU § 199)

Potrebbe esserci aritmetica se chi calcola non concordasse? Se esistesse solo un uomo, potrebbe costui calcolare? Potrebbe seguire una regola? Queste domande sono simili alla domanda: «Se esistesse un solo uomo, potrebbe costui intraprendere un'attività commerciale?». (BGM VI § 45)

Anche la risposta al secondo interrogativo è netta: la comunità il cui accordo fa da presupposto alla significazione può estendersi tanto quanto si estende *la specie umana*. Nella prospettiva delle *Untersuchungen*, anzi, è evidente da molti indizi che quando Wittgenstein parla di una comunità nel senso suddetto intende la specie umana *tout court*. Come già accade per quanto riguarda le reazioni pre-simboliche, quelle la cui versione linguistica è una mera articolazione (cfr. *infra*, 6.4), lo stesso accordo nelle reazioni simboliche è l'accordo che caratterizza *una sola* forma di vita, quella umana:

Immagina di arrivare, come esploratore, in una regione sconosciuta dove si parla una lingua che ti è del tutto ignota. In quali circostanze diresti che la gente di quel paese dà ordini, comprende gli ordini, obbedisce ad essi, si rifiuta di obbedire, e così via?
Il modo di comportarsi comune agli uomini è il sistema di riferimento mediante il quale interpretiamo una lingua che ci è sconosciuta. (PU § 206)

Un animale possiamo immaginarlo arrabbiato, terrorizzato, triste, allegro, spaventato. Ma possiamo immaginare un animale che spera? E perché no? [...] Può sperare solo colui che può parlare? Solo colui che è padrone dell'impiego di un linguaggio. Cioè, i fenomeni dello sperare sono modificazioni di questa complicata forma di vita. (PU, p. 229)

Intendendo nelle *Untersuchungen* la forma di vita in comune come la forma di vita specifica degli uomini, peraltro, Wittgenstein non vuole oscurare il punto concettuale da lui appena conseguito, e cioè che, se è necessario in generale che l'applicazione paradigmatica di una regola sia effettivamente condivisa, non è affatto necessario che l'estensione di questa condivisione coincida con quella della specie umana. Il punto è che la mera effettiva *intersoggettività* linguistica non è per Wittgenstein solo, come abbiamo appena visto, condizione necessaria dell'attività di seguire regole, e quindi della stessa significazione, ma anche condizione *sufficiente*[80].

A tal scopo, è utile riprendere in considerazione il caso dell'allievo recalcitrante ad apprendere come tutti lo sviluppo della successione di ragione 2. Per Wittgenstein, immaginare comportamenti simbolici 'anormali' come quello dell'allievo recalcitrante non serve soltanto a mettere in evidenza, come abbiamo visto *supra*, in 4.3, la radice *prassiologica* della normatività, ma anche a sottolineare il carattere *contingente* dell'altro aspetto da cui la normatività ha origine, ossia quello della *convergenza* prassiologica[81]. A sua volta, sottolineare questo carattere non vuole solo mettere in evidenza l'inquietante caducità di tale condizione necessaria della significazione, la convergenza prassiologica appunto, ma anche, meno drammaticamente, mostrare che ci può essere significazione pur senza convergenza *integrale* (tra i membri della specie umana).

Supra, in 4.3, avevamo detto che la descrizione che Wittgenstein fa del comportamento dell'allievo in questione è sottodeterminata, nel senso che, non potendo ricavare dal testo se costui scrive o meno *più volte* "1004" dopo il mille, non siamo in grado di rispondere all'insidiosa domanda se egli nel compiere una tale applicazione 'anormale' stia o meno seguendo una sua regola – nell'unica forma,

---

[80] Criticando l'interpretazione di N. Garver (*Die Lebensform in Wittgensteins Philosophischen Untersuchungen*, in «Grazer Philosophische Studien», 21 [1984], pp. 33-54) in *Lebensform oder Lebensformen?* (ivi, pp. 55-63), R. Haller sostiene che per Wittgenstein non c'è una sola forma di vita umana, ma una pluralità di forme di vita siffatte. Le due interpretazioni non sono però incompatibili. Nella prospettiva delle *Untersuchungen*, per Wittgenstein *di fatto* c'è una sola forma di vita umana; il che non esclude affatto che per lui *in linea di principio* ve ne siano molteplici.

[81] Cfr. B. Stroud, *Wittgenstein and logical necessity*, in *Wittgenstein. The «Philosophical Investigations»*, cit., pp. 489-90, 492-94.

possiamo adesso aggiungere, in cui tale domanda è legittima, vale a dire se egli stia o meno seguendo una regola in modo localmente isolato e quindi solo contingentemente privato. Ma, possiamo ora rilevare, non è forse accidentale che Wittgenstein lasci la descrizione del caso indeterminata sotto questo aspetto. Wittgenstein non intende chiamare in causa il caso dell'individuo che agisce secondo un comportamento 'anormale' per indicare un esempio in cui qualcuno segue una sua regola (nell'unico senso in cui ciò è legittimo, quello suddetto). Se così fosse, Wittgenstein non insisterebbe sul fatto che un tale individuo reagisce *naturalmente* in modo diverso da come reagiamo tutti noi nella medesima circostanza (PU § 185). Se per esempio l'allievo recalcitrante fosse una sorta di matematico creativo il quale, in locale isolamento dalla sua comunità, costruisse un frammento di matematica alternativa a quella vigente tramite il suo scrivere "1004" quale applicazione paradigmatica al mille non della regola di aggiungere 2 *simpliciter*, bensì della regola (poniamo) di aggiungere 2 fino a 1000, 4 fino a 2000, 6 fino a 3000 e così via, allora Wittgenstein non lo descriverebbe come qualcuno le cui reazioni simboliche *spontanee* divergono dalle nostre. In tal caso, infatti, non ci sarebbe stato nulla di strano, di innaturale, nel suo ottenere 1000+2 = 1004. Quello che sarebbe semplicemente avvenuto è che noi, mancando di cogliere il differente, ma del tutto intelligibile, significato che egli assegna alla locuzione "aggiungi 2" (nell'uso localmente isolato che egli fa di tale espressione, essa non significa, come per tutti noi, *aggiungi due tout court*, bensì *aggiungi 2 fino a 1000, 4 fino a 2000 ecc.*), non avremmo inteso che ciò che costui faceva era costruire quel frammento di matematica alternativa. Piuttosto, l'individuo dal comportamento 'anormale' è qualcuno che rappresenta uno scacco per la nostra capacità di spiegazione ad altri di come si applica una regola perché egli non costruisce, come il matematico creativo, un *altro* significato, a noi del tutto *intelligibile*, per le espressioni in giuoco (nella fattispecie, per la locuzione "aggiungi 2"), ma sostiene, in maniera per noi *incomprensibile*, di usare tali espressioni nello *stesso* senso in cui le usiamo noi (*ibid.*). Nel comportarsi così, egli serve a Wittgenstein per mostrare che è del tutto *contingente* che la spontanea convergenza nelle reazioni simboliche che fa da presupposto alla significazione sia *generale*. *Di fatto*, tranne costui *tutti* convergiamo nell'applicare paradigmaticamente in un certo modo una regola in una data circostanza della sua applicazione; ma avrebbe *potuto* anche succedere che a fianco della nostra comunità di applicatori 'normali' di quella regola in tale circostanza fosse spuntata *un'altra* comunità di individui che, nella medesima circostanza, avessero spontaneamente applicato in modo 'anormale' quella (per così dire) *stessa* regola[82] (quindi non, si badi bene, una comunità di applicatori 'normali' di una – assolutamente – *altra* regola; nel nostro esempio, sarebbe comparsa una comunità di recalcitranti a scrivere "1002" dopo il mille, non un pool di matematici creativi). Non sarebbe improprio parlare di questa comunità come di un'*altra* forma di vita[83].

Ho detto poc'anzi che, se davvero si desse l'eventualità di una pluralità di forme di vita umane, le cose non sarebbero così drammatiche per la significazione. Drammatiche, forse no; ma problematiche, sì. Questo perché l'*incommensurabilità* che nella prospettiva delle *Untersuchungen* Wittgenstein intende di fatto attribuire alle forme di vita non umane rispetto alla comune forma di vita umana («se un leone potesse parlare noi non potremmo capirlo» [PU, p. 292]) si estenderebbe, rispetto alla nostra comunità di 'normali', a tali forme di vita umane alternative. Il gruppo degli individui 'anormali' sarebbe infatti tale che *noi*, data la 'deviante' articolazione semantica che costoro nel loro agire avrebbero dato a una serie non di altri, bensì *dei nostri stessi concetti*, quelli coinvolti dalla formulazione stessa delle regole *in primis* (quelli di *somma* e di *due*, nel nostro solito esempio), *non saremmo in grado di capirli*:

Se non esistesse un accordo completo, gli uomini non imparerebbero neanche le tecniche che noi impariamo. Esse sarebbero più o meno differenti dalle nostre, anche fino ad essere irriconoscibili. (PU, p. 296)

6. L'IMPOSSIBILITÀ DEL LINGUAGGIO PRIVATO:
IL CASO DELLE SENSAZIONI

6.1. *Introduzione*

Dopo aver considerato nel precedente paragrafo il problema generale del linguaggio privato, andiamo adesso a vedere cosa Wittgenstein dice riguardo al caso di linguaggio privato che più da vi-

---

[82] Dico "(per così dire) stessa regola" perché, data la relazione interna tra le regola e le sue applicazioni paradigmatiche (cfr. *supra*, 4.3), se in una data circostanza la regola fosse stata fin dall'origine applicata diversamente, in un certo senso essa sarebbe stata anche una regola *diversa* da quella che di fatto è.

[83] I testi di BBB e di BGM sono ricchi di esempi di comunità dalle reazioni simboliche spontanee alternative a quelle nostre. In ÜG, poi, Wittgenstein arriva a formulare questi esempi non più per un mero interesse metodologico, ma anche per sostenere la tesi secondo cui la specie umana è *davvero* suddivisa in forme di vita differenti. Cfr. per esempio ÜG §§ 358, 609-612.

cino lo interessa, ossia quel (frammento di) linguaggio mediante le cui espressioni il suo utente esclusivo si riferisce alle proprie sensazioni (PU § 243). All'analisi di questo tema Wittgenstein dedica tutto il settore centrale della prima parte delle *Untersuchungen* (si tratta di una discussione che ha inizio al § 243 e di cui è difficile rintracciare l'esatta conclusione; di argomenti connessi col problema del linguaggio vertente su sensazioni si continua a parlare almeno fino al § 427, e il tema ritorna poi, seppure in maniera sporadica, anche in seguito).

In quest'analisi, Wittgenstein tratta come equivalenti la tesi secondo cui per riferirsi alle proprie sensazioni si può *inventare* un linguaggio che solo il suo fruitore può capire (PU § 258) e quella secondo cui il significato delle parole del linguaggio *ordinario* riguardanti le sensazioni è in realtà privato, nel senso che ognuno attribuisce un differente significato, comprensibile a lui solo, al comune termine di sensazione del linguaggio ordinario (per esempio alla parola "rosso" usata per parlare della propria sensazione cromatica [PU § 273]).

È chiaro peraltro che l'interesse di Wittgenstein è maggiormente rivolto alla seconda tesi. La concezione secondo la quale i termini di sensazione del linguaggio ordinario hanno per significato un che di privato, di comprensibile solo al loro proferitore, si presta infatti a fornire un ulteriore sostegno a una dottrina semantica già considerata qui, l'avversario più costante di Wittgenstein nelle *Untersuchungen*: il mentalismo semantico nella sua variante *esperienziale* (MSE), cfr. *supra*, 3.1[84]. (MSE) funge da presupposto alla tesi del *privatismo semantico* (PS), per cui il significato di ogni termine del linguaggio è privato; infatti, se il significato di un termine sta nell'esperienza vissuta da un determinato soggetto mentre proferisce quel termine, allora nella misura in cui quest'esperienza è accessibile solo a costui tale significato sarà privato. Così, se almeno gli ordinari termini di sensazione hanno davvero un significato privato, ciò presuppone che per lo meno nel loro caso (MSE) è valido (e se così avviene nel loro caso, perché non immaginarsi che sia lo stesso anche con altri termini del linguaggio?).

Fornire un argomento contro la possibilità di un linguaggio privato delle sensazioni dava dunque a Wittgenstein l'opportunità non solo di confutare tanto la stessa tesi semantica *locale* secondo cui il significato *in specifico* dei termini di sensazione è privato quanto (PS), cioè la tesi semantica *globale* di cui quest'ultima è una variante particolare, ma anche di respingere un ulteriore sostegno a favore di

---

[84] Cfr. Marconi, *Filosofia del linguaggio*, cit., p. 415.

(MSE). A proposito della suddetta tesi semantica locale, tuttavia, Wittgenstein si rendeva conto che la confutazione argomentativa della possibilità di un linguaggio privato delle sensazioni poteva non bastare a demolire *l'idea stessa* che si dia un tale linguaggio. Di per sé, infatti, tale idea consegue direttamente da *due* indipendenti assunzioni. In altri termini, non si può comunque non arrivare all'idea di un linguaggio privato delle sensazioni una volta che si assumano, in primo luogo, la specifica dottrina *semantica* secondo cui il significato dei termini di sensazione equivale al loro riferimento (STSR)[85], e in secondo luogo, la tesi *epistemica* del *privatismo epistemologico* (PE), secondo la quale gli stati mentali (tanto quelli qualitativi, come le sensazioni, quanto quelli intenzionali, come credenze e desideri) sono cognitivamente accessibili solo al loro soggetto. Posto infatti che il significato dei termini di sensazione coincide col loro riferimento, le sensazioni medesime cioè, e posto altresì che tali sensazioni sono accessibili solo a chi le prova, ne segue precisamente che il significato dei termini di sensazione è privato. Entrambe queste assunzioni erano ben note a Wittgenstein, o per averle lui stesso, se non forse implicitamente sostenute ai tempi del *Tractatus*, certo esplicitamente considerate nella cosiddetta 'fase fenomenologica' della sua filosofia – corrispondente al momento inaugurale (1929-32) della sua seconda fase di pensiero[86] – o per averle sentite difendere dai filosofi a lui più vicini in tali momenti rispettivamente: Russell per entrambe le assunzioni, e alcuni tra gli esponenti del Circolo di Vienna, Carnap *in primis*, per la seconda[87].

Per demolire dunque l'idea di un linguaggio privato delle sensazioni occorreva a Wittgenstein non solo presentare un argomento rivolto contro quest'idea, ma anche smontare almeno una delle due assunzioni suddette, (STSR) e (PE), che a tale idea comunque conducevano. Così, Wittgenstein manifesta verso queste due assunzioni il seguente, diverso, atteggiamento. Nei confronti di (STSR), Wittgenstein riprende la prospettiva *deflazionistica* già mostrata verso la tesi semantica del *Tractatus* di cui quest'ultima dottrina è parente stretta, ossia la tesi per cui il significato dei termini primitivi coincide col loro riferimento (quella che abbiamo chiamato la tesi 3 di TLP: cfr.

---

[85] Se si considerano le seguenti identità, si vedrà che (STSR) non è in fondo che una versione *localizzata* di (MSE): il significato di *un termine di sensazione* = il riferimento di un termine di sensazione = un'esperienza vissuta.

[86] Per quanto riguarda il *Tractatus*, tutto dipende dal fatto se si ammette con gli Hintikka – cfr. *supra*, nota 5 del presente capitolo – che gli oggetti del *Tractatus* designati direttamente dai nomi o primitivi semantici sono dati sensoriali; per quanto riguarda la fase fenomenologica, cfr. per esempio PB §§ 36, 47-75.

[87] Cfr. Russell (PLA, p. 137) e Carnap (LAW, pp. 169, 182).

supra, 1.1): il punto non è che (STSR) è una tesi erronea, quanto piuttosto che è una tesi vacua finché non sappiamo qual è la grammatica dei termini di sensazione. Verso (PE), invece, Wittgenstein è più recisamente negativo, probabilmente avvertendo la problematicità teorica delle sue stesse conseguenze[88]; essa è una concezione fuorviante che occorre dissolvere mediante l'opportuna analisi *grammaticale* dei termini in essa coinvolti. Solo una volta fatto questo Wittgenstein poteva infine passare a tracciare una visione *in positivo*, ossia conforme alla grammatica dei termini per sensazioni, in merito ai seguenti punti: come effettivamente *parliamo* delle sensazioni, cosa *intendiamo* per esse, e in che forma possiamo averne *conoscenza*.

6.2. *L'argomento contro il linguaggio privato delle sensazioni*

Cominciamo allora dalla confutazione dell'idea di un linguaggio privato delle sensazioni. Questa confutazione ripete strutturalmente quella fornita nel precedente paragrafo riguardo al linguaggio privato in generale. Anzi, per meglio dire, nel testo delle *Untersuchungen* è quest'ultima ad essere condotta mediante la prima: è la confutazione della possibilità di un linguaggio privato delle sensazioni a valere per Wittgenstein come confutazione paradigmatica della possibilità di un linguaggio privato qualsiasi. Il passo principale dell'argomento sta infatti nell'osservazione che un tale linguaggio non può sussistere perché nel sedicente uso secondo regole dei suoi termini la distinzione fondamentale tra credere di usare un termine correttamente e usarlo davvero così svanisce (PU § 258), osservazione che riprende e allarga l'asserto di PU § 202 secondo cui, come abbiamo visto, non si può seguire una regola *privatim*.

La confutazione funziona dunque così. Supponiamo, scrive Wittgenstein, che qualcuno conii il segno "S" per designare una sensazione da lui provata, di modo tale che ogni volta che ha quella sensazione egli scriva "S", poniamo su un suo diario. Poiché solo lui può sapere se e quando ha tale sensazione, ed "S" è un segno il cui scopo altro non è se non quello di stare per tale sensazione, nessuno al di fuori di lui potrebbe capire cosa "S" significa; si tratta dunque di un uso per definizione privato del segno in questione. Ora, come già sappiamo da *supra*, 4.1, significare qualcosa con un'espressione

---

[88] Come abbiamo in realtà già implicitamente rilevato nel testo, infatti, a rigore (MSE) non diventa (PS) se non a patto di assumere proprio (PE): solo se le mie esperienze vissute sono accessibili *solo a me*, allora ciò che con esse significo è semanticamente privato.

non è svincolabile per Wittgenstein da un aspetto normativo; un segno ha significato solo nella misura in cui vi è un uso corretto *versus* uno scorretto del medesimo. Inoltre, usare correttamente un segno è per Wittgenstein usarlo in maniera conforme alla sua applicazione paradigmatica, quale è attestata per esempio da una definizione ostensiva. Ebbene, potrebbe dire l'inventore di "S", ossia il suo necessariamente unico fruitore, queste condizioni sono soddisfatte anche in questo caso. La definizione ostensiva richiesta è data dal concentrarsi della propria attenzione sulla sensazione che si sta provando, tramite la formulazione tra sé e sé di un pensiero del tipo "Chiamo 'S' *questo*". E l'applicazione successiva è data dall'usare "S" in conformità a tale definizione. Ma, ribatte Wittgenstein, questa convinzione da parte dell'inventore di "S" tradisce un grosso fraintendimento. Perché in questo caso non c'è niente che si possa chiamare uso *corretto* di "S". Qui il ragionamento di Wittgenstein non fa altro che applicare l'argomento generale contro il seguire una regola *privatim* al caso particolare in questione. Come già sappiamo dalla discussione condotta *supra*, in 5.2, perché qualcosa sia un uso corretto di una parola, conforme all'applicazione paradigmatica del suo impiego cioè, *deve* potersi differenziare da un uso solo *presuntivamente* corretto della medesima. Perciò, dove non c'è distinzione tra credere di usare correttamente un termine e usarlo davvero così non si può parlare di uso corretto di quel termine. Ora, il caso di "S" è proprio un caso del genere. Non vi è infatti, né vi può essere, alcuna distinzione tra la convinzione da parte del suo fruitore di usare "S" correttamente e il suo usarla effettivamente così: «Qui si vorrebbe dire: corretto è ciò che mi apparirà sempre tale. E questo vuol dire soltanto che qui non si può parlare di 'corretto'» (PU § 258). Così, a "S" non è stato fissato dalla 'procedura' menzionata in precedenza alcun significato (PU § 260). Dunque nessun significato privato, nei termini della denotazione di una sensazione che può essere compresa solo dal suo attuatore, è in realtà possibile per l'impiego di quella parola (PU § 261).

A tutta prima, l'inventore di "S", ossia il privatista semantico (locale), potrebbe replicare che non è vero che le sue applicazioni di "S" non possono essere *effettivamente* corrette. Basta che egli le confronti col *ricordo* che egli ha della connessione istituita tra parola e sensazione dall'applicazione paradigmatica propria della definizione ostensiva da lui compiuta per quella parola. Ma, controbatte Wittgenstein, appellarsi al ricordo serve a poco in questo caso. Per potersi appellare al ricordo, l'applicazione paradigmatica di "S" sancita dalla definizione ostensiva dovrebbe poter essere ricordata *correttamente* dal fruitore di "S"; ma, nuovamente, ciò non può darsi perché un ricordo del genere non ha alcun criterio di correttezza, può solo sembrare a tale fruitore di essere corretto (PU §§ 258, 265).

Qui è facile fraintendere il testo di Wittgenstein e pensare che egli voglia difendere una forma di scetticismo sulla memoria: nella condizione di isolamento in cui per definizione il privatista semantico si trova, che cosa può garantire che il suo ricordo dell'applicazione paradigmatica di "S" sia un ricordo *fedele*? Il testo di § 265 è particolarmente scivoloso in questo senso, quando Wittgenstein dice che una «giustificazione consiste nell'appellarsi a un ufficio indipendente», che è quanto il fruitore di "S" non avrebbe qui a disposizione, perché egli, nel voler sancire la correttezza dei suoi usi di "S" mediante il ricordo dell'applicazione paradigmatica di tale termine, nella sua condizione di isolamento non potrebbe in realtà uscire dal circolo dei suoi ricordi a favore di un'evidenza extramnestica. Ma Wittgenstein in realtà non intende qui sollevare un problema scettico; egli non intende sollevare il dubbio che il fruitore di "S" non potrebbe mai esser *sicuro* di ricordarsi bene l'applicazione paradigmatica di tale termine[89]. Piuttosto, quello che Wittgenstein vuol dire è che, anche ipotizzato che la memoria di tale fruitore fosse infallibile, fosse per così dire la memoria di una divinità onnisciente, ancora una volta non vi sarebbe *niente* per costui da ricordare; vale a dire, non vi sarebbe all'origine del suo uso di "S" *alcuna* applicazione paradigmatica che possa essere fedelmente ricordata. La presunta definizione ostensiva che avrebbe luogo in una siffatta applicazione del termine è solo una vuota cerimonia (PU §§ 258, 260)[90]. Non vi è dubbio, infatti, che *in generale* il ricordo di un'applicazione paradigmatica di un termine possa esser fatto valere da paradigma per ulteriori applicazioni del termine[91]. Ma questo può darsi solo quando il ricordo possa *a sua volta* essere confrontato coll'originaria applicazione paradigmatica, in modo tale che ricordi corretti e ricordi solo presuntivamente tali di quell'applicazione possano essere separati. Tale applicazione paradigmatica originaria sarebbe proprio l'"ufficio indipendente" di cui parla Wittgenstein nel § 265 già citato. Nel caso di "S", invece, tale applicazione paradigmatica originaria per l'appunto non c'è, come mostra il fatto che qualsiasi preteso ricordo di essa 'va bene'; di

---

[89] Cfr. Kenny, *Wittgenstein*, cit., pp. 191-93 [trad. it. cit., pp. 221-23].
[90] Cfr. B. Stroud, *Wittgenstein's «treatment» of the quest for «a language which describes my inner experiences and which only I myself can understand»*, in *Philosophy of Mind – Philosophy of Psychology*, a cura di R.M. Chisholm *et al.*, Hölder-Pichler-Tempsky, Wien 1985, p. 443.
[91] Casi del genere sono presentati da Wittgenstein per esempio in BBB, p. 114.

conseguenza, se nessun ricordo può per così dire fare le veci di tale applicazione, a nessun ricordo potrà essere attribuita alcuna forza paradigmatica nei termini della quale separare successivamente usi corretti da usi solo presuntivamente tali di "S". In *questo* senso, Wittgenstein scrive che «consultare una tabella nell'immaginazione è tanto poco consultare una tabella, quanto l'immagine del risultato di un esperimento ideale è il risultato di un esperimento» (PU § 265).

Ma, ci si potrebbe ulteriormente domandare, c'è qualche altra ragione per cui non vi è alcuna applicazione paradigmatica nel caso di "S", a parte il già rilevato fatto che una qualsiasi sedicente applicazione del genere non potrebbe in realtà rendere un successivo uso corretto di "S" distinto da un uso solo presuntivamente tale? A quest'interrogativo Wittgenstein risponde in PU § 257 con una ripresa della critica alla nozione di definizione ostensiva quale è supposta valere in un modello denotazionale 'puro' del linguaggio come quello da lui stesso difeso nel *Tractatus*[92]. Come già vedemmo *supra*, in 1.1, per definire ostensivamente un termine occorre che il *posto* grammaticale di un tale termine, la categoria linguistica che fissa il tipo di entità cui quel termine si riferisce, sia già dato nel linguaggio; ma questo è quello che l'inventore di "S" trascura, pensando che basti il mero correlare un termine e un'entità perché il termine acquisti un senso:

> Quando si dice «Ha dato un nome a una sensazione», si dimentica che molte cose devono già essere pronte nel linguaggio, perché il puro denominare abbia un senso. E quando diciamo che una persona dà un nome a un dolore, la grammatica della parola «dolore» è già precostituita; ci indica il posto in cui si colloca la nuova parola. (PU § 257)

A questo punto, l'inventore privatista di "S" potrebbe tirare un respiro di sollievo; egli potrebbe pensare, se è tutto qui quello che occorre per dar significato a "S", ossia se basta considerarlo il termine per una sensazione, ben venga questa precisazione. Ma il suo sollievo dura poco. Se "S" fosse il segno di una sensazione, allora dovrebbe funzionare in tutt'altro modo rispetto a quello che il suo interlocutore presume. Perché, scrive Wittgenstein, a sua volta «"sensazione" [...] è una parola del linguaggio comune a noi tutti, non di un linguaggio che soltanto io posso comprendere» (PU § 261). In altri termini, l'acquisire "S" significato mediante la deno-

---

[92] Cfr. G.E.M. Anscombe, *On private ostensive definition*, in *Language and Ontology*, a cura di W. Leinfellner *et al.*, Hölder-Pichler-Tempsky, Wien 1982, p. 216; Stroud, *Wittgenstein's «treatment»* cit., pp. 441-43.

tazione di una sensazione dovrebbe a sua volta conformarsi alla grammatica che il termine categoriale "sensazione" ha nel linguaggio pubblico; perciò, dovrebbe assorbire nel suo significato i criteri di identità per sensazioni che sono dati nel linguaggio pubblico dalla grammatica del termine "sensazione". Vedremo tra pochissimo quali sono questi criteri di identità; ma anche senza sapere al momento quali sono tali criteri, appare chiaro che l'inventore di "S" non ne adotta nessuno nel semplice pretendere che "S" denoti QUE-STA COSA (PU § 263)[93]. Da qui in avanti, le mosse dell'inventore di "S" sono semplicemente frutto della disperazione teorica. Se non può dire che "S" è il termine per una *sensazione*, non potrà neppure dire che è quantomeno il termine per *qualcosa* che lui *ha*; perché anche "qualcosa" e "avere" sono termini di un linguaggio pubblico, per i quali si riproporrebbe lo stesso problema che il termine "sensazione" ha sollevato. Nei termini visti *supra*, in 5.2, potremmo dire che il sostenitore dell'idea che egli può dare un significato privato al segno "S" da lui coniato è in realtà, suo malgrado, l'inventore di un intero linguaggio il cui isolamento *globale* rende automaticamente tale sistema segnico un impossibile sistema privato di segni. Il suo uso di "S" è inesorabilmente privato nella misura in cui il suo uso di qualunque altro segno ("sensazione", "qualcosa", "avere" ...) non ha il significato pubblico che egli presume. Così, mancando di applicazioni paradigmatiche per l'uso secondo regole dei suoi termini, e quindi mancando di regole *tout court*, l'intero linguaggio dell'inventore di "S" è uno *pseudo*-linguaggio. Non resta dunque all'inventore di "S" che prendere atto del suo scacco: «Così, filosofando, si arriva a un punto in cui l'unica espressione che ci si vorrebbe ancora concedere è un suono inarticolato» (PU § 261).

Eppure, potrebbe ancora ribattere il nostro privatista, come può non essere privato il significato di un termine di sensazione? Un termine siffatto esaurisce la sua funzione semantica nello stare per una determinata sensazione; quella sensazione è tale che solo io posso sapere se ce l'ho davvero oppure no, essa è accessibile direttamente a me soltanto; ne segue che quel termine ha un significato privato.

---

[93] Questo è un punto frainteso da molti commentatori, i quali ritengono che nel bollare l'uso di "S" come privato, Wittgenstein intendesse vietare l'uso di termini per indicare sensazioni nuove o comunque diverse rispetto a quelle già classificate nel linguaggio della comunità. Cfr. per tutti O. Hanfling, *What does the private language argument prove?*, in «The Philosophical Quarterly», 34 (1984), pp. 469-81. Ma il problema per Wittgenstein non è che S è una sensazione *nuova*, quanto che non c'è modo di stabilire che essa sia una *sensazione*.

Per demolire quest'ultimo ragionamento del privatista, Wittgenstein deve smontare l'una o l'altra delle due tesi che fungono da presupposto a tale ragionamento, le quali altro non sono che le già considerate (STSR) e (SE). Come sempre, poiché tale smontaggio avviene sulla base del rilevamento della genuina grammatica dei termini di sensazione, contemporaneamente ad esso Wittgenstein arriva a presentare la sua visione in positivo sul discorso vertente sulle sensazioni. Ci occuperemo adesso di illustrare questi punti in dettaglio.

6.3. *La grammatica dei termini di sensazione*

Per quanto riguarda (STSR), Wittgenstein non fa che ribadire quanto appena obiettato al privatista semantico, ossia applica al caso particolare dei termini vertenti su sensazioni la linea *deflazionista* da lui tenuta in generale nei confronti della tesi 3 del TLP secondo cui il significato dei termini primitivi coincide col loro riferimento (cfr. *supra*, 1.1). Non c'è nulla di male nel dire che un termine come "dolore" è il nome di una sensazione. Nel *solo* linguaggio in cui possiamo legittimamente trattare di sensazioni, il linguaggio ordinario, pubblicamente comprensibile – «il *concetto* 'dolore' l'hai imparato col linguaggio» (PU § 384) – «non ci capita tutti i giorni di parlare di sensazioni e di nominarle?» (PU § 244). Il punto, piuttosto, è che nel mero dire che un termine è il nome di una sensazione non abbiamo asserito ancora nulla di rilevante sul significato di un termine siffatto. Per fare questo dobbiamo per l'appunto considerare il *posto* nel linguaggio ordinario di un tale termine (PU § 257); ossia, la sua grammatica. Questa ci dirà che solo mediante il collegamento tra una sensazione, per esempio quella di dolore, colla sua esibizione nel comportamento dell'individuo che la prova – gemiti, lamenti ecc. – il relativo termine di sensazione – "dolore" – avrà il significato pubblico che ha (PU § 256)[94].

Ma di che tipo di collegamento tra sensazione e comportamento parla qui Wittgenstein? Per capire ciò, dobbiamo spostarci dal lato semantico al lato ontologico della questione. Col che non facciamo nulla di stupefacente; come sappiamo, infatti, nel darci il significato

---

[94] Wittgenstein tratta il caso di una sensazione propriocettiva come il dolore quale prototipo attraverso cui trattare il problema dei termini di sensazione in generale. Per lui il caso del dolore e quello di una sensazione esterocettiva come quella di colore sono fondamentalmente dello stesso tipo, sebbene in quest'ultimo caso l'unica manifestazione comportamentale connessa alla sensazione è quella linguistica in cui un soggetto dice di avere tale sensazione. Cfr. PU §§ 312-313.

di un termine la grammatica ci illustrerà anche la categoria ontologica di ciò che costituisce il suo *designatum* (PU § 373).

Prima di tutto, allora, conformemente all'atteggiamento tenuto verso la semantica referenziale dei termini di sensazione, Wittgenstein sottolinea che anche dal versante ontologico il suo atteggiamento è *deflazionista*. In particolare, nessun intento *riduzionista* muove la sua analisi del discorso sulle sensazioni. Criticare il modello privatistico del linguaggio per le sensazioni a favore dell'idea che delle sensazioni si parla in un linguaggio pubblico non comporta infatti la difesa di una dottrina behaviorista secondo la quale esistono *solo* i comportamenti tipici delle sensazioni, ma non qualcosa come le sensazioni nel loro carattere qualitativo; per cui solo di siffatti comportamenti, apertamente accessibili a chiunque, si potrebbe parlare in un linguaggio pubblico quando si parla di cose come il dolore, la gioia e simili. Questa sarebbe una *teoria* filosofica, e, come sappiamo da *supra*, 2.2, Wittgenstein respinge l'idea di difendere una qualsiasi teoria del genere. In particolare, quella behaviorista sarebbe una teoria filosofica in cui si tenta di fornire una negazione metafisica dell'esistenza di una categoria di cose (nella fattispecie, le sensazioni). Mentre invece l'esistenza delle sensazioni è qualcosa di indiscutibile nella sua banalità teorica (è una di quelle tesi filosofiche con cui nessun filosofo avvertito può essere in disaccordo [PU § 128]). *Solo qualora* l'ontologia delle sensazioni venga elaborata a partire da modelli teorici che fraintendono la grammatica dei termini per sensazioni, è giusto dire che una sensazione non è *qualcosa* (nel senso imposto da un modello suddetto); ma se la grammatica di questi termini è afferrata correttamente, sarebbe assurdo negare che le sensazioni esistono:

«Ma ammetterai certamente che c'è una differenza fra il comportamento tipico del dolore in presenza di dolori e il comportamento tipico del dolore in assenza di dolori», – Ammettere? Quale differenza potrebbe essere maggiore?! – «Tuttavia ritorni sempre al risultato che la sensazione in se stessa non è nulla». Niente affatto. Non è qualcosa, ma non è nemmeno nulla! Il risultato era soltanto che un nulla rende lo stesso servizio di un qualcosa di cui non si possa dire niente. Non abbiamo fatto altro che respingere la grammatica che, in questo caso, ci si vuole imporre. (PU § 304)

Il problema fondamentale, allora, non è se le sensazioni esistono o meno, quanto piuttosto capire che cosa davvero si intende quando si dice che esistono sensazioni (PU §§ 308-309); capire – mediante la ricostruzione della grammatica dei termini per sensazioni – *che tipo* di 'cose' sono le entità denotate dai termini per sensazioni. Comprendere questo a sua volta è, come già sappiamo (cfr.

supra, 1.2), afferrare i *criteri di identità* delle entità denotate dai termini di sensazione. Posto quanto abbiamo detto *supra*, in 3.3, a proposito di quelli che Wittgenstein chiama metaforicamente 'processi interni', ossia gli stati mentali in generale – primariamente gli stati *intenzionali* (come le credenze, i desideri...), ma anche le sensazioni, ossia tutto ciò che possiamo chiamare stati *qualitativi* – possiamo legittimamente arguire che pure le sensazioni saranno fornite da Wittgenstein di un tale criterio, ma in maniera analogamente *parziale*; ossia, egli ci darà non le condizioni sufficienti di una sensazione, ma soltanto quelle *necessarie*. Così, nella misura in cui le manifestazioni comportamentali di una sensazione contribuiscono per Wittgenstein a determinare, come abbiamo detto, il significato del termine per quella sensazione, possiamo presumere che tali condizioni necessarie siano date da manifestazioni siffatte.

Tuttavia, sarebbe affrettato ritenere che Wittgenstein fornisca per gli stati qualitativi – da lui valutati come stati-processi durativi (cfr. *supra*, 3.3) – le *medesime* condizioni necessarie da lui proposte per gli stati intenzionali. Sebbene Wittgenstein consideri l'esistenza di un'effettiva manifestazione comportamentale come condizione necessaria di tali stati (cfr. ancora *supra*, 3.3), per quanto riguarda le sensazioni egli è ben attento ad astenersi dal fornire una risposta affermativa alla corrispondente domanda se il comportamento tipico di una sensazione sia condizione necessaria dell'esistenza di quest'ultima (PU § 281). Inoltre, egli rileva che manifestazioni comportamentali (o esteriori in genere; ossia, anche di tipo fisiologico) sono richieste come criteri di identificazione per stati qualitativi in rapporto all'uso in terza, ma non in prima, persona, di termini per tali stati (PU §§ 289-290, 377)[95]. In prima persona, infatti, non ha senso ciò che ha senso in terza persona, ossia *dubitare* di avere una certa sensazione (PU §§ 246, 288). Ora, nella misura in cui per Wittgenstein se qualcosa è un criterio di identità per un'entità allora sarà anche criterio di identificazione per quell'entità (cfr. *supra*, 3.3), ne segue che se per Wittgenstein qualcosa non è criterio di identificazione per un'entità non sarà neppure criterio di identità per quell'entità. Nella fattispecie, dunque, nella misura in cui le manifestazioni esteriori non fungono, almeno in prima persona, da criteri di identificazione di uno stato qualitativo, esse non saranno criteri di identità di tale stato. A fortiori, dunque, non ne saranno le condi-

---

[95] Riflessioni analoghe sono proposte da Wittgenstein per l'uso di "io"; il suo proferimento fornisce un criterio di identificazione personale per chi ascolta, ma ovviamente non per chi lo proferisce. Cfr. PU §§ 403, 405, 409.

zioni necessarie (che costituiscono per l'appunto un lato dei criteri di identità per qualcosa).

Qui sarebbe facile fraintendere il senso delle osservazioni di Wittgenstein e pensare che, se nella prospettiva della prima persona si può fare a meno di manifestazioni esteriori quali criteri di identificazione per una sensazione, allora tale sensazione è per Wittgenstein priva di criteri di identità. Nulla sarebbe però più lontano dalle intenzioni di Wittgenstein. Una siffatta assenza di identificazione, in prima persona, di una sensazione riposa infatti sull'anteriore esistenza di un criterio di identità per tale sensazione. Se quel criterio non vi fosse, allora sì che anche in prima persona si porrebbe il problema di identificare una sensazione, nella misura in cui questa sarebbe al tempo stesso proprio la richiesta di avere un criterio di *identità* per qualcosa la cui stessa natura sarebbe, in tale situazione, indeterminata:

> Supponiamo che [uno] dicesse, per esempio: «Oh, lo so che cosa vuol dire 'dolore'; ma se *ciò* che provo qui, ora, sia dolore, questo non lo so» – ci limiteremmo a scuotere il capo e saremmo costretti a considerare le sue parole come una strana reazione della quale non sapremmo che fare. [...]
> Quell'espressione di dubbio non fa parte del giuoco linguistico; ma se escludiamo l'espressione della sensazione, il comportamento umano, allora sembra che sia di nuovo *legittimo* dubitare. Il fatto che qui io sia tentato di dire che si può prendere una sensazione per qualcosa di diverso da quello che è, deriva da ciò: Se immagino che venga abrogato il normale giuoco linguistico con l'espressione di una sensazione, avrò bisogno, per essa, di un criterio di identità; e allora sussisterà anche la possibilità dell'errore. (PU § 288)

Ora però che un siffatto criterio di identità per sensazioni manchi non è solo un'ipotesi irreale, è proprio un'ipotesi *impossibile*. Che cosa accadrebbe, infatti, se un tale criterio di identità, il correlato ontologico della categoria linguistica del corrispondente termine per sensazione – del suo posto nel linguaggio – mancasse per davvero? Come si può facilmente immaginare da quanto detto in precedenza, succederebbe che l'uso di quel termine di sensazione decadrebbe a un impossibile uso privato, come Wittgenstein lascia espressamente intendere nel § 256. Oppure, detta all'inverso, solo mediante un tale criterio l'uso privato di un termine per sensazioni perderebbe la sua impossibilità, diventando un normale uso pubblico rispetto al quale è privo di senso parlare in prima persona di identificazione della sensazione denotata da quel termine – come Wittgenstein scrive nel § 270, riprendendo la storia della sensazione che il segno "S" presume di denotare. Solo quando venisse connesso a

un criterio siffatto, relativo in questo caso a manifestazioni fisiologiche, "S" diverrebbe davvero il nome pubblico di una sensazione:

Immaginiamo ora un impiego della registrazione del segno «S» nel mio
diario. Faccio la seguente esperienza: Ogni volta che ho una determinata
sensazione, un manometro indica che la mia pressione sanguigna sale. [...]
Questo è un risultato utile. E qui sembra sia del tutto indifferente che io
abbia o non abbia riconosciuto *esattamente* la sensazione. Supponiamo che
mi sbagli continuamente nell'identificarla: non importa proprio nulla. E
ciò già mostra che l'assumere di aver commesso quest'errore era soltanto
un'illusione. (PU § 270)

Ma qual è allora un siffatto (parziale) criterio di identità per
stati qualitativi, ossia quali sono le condizioni necessarie per un tale
stato? Il § 288 citato poc'anzi ricorda che tale criterio deve avere a
che fare col «normale giuoco linguistico con l'espressione di una
sensazione», ossia deve avere a che fare con *una* manifestazione
esteriore di qualche tipo della sensazione. Fin qui, nessuna differenza tra stati intenzionali e stati qualitativi; messa nei termini visti
supra, in 3.3, anche uno stato qualitativo per la sua esistenza dipende, in senso generico, dall'esistenza di una sua qualche manifestazione. Il § 270 appena ricordato, però, ci dice qualcosa di più pun-
tuale: condizione necessaria di una sensazione è sì l'esistenza di una
qualche espressione di tale sensazione, ma non di un'espressione
qualsiasi, bensì di una occorsa *nel periodo di apprendimento* del termine per tale sensazione – sia quest'espressione una di tipo fisiologico, come PU § 270 ci dice, o sia essa una naturale espressione
comportamentale della sensazione in questione, come Wittgenstein
ci suggerisce in PU § 257: «"Ma se gli uomini non esternassero i
loro dolori (non gemessero, non torcessero il volto ecc.)? Allora
non sarebbe possibile insegnare a un bimbo l'uso delle parole 'mal
di denti'"». La stessa tesi è esposta, in una formulazione diversa ma
certamente più nitida, nei seguenti passi delle *Bemerkungen über die
Philosophie der Psychologie* (ripresi da Wittgenstein – a riprova della loro importanza – nella raccolta di *Zettel*): se venissimo abituati
a *non* esprimere *fin dalla nascita* le nostre sensazioni, queste ultime
sarebbero qualcosa di essenzialmente diverso dal punto di vista
concettuale:

Immagina una tribù i cui membri vengano educati fin da giovani a *non*
esprimere *in nessun modo* la loro vita emotiva. (BPP II § 706/Z § 383)

Voglio dire: un'educazione completamente diversa potrebbe anche essere il fondamento di concetti completamente diversi. (BPP II 707/Z
§ 387)

La vita infatti scorrerebbe in modo diverso. [...] Anzi, solo in questa situazione potremmo immaginare concetti essenzialmente diversi. (BPP II § 708/Z § 388)

Così inteso, il criterio di identità per una sensazione funge da criterio di identificazione per le prime volte che si usa il termine relativo quando si ha quella sensazione. Così, quando Wittgenstein sostiene, come abbiamo visto, che in prima persona non occorre identificare una sensazione, ciò che egli intende, per meglio dire, è che non occorrono criteri di *re*-identificazione per una sensazione *già* identificata quanto al suo *tipo*, come egli stesso ci lascia intendere nell'esperimento di pensiero sull'uso *pubblico* di "S" già ricordato:

E quale ragione abbiamo, qui, di dire, che la lettera «S» è la designazione di una sensazione? Forse il modo e la maniera in cui questo segno viene impiegato in questo giuoco linguistico. – E perché una «determinata sensazione», quindi sempre la stessa? Ebbene, supponiamo di scrivere sempre «S». (PU § 270; cfr. anche § 380)

Qui si mostra allora la differenza per Wittgenstein tra stati intenzionali e stati qualitativi (come risulta dalla grammatica dei termini che denotano tali stati rispettivamente). Ogni evento del primo genere è tale, che esso richiede per la sua esistenza di essere effettivamente manifestato; non avrei per esempio l'intenzione di prendere il volo più economico tra la Sicilia e il Continente se non esibissi in qualche modo tale intenzione (per esempio se non telefonassi a un'agenzia di viaggi per domandare i prezzi dei voli ecc.). Ma non ogni evento del secondo genere è tale da richiedere una parallela manifestazione; perché un evento di questo genere accada, occorre invece che *in passato*, ossia almeno quando il soggetto di tale evento stava apprendendo il termine per un evento siffatto, questo stesso soggetto abbia esibito in qualche modo l'evento corrispondente (dello stesso tipo fenomenologico, cioè) che provava allora. Per esempio, perché io abbia mal di testa non occorre che mi lamenti, mi tocchi la testa ecc.; posso perfettamente essere uno spartano e soffrire in maniera, per così dire, composta. Pure, vi sono limiti concettuali allo spartanismo; perché quello che ho in questo momento sia davvero mal di testa, è necessario invece che io abbia tenuto un siffatto comportamento almeno le volte che avevo mal di testa e apprendevo il termine relativo[96].

---

[96] Non si può essere *super-spartani*, per metterla nei termini di Putnam (BB).

Ma la manifestazione 'originaria' di un evento fenomenologica-
mente analogo a un determinato stato qualitativo è per Wittgenstein
l'*unica* condizione necessaria di un tale stato? La risposta di Wittgenstein è negativa. Un'ulteriore condizione necessaria di una sensazione è la dipendenza *ontologica*, questa volta in senso specifico,
dal suo portatore: una sensazione non potrebbe esistere se non fosse la sensazione di *qualcuno in particolare*. Come sempre in Wittgenstein, anche questo frammento di ontologia, ossia che l'essere
propria di un soggetto e di nessun altro è una proprietà essenziale
di una sensazione, è il precipitato di un frammento di grammatica,
ossia del fatto che, nella sua ovvietà, la proposizione "le sensazioni
sono private" è una proposizione *grammaticale*: «La proposizione:
"Le sensazioni sono private" è paragonabile a: "Il solitario si giuoca
da soli"» (PU § 248)[97]. Detto in altri termini, che un altro non possa avere le *mie* sensazioni risulta dal fatto che, se ipotizzo che un
altro provi le mie sensazioni, dico un non-senso; *mutatis mutandis*,
lo stesso vale per l'impossibilità da parte mia di provare le sensazioni *di un altro*. Un altro non può avere per esempio i miei dolori
nello stesso senso in cui non può fare per esempio la mia passeg-
giata, nella misura in cui l'azione del passeggiare è a sua volta grammaticalmente privata; non avrebbe infatti senso dire che una mia
azione è stata compiuta da un altro[98]. Prendiamo pure il caso limite
di due individui siamesi o che comunque condividano una parte del
loro corpo; se tale parte venisse per esempio ustionata, certamente
questi due individui sentirebbero dolore nello stesso punto, ma tuttavia, nella misura in cui essi sono individui *diversi*, avrebbero due
dolori numericamente *distinti* (PU § 253)[99].

<hr>

[97] Si veda al riguardo già NFL, p. 118. Cfr. Hacker, *Insight* cit., pp. 246-50;
Kenny, *Wittgenstein*, cit., p. 189 [trad. it. cit., pp. 218-19].
[98] Cfr. Anscombe, *op. cit.*, p. 212. Il *Blue Book* è forse più chiaro delle *Untersuchungen* nell'esprimere il senso ontologico della tesi grammaticale dell'impossibilità di provare un dolore altrui: «Noi usiamo l'espressione: "Due libri hanno lo
stesso colore", ma potremmo benissimo dire :"Essi non possono avere lo *stesso*
colore, poiché, dopo tutto, questo libro ha il suo proprio colore, mentre l'altro
libro, invece, ha il suo proprio colore". Anche questo sarebbe enunciare una regola
grammaticale» (BBB, p. 75).
[99] Lo stesso punto ricorre più chiaramente in BBB, p. 74. Va peraltro notato
che quanto è grammaticalmente vero delle sensazioni a livello delle singole *occorrenze* – *questa* sensazione – non è necessariamente vero a livello dei loro *tipi*; io e un
altro non possiamo avere la stessa *occorrenza* di dolore, ma ciò non esclude che
abbiamo lo stesso *tipo* di dolore. Come scrive Wittgenstein, «nella misura in cui ha
senso dire che il mio dolore è lo stesso del suo, è anche possibile dire che entrambi
proviamo lo stesso dolore» (PU § 253). Curiosamente Hacker, che pure condivi-
deva quest'interpretazione (cfr. *Insight* cit., p. 247), sembra averla rigettata. Secondo Hacker, ciò che Wittgenstein intende mostrare è che delle sensazioni non ha

6.4. *La conoscenza delle sensazioni*

In questa qualificazione *grammaticale* dell'impossibilità di avere sensazioni altrui si mostra tutto il suo carattere di impossibilità *concettuale*. Sottolineando ciò Wittgenstein vuole al tempo stesso evitare che si pensi a tale impossibilità in altri modi. In primo luogo, come a un'impossibilità *nomologica*, ossia che, date le leggi causali vigenti nel nostro mondo, sia fisicamente impossibile provare le sensazioni altrui. Una tale impossibilità meramente fisica si darebbe per Wittgenstein a proposito non dell'ipotesi – insensata – di provare sensazioni altrui, quanto dell'ipotesi – del tutto legittima dal punto di vista del senso – di provare *proprie* sensazioni nei *corpi* altrui (PU § 302). In secondo luogo e più significativamente, come a un'impossibilità *epistemica*, ossia che sia impossibile conoscere sensazioni altrui. A prima vista, potrebbe sembrare che la proposizione "le sensazioni sono private" vada interpretata in senso *epistemologico*, come la tesi secondo cui gli stati qualitativi sono cognitivamente inaccessibili a chiunque non ne sia il soggetto. Ma, nel difendere il carattere *grammaticale* di tale proposizione, e dunque nel difendere al più l'implicazione *ontologica* di tale proposizione – vale a dire, la tesi secondo cui l'avere un determinato portatore è una proprietà essenziale di una sensazione – Wittgenstein vuole proprio *escludere* una siffatta lettura epistemologica. In quest'ultima lettura, tale proposizione non rappresenterebbe altro che il nucleo di una dottrina da noi già considerata, vale a dire quella del privatismo epistemico (PE). Ora, nella misura in cui tale dottrina rappresenta, come abbiamo visto in precedenza, uno dei due presupposti della tesi che

senso dire che esse sono le stesse in senso né numerico (come *occorrenze*) né qualitativo (rispetto al loro *tipo*). Piuttosto, si può ben dire che soggetti diversi hanno proprio la stessa sensazione, nel senso in cui si dice che essi istanziano una qualsiasi proprietà: le sensazioni non sono infatti individui particolari ma proprietà. Cfr. P.M.S. Hacker, *Wittgenstein. Meaning and Mind*, Blackwell, Oxford 1993², pp. 46-50. A parte il fatto che non si vede come questa lettura possa rendere conto della dottrina della privatezza grammaticale delle sensazioni, essa dipende da una tesi – la considerazione delle sensazioni come proprietà – che non sembra avere riscontri in Wittgenstein. Non solo già dal punto di vista linguistico essa comporta una riforma notazionale – enunciati come "S ha dolore" andrebbero intesi, invece che come enunciati relazionali, come enunciati del tipo "S è affetto-da-dolore" (con "è affetto-da-dolore" come termine predicativo) – che Wittgenstein non propone mai, ma dallo stesso punto di vista ontologico essa fa perdere alle sensazioni la loro specificità. Essa tratta gli stati qualitativi alla stessa stregua di stati del tutto differenti, come per esempio gli stati disposizionali. Prendiamo il coraggio. Rispetto a un tale stato disposizionale, ha certamente senso dire che due soggetti sono identicamente coraggiosi nella misura in cui istanziano la stessa proprietà, mentre non ha senso dire che tali soggetti hanno stati diversi perché ciascuno ha il *suo* coraggio. Ma aver coraggio *non* è (lo stesso tipo di cosa che) aver dolore.

il linguaggio delle sensazioni è semanticamente privato, Wittgenstein ha tutto l'interesse non solo ad accantonarla, ma a demolirla *integralmente*[100]. Cosa che egli fa nel seguente, duplice, modo:

E in che senso le mie sensazioni sono *private?* – Ebbene, solo io posso sapere se provo veramente un dolore; l'altro può soltanto congetturarlo. – Per un verso ciò è falso, per un altro verso insensato. Se usiamo la parola «sapere» come la si usa normalmente (e come dovremmo usarla altrimenti?!) gli altri riescono molto spesso a sapere se provo dolore. – Già, ma certamente non con la sicurezza con cui lo so io stesso! – Di me non si può dire in generale (se non per ischerzo) che *so* di provar dolore. Ma che cosa deve mai significare, – se non, forse, che *provo* dolore?

Non si può dire che gli altri apprendono la mia sensazione *soltanto* attraverso il mio comportamento, – perché di me non si può dire che l'apprendo. Io *ce l'ho*.

Questo è vero: degli altri ha senso dire che sono in dubbio se io provo dolore; ma non ha senso dirlo di me stesso. (PU § 246)

In prima istanza, dunque, la tesi della privatezza epistemica è falsa; gli altri possono davvero sapere se io provo dolore. In seconda istanza, essa è addirittura insensata, come risulta dalla suddetta argomentazione, implicita nel passo citato e nel successivo PU § 247: sapere presuppone la possibilità di dubitare; dove non ci può essere dubbio, il che è per l'appunto il caso, come già sappiamo, dell'ascrizione in prima persona di sensazioni, non ci può essere neanche conoscenza. Le sensazioni *si hanno*, si provano; non si conoscono.

Così, come si poteva già desumere da quanto avevamo scoperto in merito al problema dell'*identificazione* di stati qualitativi, sul piano cognitivo vi è per Wittgenstein effettivamente un'asimmetria tra prima e terza persona per quanto riguarda l'ascrizione di sensazioni. Ma tale asimmetria è quella opposta rispetto a quella tradizionalmente supposta, dal privatista semantico *in primis*: gli altri possono, *io* non posso, sapere se io ho dolore; per gli altri infatti, non per me, che io abbia dolore è dubitabile. Gioverà adesso caratterizzare meglio il differente approccio tra prima e terza persona agli stati qualitativi che per Wittgenstein tale asimmetria rappresenta.

Prima di tutto, quest'asimmetria epistemica traspare sotto il profilo linguistico dalla differente modalità di verità della relativa ascrizione in terza o in prima persona. Mentre un enunciato che

---

[100] Wittgenstein pare infatti intenzionato a smontare la tesi nella sua applicazione non solo a stati qualitativi, ma a stati mentali in generale: «Io posso sapere quello che pensa l'altro, non quello che penso io. È corretto dire "Io so quello che tu pensi", ed è scorretto dire: "Io so quello che penso"» (PU, p. 290).

esibisce la prima forma di ascrizione è vero se e soltanto se il soggetto dell'ascrizione ha effettivamente lo stato ascrittogli (PU § 402), per un enunciato che esibisce la seconda forma di ascrizione la sua verità coincide colla sincerità del suo proferimento:

I criteri di verità dell'*ammissione* che io avevo pensato questa cosa così e così, non sono i criteri della *descrizione* conforme a verità di un processo. E l'importanza dell'ammissione non consiste nel fatto che essa riproduce con sicurezza e correttamente un qualche processo. Consiste piuttosto nelle particolari conseguenze che si possono trarre da un'ammissione, la cui verità è garantita dai particolari criteri della *veridicità*. (PU, p. 291)

Ma perché le ascrizioni di sensazioni in prima e in terza persona hanno queste differenti modalità di verità? Perché esse corrispondono a differenti *atti linguistici*: l'ascrizione viene *asserita* in terza persona, ma (generalmente[101]) semplicemente *dichiarata* in prima. In terza persona, si può *descrivere* che un altro ha (per esempio) dolore; in prima, (generalmente) lo si *esprime*[102]. Come già sappiamo da *supra*, 1.1, descrivere stati di cose non è l'unica funzione del linguaggio; dobbiamo rompere «in modo radicale con l'idea che il linguaggio funzioni sempre in un *unico modo*, serva sempre allo stesso scopo: trasmettere pensieri – siano questi pensieri intorno a case, a dolori, al bene e al male, o a qualunque altra cosa» (PU § 304). Ora, questa differenza tra carattere assertorio dell'etero-ascrizione di stati qualitativi e carattere dichiarativo-espressivo dell'auto-ascrizione di tali stati riflette proprio la sottostante asimmetria epistemica nella misura in cui l'etero-, ma non l'auto-ascrizione, è correggibile. L'incorreggibilità della dichiarazione in prima persona non è infatti altro che il correlato linguistico dell'indubitabilità dello stato psicologico dichiarato[103].

L'ascrizione in terza persona, dunque, ha indiscutibilmente il carattere di un'asserzione, nella misura in cui essa ha una piena portata cognitiva. Come precipitato di un approccio non-cognitivo alle sensazioni, invece, l'auto-ascrizione non ha valore assertorio. Ma, tra i tanti possibili atti linguistici privi di portata cognitiva che essa potrebbe rappresentare, che cosa fa sì che essa costituisca un atto *espressivo*? Ebbene, scrive Wittgenstein, il fatto che rimpiazza pro-

---

[101] Questa limitazione è dovuta al fatto che più avanti nel testo Wittgenstein sembra ammettere l'esistenza di usi descrittivi anche per l'auto-ascrizione di stati qualitativi. Cfr. PU, pp. 247-49.

[102] Anche questa tesi tende ad essere estesa da Wittgenstein dalle auto-ascrizioni di stati qualitativi alle auto-ascrizioni di stati mentali in generale; cfr. BPP II § 63.

[103] Cfr. Malcolm, *Wittgenstein's «Philosophical Investigations»*, cit., pp. 80-81.

prio l'espressione pre-verbale della sensazione, della quale preserva appunto il carattere dell'incorreggibilità. In un'ascrizione di sensazione alla prima persona, «si collegano certe parole con l'espressione originaria, naturale, della sensazione e si sostituiscono ad essa. [...] [L']espressione verbale del dolore sostituisce [...] il grido» (PU § 244). La dichiarazione, potremmo così dire, conserva e articola la naturalezza espressiva del grido o del lamento.

A questo punto, però, per quanto i privatisti incontrati in questo paragrafo, quello semantico e quello epistemico, siano stati fiaccati dalle osservazioni di Wittgenstein, un loro parente teorico compare sulla scena, quello che potremmo chiamare il *para-privatista scettico*. Ammettiamo pure, concede a Wittgenstein questo suo ulteriore interlocutore ipotetico, che relativamente alla questione della conoscenza delle sensazioni la situazione stia al rovescio di come i privatisti menzionati in precedenza avevano ipotizzato, ossia ammettiamo che le sensazioni si possono conoscere solo in terza persona. Pure, da tale prospettiva come si fa a sapere che un altro prova davvero una certa sensazione? Non potrebbe costui per esempio manifestare certi comportamenti anche in assenza della sensazione corrispondente (non potrebbe per esempio meramente simulare di avere un dolore)? In generale, dunque, si può mai essere certi di quello che provano gli altri? E se è così, questo dubbio, di carattere scettico appunto, non ci costringe almeno ad ammettere una tesi che, pur non essendo privatista sul piano semantico, ha delle somiglianze con una dottrina siffatta, ossia la tesi che potremmo chiamare dell'*idiosincrasia della modalità di comprensione* del termine di sensazione relativo? Se infatti non posso mai sapere per esempio se gli altri provano dolore, come posso sapere che cos'è dolore, ossia cosa "dolore" significa, se non *dal mio caso personale*?

Wittgenstein ribatte al para-privatista scettico in due mosse. In primo luogo, egli si preoccupa di smontare la tesi appena ricordata dell'idiosincrasia della modalità di comprensione di un termine di sensazione. Se fosse solo dal mio caso personale, dalla mia personale esperienza cioè, che io posso sapere per esempio che cosa "dolore" significa, allora ognuno potrebbe comprendere *cose diverse* sotto quel termine. Tale comprensione ammonterebbe infatti a dire, per ciascuno di noi, che "dolore" significa QUESTA COSA – la propria, per ciascuno differente, esperienza. In altri termini, per ciascuno di noi comprendere il termine "dolore" vorrebbe dire compiere una 'pura' denotazione di una propria differente esperienza. Ora, tralasciamo pure il pericolo che tale dottrina ci riporti rapidamente ad asserire la tesi del privatismo semantico, visto che il para-privatista ammette di non voler difendere una tesi del genere[104]. Il punto è tuttavia che in tali condizioni la tesi opposta, quella del significato pubblico dei termini di sensazione, è insostenibile; per le ragioni suddette, non ci sarebbe alcuna garanzia che io e un altro comprendiamo lo *stesso* significato quando usiamo quel termine. Dunque, *se* il significato delle parole di sensazione è pubblico, come per l'appunto deve essere per Wittgenstein, allora la modalità della loro comprensione non può essere idiosincratica; nei termini di Wittgenstein, ai fini dell'uso pubblico di una parola di sensazione sarebbe irrilevante se e come la suddetta denotazione 'pura' di una propria sensazione avesse successo:

> Ora qualcuno mi dice di sapere che cosa siano i dolori soltanto da se stesso! — Supponiamo che ciascuno abbia una scatola in cui c'è qualcosa che noi chiamiamo «coleottero». Nessuno può guardare nella scatola dell'altro; e ognuno dice di sapere che cos'è un coleottero soltanto guardando il *suo* coleottero. – Ma potrebbe ben darsi che ciascuno abbia nella sua scatola una cosa diversa. Si potrebbe addirittura immaginare che questa cosa mutasse continuamente. – Ma supponiamo che la parola «coleottero» avesse tuttavia un uso per queste persone! – Allora non sarebbe quello della designazione di una cosa. La cosa contenuta nella scatola non fa parte in nessun caso del giuoco linguistico; nemmeno come un *qualcosa*: infatti la scatola potrebbe anche essere vuota. [...]
> Questo vuol dire: Se si costruisce la grammatica dell'espressione di una sensazione secondo il modello 'oggetto e designazione', allora l'oggetto viene escluso dalla considerazione, come qualcosa di irrilevante. (PU § 293)

Dunque, per Wittgenstein non è solo dal mio caso personale, cioè dalla mia esperienza, che posso sapere che cosa un termine di sensazione significa. Anzi, già la stessa idea che sia dalla mia esperienza che posso acquisire un tale significato va secondo Wittgenstein presa con molta cautela. Certamente posso imparare il significato di "dolore" anche mediante una definizione ostensiva, quando qualcuno mi punge con un ago e mi dice "vedi, *questo* è dolore" (PU § 288). Ma la condizione perché tale definizione abbia successo è, come sempre, che essa non sia l'ostensione 'pura' di un qualche cosa che ha luogo per così dire nel mio foro interiore, bensì sia una pratica simbolica connessa a una qualche esibizione esteriore della

---

[104] Di per sé, infatti, la tesi che comprendere un termine come "dolore" significhi cose diverse – per esempio, processi psichici differenti – a seconda del soggetto di tale comprensione non porta al privatismo semantico. Come ha notato Fodor (LOT, p. 70), (PS) segue da questa tesi *più* (PE), ossia l'idea secondo cui i suddetti processi psichici differenti siano inaccessibili a chiunque non ne sia il portatore.

sensazione, come prescritto dal criterio di identità della medesima (o, il che è lo stesso, dalla grammatica del termine relativo); come conferma il fatto che il docente potrebbe darmi la spiegazione del significato del termine "dolore" o mediante gesti che mimassero una tale esibizione (*ibid.*), o, più felicemente ancora, collegando locuzioni contenenti la parola da spiegare (per esempio "Ahi, che dolore!") con le mie naturali espressioni comportamentali della sensazione in questione, così che io le possa addirittura sostituire con queste stesse locuzioni (PU § 244).

In secondo luogo, Wittgenstein rigetta il dubbio scettico da cui il para-privatista era partito, ossia il dubbio che non si possa mai sapere se gli altri hanno una data sensazione. Lo scettico, egli scrive, ha ragione su un punto: non esiste mai qualcosa come l'*experimentum crucis* che può cancellare una volta per tutte il dubbio che un altro non stia provando la sensazione che mostra di avere. Si veda questo passo:

> Io sono sicuro, *sicuro*, che costui finge; ma una terza persona non lo è. Mi è sempre possibile convincerlo? E se no, fa qualche errore di ragionamento o di osservazione?
> «Tu non capisci proprio niente!» – diciamo a uno che dubita di ciò che noi invece consideriamo ovvio, – ma non possiamo provare nulla. (PU, p. 297)

Il punto è che, a differenza di altri giuochi linguistici, il giuoco dell'ascrizione ad altri di sensazioni è *grammaticalmente* caratterizzato dall'*indecidibilità* di un'ascrizione siffatta:

> Della sensazione dell'altro posso essere così *sicuro* come di qualsiasi fatto. Ma non per questo le proposizioni: «Egli è gravemente depresso», «25 x 25 = 625» e: «Io ho 60 anni» si sono trasformate in strumenti tra loro simili. Qui viene spontanea la spiegazione: la sicurezza è di un *genere* diverso. – Sembra indicare una differenza psicologica. Ma si tratta di una differenza logica. (PU, p. 293)

> «È vero che puoi essere perfettamente sicuro dello stato d'animo di un altro, ma la tua è sempre una sicurezza soggettiva; non una sicurezza oggettiva». – Queste due parole indicano una differenza fra giuochi linguistici. (PU, pp. 294-95)[105]

---

[105] Va tuttavia rilevato che per Wittgenstein ci sono casi in cui il dubitare se qualcun altro abbia effettivamente la sensazione che mostra di avere non è neppure *sensato*. Questi sono tutti quei contesti in cui, nella misura in cui l'altro non ha (ancora) imparato il giuoco linguistico del mentire, non possiamo ritenere che egli *finga* di provare ciò che non ha (PU § 249, p. 298).

Tuttavia sfugge allo scettico che l'indecidibilità di tali ascrizioni non implica che esse non valgano come *verità*. L'indecidi*bilità* teorica di tali enunciati non vuol dire che *di fatto* essi non siano trattati come *decisi*, specialmente quando per così dire la forza dei fatti è tale, che tale decisione si impone:

Prova un po' a mettere in dubbio – in un caso reale – l'angoscia, il dolore di un'altra persona! (PU § 303)

«Ma non sei forse *sicuro* solo perché chiudi gli occhi di fronte al dubbio?» – Sono chiusi. (PU, p. 293)[106]

Così, nella misura in cui gli enunciati di ascrizione psicologica in terza persona sono trattati come veri anche se sono indecidibili, si può concludere contro il para-privatista scettico che essi esprimono delle genuine conoscenze. Ma, e con l'analisi di quest'ultimo interrogativo chiuderemo il presente paragrafo, che tipo di conoscenza è questa, che, come abbiamo suggerito poc'anzi, in molte circostanze è letteralmente imposta dalla forza delle cose per così dire?

A prima vista, si sarebbe portati a dire, si tratta di una conoscenza di tipo *inferenziale*: si osservano certi comportamenti di un individuo e *si conclude* che tale individuo ha una determinata sensazione. Si potrebbe ulteriormente dire che una tale inferenza è sorretta da un ragionamento per *analogia*: poiché ho constatato che quando ho una certa sensazione nel comportamento mi atteggio in certi modi, posso per analogia inferire che quando qualcun altro manifesta siffatti comportamenti abbia anche lui una sensazione del genere.

Entrambe queste convinzioni, però, sono proprie di chi sostenga tesi già esposte e rigettate da Wittgenstein. Tanto al para-privatista scettico, timoroso che al di fuori di sé altro non vi sia che meri comportamenti, quanto al privatista epistemico, difensore di un accesso privilegiato alle proprie sensazioni, verrà spontaneo non solo propendere per il modello inferenziale della conoscenza delle sensazioni altrui[107], ma anche basare tale modello sull'analogia col proprio caso personale[108]. Così, non stupirà trovare che Wittgenstein respinga entrambe le convinzioni suddette.

---

[106] Wittgenstein avanzerà successivamente quest'argomento contro lo scetticismo: che sia logicamente possibile dubitare su qualcosa presuppone che su altro non si dubiti, o meglio si possa dubitare solo a patto di rigettare il proprio sistema concettuale. Cfr. ÜG, *passim*.
[107] Non a caso, questa tesi veniva sostenuta da Carnap nell'ambito del proprio approccio 'solipsista' alla teoria della conoscenza (vedi per esempio SP, p. 394).
[108] Per la presentazione critica della difesa di tale convinzione in ambito em-

In primo luogo, parlare di analogia qui è completamente fuori posto: dato il carattere *ontologicamente* privato delle sensazioni, non porta da nessuna parte cercare di rappresentarsi sulla base (per esempio) di dolori che *sento* dolori che *non sento* (PU § 302; vedi anche § 350).

In secondo luogo, anche volendo evitare una base analogica al modello inferenziale, quest'ultimo non ha comunque ragione di sussistere. Secondo Wittgenstein, non è che si osserva l'altrui comportamento e da tale comportamento *si inferisce* che il soggetto in questione ha una determinata sensazione. Piuttosto, tra quel comportamento e quella conoscenza sussiste un legame *diretto*, non inferenziale, nella misura in cui la conoscenza delle sensazioni altrui è basata su un tipo *sui generis* di percezione, ossia su un modo di *vedere* gli altri, nel loro comportamento, *come* individui dotati di sensazioni o in generale di stati mentali; di vedere la loro mente *nel* loro comportamento. Se infatti fosse una questione di inferenze, si potrebbe immaginare con un po' di sforzo di ascrivere sensazioni anche a oggetti fisici, o, per quanto bislacco possa sembrare, a numeri. Ma le cose non stanno così; noi attribuiamo sensazioni a ciò che non possiamo fare a meno di vedere come animato:

> Guarda una pietra e immagina che abbia sensazioni! – Ci chiediamo: Come può anche soltanto venire in mente di ascrivere una *sensazione* a una *cosa*? Con lo stesso diritto si potrebbe ascrivere una sensazione a un numero! – E ora osserva una mosca che si dimena convulsamente, e subito la difficoltà è svanita: qui il dolore sembra far presa, mentre prima si trovava di fronte, per così dire, tutte cose *lisce*.
> E allo stesso modo anche un cadavere ci appare del tutto inaccessibile al dolore. (PU § 284)

> Si può dire: «In questo volto leggo la pusillanimità», ma in ogni caso la pusillanimità non mi sembra semplicemente associata al volto, legata ad esso dall'esterno; ma il timore vive sui tratti del volto. Se i suoi tratti cambiasssero un poco, potremmo parlare di un corrispondente cambiamento del timore. (PU § 537)

> «Mi accorsi che era di malumore». È un'osservazione sul comportamento o su uno stato d'animo? [...] Di tutt'e due le cose, ma dell'una accanto all'altra, bensì dell'una attraverso l'altra. (PU, p. 237)[109]

pirista, cfr. N. Malcolm, *Knowledge of other minds*, in *Wittgenstein. The «Philosophical Investigations»*, cit., pp. 371-83.

[109] Cfr. K. Mulligan, *Seeing as and assimilative perception*, in «Brentano Studies», 1 (1988), pp. 144-45.

La conoscenza delle sensazioni altrui è dunque per Wittgenstein direttamente *basata* su questo vedere gli altri come animati; tuttavia, essa non *coincide* con questa percezione. Per quanto vivida, una percezione di questo tipo può tranquillamente rivelarsi illusoria[110]: uno può vedere l'altro come avente una certa sensazione (come sofferente, per esempio) e tuttavia sbagliarsi. Certamente per Wittgenstein il comportamento altrui è evidenza diretta del fatto che un altro provi una certa sensazione. Tuttavia, come si era detto in precedenza, Wittgenstein ben concede allo scettico che nonostante l'evidenza sia sensato dubitare sulle sensazioni altrui. Wittgenstein non fa qui che ripetere ed estendere quanto aveva già stabilito a proposito (cfr. *supra*, 3.3) dei criteri di identificazione di stati intenzionali: il carattere *diretto* dell'evidenza comportamentale che funge a sua volta da criterio di identificazione in terza persona per uno stato qualitativo non è incompatibile col fatto che tale evidenza sia *controvertibile*. Vale a dire, un altro può comportarsi in un modo ben determinato e tuttavia non avere la sensazione ascrittagli[111].

Ma, ci si potrebbe infine domandare, da dove scaturisce questo modo di vedere gli altri esseri come animati? La risposta di Wittgenstein è che questo tipo di percezione è il precipitato di un fondamentale *atteggiamento* globale nei confronti degli altri esseri (principalmente umani) come esseri animati, ossia di qualcosa come una concezione che sta tacitamente sullo sfondo dei nostri giudizi e delle nostre credenze: «il mio atteggiamento nei suoi confronti è un atteggiamento nei confronti dell'anima. Io non sono dell'*opinione* che egli abbia un'anima» (PU, p. 235; vedi anche § 284). È all'interno di quest'atteggiamento, la cui origine è naturale e istintiva[112], che il comportamento degli altri esseri è visto come la manifestazione di esseri dotati di sensazioni, ed è dunque descritto in modo differente da come sarebbe descritto il comportamento di un corpo inanimato (PU, p. 238), per quanto erronee possano essere queste percezioni e descrizioni. A quest'atteggiamento globale nei confronti degli altri, infatti, dobbiamo proprio il fatto che, prima ancora di essere vere o false, di tradursi cioè o meno in effettive conoscenze, *solo* le ascrizioni a individui umani (o para-umani) siano sensate

---

[110] Essa è una percezione dello stesso genere di quella ricorrente nella cosiddetta illusione percettiva di Müller-Lyer (in cui due segmenti di eguale lunghezza vengono visti come l'uno più corto dell'altro). Su quest'ultimo esempio cfr. Mulligan, *art. cit.*, p. 142. Per esempi simili in Wittgenstein, cfr. PU, pp. 265-66.
[111] Cfr. ancora Mulligan, *art. cit.*, pp. 144-45.
[112] Come è detto esplicitamente da Wittgenstein in Z: «è una reazione primitiva prendere a cura la parte che fa male quando qualcun altro ha dolore» (§ 540). Alle stesse valutazioni mirano passi delle *Untersuchungen* come § 286.

tout court. Che una macchina non possa pensare, o avere sensazioni, non è una proposizione empirica, ma grammaticale, che preclude la sensatezza delle ascrizioni di stati mentali a oggetti non animati (PU § 360):

soltanto dell'uomo vivente, e di ciò che gli somiglia (che si comporta in modo simile) si può dire che abbia sensazioni; che veda, che sia cieco, che oda, che sia sordo; che sia in sé o che non sia cosciente. (PU § 281; vedi anche §§ 283-284)

7. ESPERIENZA DEL SIGNIFICATO
E VEDERE QUALCOSA COME QUALCOS'ALTRO

7.1. Introduzione

Supra, in 3.3, avevamo detto che Wittgenstein si limita a considerare le manifestazioni comportamentali come la condizione necessaria del comprendere il significato di un'espressione, astenendosi contemporaneamente dal fornire condizioni sufficienti al riguardo. Questa rappresenta indubitabilmente la posizione ufficiale del secondo Wittgenstein sul tema del comprendere. Tuttavia, troviamo Wittgenstein tornare continuamente su questo tema nelle *Untersuchungen*, in particolare nelle sezioni che costituiscono la seconda parte del testo a stampa; come se una sottile insoddisfazione non mancasse di abbandonarlo riguardo a tale posizione. In particolare, l'idea che la comprensione del significato non risieda *in nessun senso* in un fattore di natura esperienziale sembra a Wittgenstein una tentazione difficile da accantonare. La fenomenologia della comprensione, infatti, ci suggerisce incessantemente modelli esperienziali del genere: ci capita spesso di dire che comprendiamo (il senso di) un'espressione *di colpo*, come in un'*intuizione* improvvisa; oppure anche che una parola che comprendiamo *ci appare* secondo una *fisionomia* particolare, o che in un dato significato certe parole ma non altre *ci risultano familiari*, e così via. Di conseguenza, *lo stesso avere significato* delle parole sembra inscindibile da questa base esperienziale connessa al loro comprenderle; parole che comprendiamo ci si manifestano come completamente riempite del loro significato.

Ora, Wittgenstein non ha dubbi sul fatto che questa fenomenologia non mette in discussione il rigetto di (MSE), la tesi per cui il significato di un'espressione sta in un'*Erlebnis* come un'immagine mentale, né quello di (MPE), l'idea per cui comprendere un tale significato è avere di fronte alla mente un'immagine suddetta o un'altra esperienza vissuta analoga. Eppure egli si chiede se non vi sia una qualche nozione di *esperienza del significato* che non è assorbita da quella nozione di esperienza vissuta che ha nell'avere immagini mentali il suo prototipo:

L'avere l'esperienza vissuta di un significato e l'avere l'esperienza vissuta di un'immagine mentale. «In entrambi i casi si *ha l'esperienza vissuta di qualcosa*», si vorrebbe dire, «soltanto si esperiscono cose diverse. Alla coscienza viene presentato un contenuto diverso – un contenuto diverso le sta di fronte». – Qual è il contenuto dell'esperienza vissuta di una rappresentazione? Si risponde con un'immagine o con una descrizione. E che cos'è il contenuto dell'esperienza vissuta di un significato? Non so come rispondere. – Se quell'espressione ha un senso qualsiasi, esso consiste in questo: che i due concetti stanno tra loro in un rapporto simile a quello che intercorre tra 'rosso' e 'blu'; e questo è falso. (PU, p. 232)

Ora, nell'invitarci a considerare un fattore esperienziale nella comprensione, la fenomenologia di tale 'processo' ci propone anche il caso in cui parole di cui comprendiamo il significato ci *appaiono* diversamente da parole che non comprendiamo. Questo caso ci ricorda immediatamente un altro 'processo interno', quello in cui la qualità della nostra esperienza di un intrico di linee cambia da quando in tale intrico riconosciamo una determinata figura, per esempio una faccia. A sua volta, questo mutamento di prospettiva percettiva mostra delle analogie col caso in cui ci confrontiamo con un'immagine ambigua, come per esempio una figura che può tanto essere la raffigurazione di un'anatra quanto quella di una lepre, e diciamo che a seconda di come consideriamo l'immagine – se come l'immagine di un'anatra o come l'immagine di una lepre – *ci appaiono* cose diverse – *vediamo* la figura o come un'anatra o come una lepre. Che forse il senso peculiare della nozione di esperienza di significato sia lo stesso di quello della nozione di *vedere qualcosa come qualcos'altro*, di vedere una figura come un'anatra per esempio, di vedere cioè degli oggetti secondo particolari *aspetti*? È Wittgenstein stesso a suggerire che questa è la strada giusta per porre il problema dell'esperienza del significato; c'è una «connessione tra i concetti 'vedere l'aspetto' e 'avere l'esperienza vissuta del significato di una parola'» (PU, p. 280). Capire se c'è qualcosa come un senso peculiare, irriducibile al modello dell'immagine mentale, della nozione di esperienza del significato comporta dunque per Wittgenstein analizzare la nozione di vedere l'aspetto, o *vedere-come*, perché solo l'analisi di quest'ultima nozione potrà gettare luce sulla prima[113]. Ecco cosa motiva il fatto che una sezione considerevole della cosiddetta seconda parte delle *Untersuchungen* (nonché dei manoscritti e dattiloscritti ad essa preparatori) sia dedicata alla nozione di vedere-come[114]. Ci dedicheremo adesso all'analisi wittgensteiniana di questa nozione; per vedere alla fine quali considerazioni Wittgenstein ricava da tale indagine per il problema dell'esperienza del significato[115].

7.2. *Vedere qualcosa come qualcos'altro*

Per cominciare, Wittgenstein sottolinea che il suo interesse verso il vedere-come è di ordine concettuale e non empirico. Dato infatti che, come per ogni altro 'processo interno' (cfr. *supra*, 3.3), nessun fattore di ordine fisiologico – nessun processo cerebrale, per esempio – può fungere da condizione necessaria di un'esperienza di vedere-come, da una ricerca sulle cause fisiologiche dell'esperienza di vedere-come non può venire nulla di interessante sul piano concettuale (PU, pp. 255, 268-69, 278). Piuttosto, come per ogni stato mentale, il criterio parziale di identità di uno stato di vedere-come, le sue condizioni necessarie, sarà un criterio esterno; nella fattispecie, «la rappresentazione di ciò 'che si è visto'» (PU, p. 261). Che la mia esperienza muti da quando vedo la figura come un'anatra a quando la vedo come una lepre è attestato dal fatto che, se mi chiedessero cosa vedo, darei descrizioni o traccerei rappresentazioni differenti; nell'un caso farei il disegno di un'anatra, nel secondo quello di una lepre (*ibid.*).

In questa prospettiva di analisi, Wittgenstein si preoccupa di caratterizzare il vedere-come come un concetto *intermedio* tra il vedere e il pensare: «"Senza dubbio questo non è *vedere*!" — "Senza dubbio questo è vedere!"». – Entrambe queste affermazioni devono potersi giustificare concettualmente» (PU, p. 268); «il balenare improvviso dell'aspetto ci appare metà come un'esperienza vissuta del

---

[113] Cfr. Kripke, *op. cit.*, nota 29 p. 46 [trad. it. cit., p. 45].
[114] Cfr. R. Rhees, *Prefazione*, in BBB, pp. LXIV-LXVI; S. Mulhall, *On Being in the World*, Routledge, London 1990, p. 35.
[115] Non è nella seconda parte delle *Untersuchungen* che Wittgenstein affronta per la prima volta il tema del vedere qualcosa come qualcos'altro, né gli è nuova la connessione di questo tema coll'analisi della nozione di esperienza di significato. Oltre a svariate osservazioni sparse (cfr. per esempio PG §§ 4, 37, 117-120, 125, 129-130) nei testi preliminari alle *Untersuchungen,* la seconda parte del *Brown Book* è tutta dedicata a questo tema e all'analisi della suddetta connessione.

vedere, metà come un pensiero» (PU, p. 260)[116]. Vediamo adesso in che senso il vedere-come ha questo carattere anfibio. Prima di tutto, vedere-come non è vedere *tout court*. La ragione fondamentale per cui il vedere-come è distinto dalla percezione ordinaria di un oggetto è che nel primo è insito un fattore *volontaristico* che manca nella seconda: «Il vedere l'aspetto e l'immaginare sono sottoposti alla volontà. Esiste il comando: "Immagina *questa cosa!*" e "Ora vedi la figura in *questo modo!*" ma non "Ora vedi questa foglia verde!"» (PU, p. 279). La forma di descrizione "Ora vedo questo come..." non si applica alla percezione ordinaria di un oggetto, per esempio di una posata, perché non ha senso dire che *tento* di vedere l'oggetto in questione come una posata (PU, pp. 257-58, 271)[117]. Questo fattore volontaristico non va peraltro esagerato. In primo luogo, esso è soggetto a svariati vincoli, come il fatto che vedere ora un aspetto ora un altro dipende dall'apprendere una tecnica di applicazione dei concetti che informano gli aspetti suddetti (PU, p. 274)[118]. In secondo luogo, non sarebbe im-

---

[116] Si può ben considerare questo interesse classificatorio come funzionale a un più generale progetto di tassonomia dei concetti psicologici verso cui, durante la fase di composizione dei testi della seconda parte delle *Untersuchungen* (come traspare da BPP I § 836, II §§ 63, 148), Wittgenstein voleva far convergere le sue osservazioni grammaticali sull'impiego delle relative espressioni del linguaggio. Cfr. J. Schulte, *Experience and Expression*, Clarendon Press, Oxford 1993, cap. 3.

[117] Messa in questi termini, la distinzione tra vedere *tout court* e vedere-come sembra molto netta per Wittgenstein. In realtà, le cose non stanno così. Tra il vedere-come di cui il balenare di un aspetto è il caso prototipico e il vedere *tout court* sembra sussistere un ulteriore caso intermedio, quello che nella letteratura è stato chiamato il vedere-come continuo (cfr. Mulligan, *art. cit.*, pp. 138 sgg.) e che Wittgenstein distingue dal suddetto vedere-come così: «devo distinguere tra 'l'essere continuamente in vista' di un aspetto e il suo 'apparire improvvisamente'» (PU, p. 256). Al vedere-come continuo sembra essenziale che il suo soggetto ignori (anche temporaneamente) la possibilità di vedere l'oggetto in questione sotto un aspetto differente da quello sotto cui lo sta percependo (PU, pp. 256-57). Come tipo di *atto*, il vedere-come continuo è identico per Wittgenstein al vedere *tout court* in quanto non è soggetto alla volontà, né è descrivibile in prima persona come un vedere-come (anche se lo è in terza). È però anche diverso dal vedere *tout court*, primo, in quanto corrisponde ad una sua *modificazione* – è un *far finta* di avere una certa percezione *tout court* (PU, pp. 257, 271) – e secondo, per il *tipo di oggetto* – gli oggetti che sono termini di un vedere-come continuo sono sempre *finti* qualcosa d'altro, in quanto il concetto sotto cui essenzialmente ricadono corrisponde sempre alla *modificazione* di un altro concetto nel senso seguente: pistole-giocattolo, cioè *finte* pistole, bambole o pupazzi, cioè *finti* umani ecc. (in questo senso, Wittgenstein parla di *oggetti-immagine* come oggetti di un tale vedere-come [PU, p. 257]). Su questo cfr. A. Voltolini, *Two types of (wittgensteinian) seeing-as*, in *Philosophy and the Cognitive Sciences, Papers of the 16th International Wittgenstein Symposium*, a cura di R. Casati e G. White, The Austrian Ludwig Wittgenstein Society, Kirchberg am Wechsel 1993, pp. 567-72.

[118] O anche, più radicalmente, il fatto che vi sono dei limiti alla variazione della

proprio dire che l'elemento volontaristico rimanda a una focalizzazione dell'attenzione verso alcuni punti dell'oggetto visto, si struttura dunque come un *notare* l'aspetto (PU, p. 255)[119].
D'altro canto, non si può nemmeno dire che il vedere-come sia
un pensare, uno stato di natura esclusivamente intellettuale cioè.
Proprio il fatto che il vedere l'aspetto sia principalmente un *notarlo*
porta a sua volta Wittgenstein a rimarcare che c'è un elemento genuinamente *percettivo* nel vedere-come. Vedere-come non è infatti
come sovrapporre su una percezione di un oggetto (la figura, nel
nostro esempio) un'interpretazione concettuale (che la figura sia
un'anatra, per esempio), in maniera tale che la percezione della figura rimanga indifferente al mutare delle interpretazioni (che essa
sia una lepre piuttosto che un'anatra, per esempio):

> È proprio vero che ogni volta vedo qualcosa di diverso, o invece non
> faccio altro che interpretare in maniera differente quello che vedo? Sono
> propenso a dire la prima cosa. Ma perché? – Interpretare è pensare, far
> qualcosa; vedere è uno stato.
> Ebbene, i casi in cui *interpretiamo* sono facilmente riconoscibili. Quan-
> do interpretiamo facciamo ipotesi che potrebbero anche dimostrarsi false.
> – «Vedo questa figura come un...» può essere verificata tanto poco quanto
> (o soltanto nel senso in cui) può essere verificata «Vedo un rosso brillan-
> te». (PU, p. 279)

Piuttosto, il vedere-come è un vedere *in accordo ad* un'interpretazione; *vediamo* la figura in questione come l'*interpretiamo*, l'interpretazione è per così dire qualcosa che si sedimenta all'interno di
un'esperienza percettiva (PU, pp. 256, 264)[120].

visione aspettuale imposti dalle proprietà dell'oggetto visto: «Ha senso dire: "Vedi
questo cerchio come un buco, non come un disco"; ma non: "Vedilo come un
rettangolo"» (BPP II § 545).
    [119] Cfr. su questo punto R.M. Chisholm, *Act, content and the duck-rabbit*, in
Wittgenstein – Towards a Re-Evaluation cit., pp. 63-73. Tra l'altro, non ogni notare
ora un aspetto ora un altro è poi davvero soggetto alla volontà; notare aspetti ottici,
pre-concettuali cioè, come gli aspetti della doppia croce, è una reazione primitiva
(PU, p. 272; cfr. anche BPP I § 970, II § 509; LS1 §§ 612, 698).
    [120] Rispetto a questa opposizione tra interpretare e vedere in conformità a
un'interpretazione, è stata notata l'analogia con quanto Wittgenstein sostiene sul
tema del seguire una regola, al cui proposito Wittgenstein scrive che, come abbiamo
visto *supra*, in 4.3, «esiste un modo di concepire una regola che *non* è un'*interpretazione*» (PU § 201); cfr. McGinn, *op. cit.*, pp. 16, 119-20. Dal momento che, come
mostrato da Baker-Hacker in *Skepticism* cit., pp. 14-15, i temi della non-interpre-
tatività del vedere-come e del seguire una regola sono discussi insieme da Wittgenstein in un manoscritto preparatorio alle *Untersuchungen*, vi sono buoni motivi per
supporre che tra i due temi sussista *ben più* che un'analogia.

Riaccostare il vedere-come al campo esperienziale della percezione, comunque, non vuol dire farlo collassare non solo sul vedere *tout court*, ma neppure su uno stato qualitativo di tipo esterocettivo (una sensazione visiva). Per Wittgenstein sarebbe una mossa vana quella che, invece di farci erroneamente pensare che in questi casi un'interpretazione si sovrapponga per così dire *dall'esterno* della percezione a tale percezione della figura, ci faccia supporre che vi sia qualcosa che *dall'interno* di tale percezione la precede: un dato sensoriale, un'esperienza immediata privata. Non è che ciò che muta al mutare dell'aspetto (dall'aspetto-anatra a quello-lepre) sia qualcosa come un oggetto *interno* della sensazione (PU, p. 259). Non c'è una descrizione più diretta della propria visione-come, come sarebbe la denotazione 'pura' di un'esperienza visiva privata, rispetto alla quale l'ordinaria descrizione "Ora vedo questo come un..." risulta essere una descrizione indiretta (PU, p. 256). Come già nel caso (cfr. *supra*, 6.4) della tesi 'para-privatista' per cui, al fine della modalità di comprensione dei termini relativi, alle sensazioni ci si può riferire in totale assenza da criteri esterni, ci si può liberare da quest'ultima idea ipotizzando l'irrilevanza dell'oggetto privato in questione ai fini dell'ascrizione (auto- come etero-) di uno stato di vedere-come (PU, p. 271).

Ora però, se vedere-come non è né vedere né pensare, nel senso che si colloca tra il vedere *tout court* e il pensare inteso come interpretare o ipotizzare, come possiamo caratterizzarlo in un modo più positivo che renda conto di tale sua collocazione? Wittgenstein ci dice prima di tutto che la componente percettiva insita nel vedere-come permette di caratterizzarlo sì come un'esperienza di carattere visivo, ma di natura *complessa*; si tratta infatti di un'esperienza che si fonda su, ossia per la sua esistenza dipende da, un'esperienza percettiva semplice di visione *tout court*. Quest'ultima è l'esperienza che rimane costante al susseguirsi di differenti esperienze percettive complesse di vedere-come che su quella stessa esperienza sono fondate – che rimane cioè costante al mutamento d'aspetto, in cui ciò che avviene è proprio che sulla base della stessa percezione ordinaria di una figura si coglie in essa ora l'aspetto-anatra ora l'aspetto-lepre: «l'espressione del cambiamento d'aspetto è l'espressione di una *nuova* percezione e, nel medesimo tempo, l'espressione della percezione che è rimasta immutata» (PU, pp. 258-59; vedi anche p. 255).

Dire però che il vedere-come è un'esperienza percettiva complessa soddisfa solo in parte le nostre esigenze di chiarificazione sul carattere di tale esperienza. La domanda si pone ora in questa forma: in che senso quello che Wittgenstein chiama il balenare del-

l'aspetto – il fatto che il soggetto percipiente improvvisamente riconosce nella figura vista l'aspetto-anatra, per esempio – genera un
mutamento che non è improprio classificare come *percettivo*? A
questo interrogativo Wittgenstein dà la seguente, criptica, risposta:

> Se ho visto la testa L[epre]-A[natra] come L[epre], ho visto queste
> forme e colori (e li riproduco esattamente) – e, oltre a ciò, ancora qualcosa
> del genere: e così dicendo indico un certo numero di lepri-immagine. (PU,
> p. 260)

> Il colore dell'oggetto corrisponde al colore dell'impressione visiva
> (questa carta assorbente mi sembra rosa ed è rosa) – la forma dell'oggetto
> alla forma dell'impressione visiva (mi sembra rettangolare ed è rettangola-
> re) ma quello che percepisco nell'improvviso balenare dell'aspetto non è
> una proprietà dell'oggetto, ma una relazione interna tra l'oggetto e altri
> oggetti. (PU, p. 278)

Nel confermare che ciò che resta percettivamente costante nel
mutamento d'aspetto è l'esperienza che costituisce la percezione *tout
court* dell'oggetto fisico che viene di fatto visto (nel nostro esempio,
la figura), ossia la percezione delle forme e dei colori propri di tale
oggetto, questi passi ci dicono anche che ciò che viene percepito mutare è qualcosa che non è, come i suoi colori e forme, una proprietà
dell'oggetto visto (la figura), quanto piuttosto la *relazione interna* del-
l'oggetto ad altri oggetti. La differenza di genere, dunque, tra vedere
tout court e vedere-come non è solo una differenza d'ordine nel tipo
di *esperienza* (esperienza semplice *versus* esperienza complessa), è anche una differenza d'ordine nel tipo categoriale d'*oggetto* che essi rispettivamente posseggono (PU, p. 255): percepire *oggetti fisici* (figure ecc.) è diverso da percepire *relazioni*, in particolare relazioni di
tipo *interno*, dunque necessariamente sussistenti tra i propri *relata*
(cfr. *supra*, 4.3), che vigono tra oggetti siffatti.
    Ma, volendo andare più in dettaglio, che cosa significa esatta-
mente che il vedere qualcosa come un oggetto di un certo (altro)
tipo è vedere quel qualcosa in relazione interna con altri oggetti?
Ebbene, quando Wittgenstein ci dice che l'oggetto del vedere-come
è categorialmente diverso da quello del vedere *tout court*, ci precisa
che vedere qualcosa come qualcos'altro è percepire *somiglianze*
(PU, p. 255). Ora, se riprendiamo in considerazione il nostro esempio della figura ambigua, la figura anatra-lepre, appare evidente
che, presa come oggetto fisico costituito da una determinata macchia di inchiostro su carta, la figura in questione non è più *ester-
namente*, ossia *contingentemente*, simile a un'anatra di quanto lo sia
a una lepre. In *questo* senso di somiglianza, anzi, si potrebbe quasi

dire che le vere lepri e anatre sono più simili tra loro, condividono un maggior numero di proprietà, di quanto rispettivamente lo siano alla macchia d'inchiostro che costituisce la figura; entrambe sono animali mammiferi, con analoghi organi interni ed esterni, e così via. Ma questo non preoccupa Wittgenstein nella misura in cui la somiglianza che secondo lui la percezione coglie tra la figura da una parte e rispettivamente le anatre e le lepri dall'altra non è una somiglianza esterna ma per l'appunto una *interna*, secondo la quale la figura *non può non essere* simile alle anatre o alle lepri rispettivamente. Per avere questo carattere necessario, questa somiglianza consisterà in un'assimilazione della figura (rispettivamente) alle anatre e alle lepri relativamente al loro *concetto*: la figura viene vista ora come una cosa *dello stesso tipo* delle anatre, ossia come istanza del concetto di anatra, ora come una cosa *dello stesso tipo* delle lepri, ossia come istanza del concetto di lepre[121].

Ma che cosa comporta il fatto che vedere qualcosa come qualcos'altro è vedere tale qualcosa, per esempio una figura, in relazione di somiglianza interna con oggetti d'altro tipo, lepre o anatre per esempio? Ebbene, in quanto viene vista come avente non contingentemente, ma *necessariamente* la proprietà di assomigliare a ciò di cui è immagine, la figura viene presa nella percezione non più come mero oggetto fisico, bensì come rappresentazione *di* qualcosa – *di* anatre o *di* lepri per l'appunto – dunque come un'immagine dotata di intenzionalità intrinseca (cfr. *supra*, 3.1), ossia qualcosa che ha la sua interpretazione semantica come sua proprietà necessaria. Senza tale somiglianza interna, infatti, la figura non è più l'immagine-*di* che viene visivamente assunta essere. Non solo se tale connessione cambia (dalla somiglianza interna colle anatre a quella colle lepri) la figura conta come *un'altra* immagine-*di*, di modo che il mutamento d'aspetto corrispondente sarà un mutamento di percezione della figura in qualità di immagine interpretata (dal vedere un'immagine *di* anatra si passa al vedere un'immagine *di* lepre); ma anche, se una siffatta connessione viene a mancare, se cioè la suddetta somiglianza interna ora colle anatre ora colle lepri non sussiste più, la figura non può più contare come immagine-*di* qualcosa, come immagine-di anatra o immagine-di lepre rispettivamente. Così, vedere una figura come internamente somigliante a oggetti di un certo tipo vuol dire in ultimo trattare percettivamente la figura come un'immagine-di oggetti di quel tipo.

---

[121] Per la distinzione tra il concetto di somiglianza interna e quello di somiglianza esterna in relazione proprio al caso del vedere somiglianze cfr. LS1 §§ 152, 155-156.

7.3. *L'esperienza vissuta del significato*

La trattazione del vedere-come da parte di Wittgenstein contiene varie altre sfumature su cui non possiamo soffermarci qui[122]. Per gli scopi presenti, basterà sottolineare che, messa nei termini anzidetti, traspare lucidamente la connessione tra la nozione di vedere-come e quella di esperienza del significato di una parola. Wittgenstein stesso nota come una volta che l'idea che qualcosa possa essere visto in modi differenti viene applicata non più a figure e disegni, ma a termini e caratteri di un linguaggio, «sussiste una stretta affinità con l'"avere un'esperienza vissuta del significato di una parola"» (PU, p. 276). Come spesso accade in questo contesto, i dattiloscritti preparatori sono più espliciti del testo a stampa delle *Untersuchungen* su questo punto; nelle *Bemerkungen über die Philosophie der Psychologie* Wittgenstein osserva che il vedere una figura come (internamente) simile ora a un certo *tipo* di cose ora a un altro è un vedere (ora) un *significato* (ora un altro)[123]. Ora, alla luce di quanto abbiamo detto nel paragrafo precedente, la connessione tra vedere-come ed esperire un significato va interpretata nel senso seguente: nell'attimo in cui una parola è vista come un'espressione dotata di un certo significato, tale parola non è più vista quale oggetto spaziotemporale, oggetto cioè dotato di certe proprietà fisiche, bensì come termine *semanticamente interpretato*, come un'entità cioè che non sarebbe più la stessa se il suo significato mutasse.

Da questo punto di vista, appare immediatamente a Wittgenstein il pericolo teorico insito nello sviluppare una concezione positiva, non riducibile a quella di immagine mentale, della nozione di

---

[122] Tra i vari casi di vedere-come che Wittgenstein cita in questa discussione, spiccano il caso del vedere-come tridimensionale di figure bidimensionali, connesse con possibili illusioni (come quando vedo in un quadro una sfera 'librarsi nell'aria') (PU, pp. 285 sgg), quello analogo di vedere-come 'psicologico' (vedere lo schizzo di un volto come triste; esperienza che è alla base dell'etero-ascrizione di stati qualitativi, cfr. *supra*, 6.4) (PU, pp. 274-75), quelli di vedere-come 'organizzativo' (riconoscere una figura entro un intrico di linee, unire collo sguardo dei punti in un determinato modo) (PU, pp. 259, 273-74). Tutti questi casi presentano analogie e differenze tra di loro e con quelli già discussi nel testo. Ciò sembrerebbe portare all'idea, come sappiamo ben familiare a Wittgenstein, che il vedere-come è un classico concetto 'aperto', i cui membri sono accomunati soltanto da somiglianze di famiglia. Tuttavia, forse proprio perché la trattazione del tema del vedere-come è iscritta in un processo di tassonomizzazione dei concetti di stati psicologici (cfr. *supra*, nota 116 del presente capitolo), Wittgenstein sembra propenso a intendere tutti questi casi come istanze di differenti *concetti* di vedere-come: «qui c'è un numero enorme di fenomeni tra loro affini e di possibili concetti» (PU, p. 263).

[123] «È proprio come se vedessimo l'immagine: una volta, insieme con *un* gruppo di immagini, un'altra volta con un *altro*. [...] È [...] proprio un *significato* quello che io vedo» (BPP I §§ 868-869).

esperienza vissuta del significato ai fini dell'analisi dei temi connessi del significato e della comprensione. Il pericolo è quello di ritornare alla tesi 2 del *Tractatus*, la teoria raffigurativa delle proposizioni, basata sull'idea che le espressioni del linguaggio hanno significato nella misura in cui sono concepite come nomi *dei* loro referenti, ossia la tesi 3 del *Tractatus* (cfr. *supra*, 1.1). Un modo alternativo di esporre quest'ultima tesi è che i primitivi semantici del linguaggio, i nomi, hanno significato, e dunque possono essere considerati a pieno titolo come entità semantiche e non come meri elementi fisici di quell'entità spaziotemporale che è il segno proposizionale preso nella sua fatticità (TLP 3.14), nell'attimo in cui sono posti in relazione interna di somiglianza coi loro referenti: un nome non sarebbe il nome-*di*, l'elemento semantico interpretato, che è, se non stesse in relazione interna di somiglianza col suo designato[124]. È questa concezione che Wittgenstein teme ritorni in auge nell'attimo in cui prospetta l'ipotesi che l'esperienza del significato di tipo peculiare che egli andava cercando, cioè quella irriducibile all'avere in testa immagini mentali, consista nel vedere una parola come immagine-*di*, ossia nel vedere l'interna somiglianza della parola a ciò che costituisce il suo significato:

Ma se la proposizione mi può apparire come un quadro dipinto con le parole, e la parola singola nella proposizione come un'immagine, allora non c'è più da meravigliarsi tanto se può sembrare che una parola, pronunciata isolatamente e senza scopo, porti in sé un significato ben definito. (PU, p. 282; vedi anche p. 286)

Non resta a Wittgenstein che fare marcia indietro rispetto a quest'opzione e cercare di valutare differentemente la fenomenologia che porta a dire per esempio che in un nome proprio è come se riconoscessimo la fisionomia del suo portatore, come se il nome non potesse che essere il nome *di* un portatore siffatto: «"Per me è come se il nome 'Schubert' si adattasse alle opere di Schubert, e al suo volto"» (PU, p. 282)[125].

---

[124] Così scrive Wittgenstein nei *Quaderni* preparatori al *Tractatus*: «Par dunque che necessaria sia non l'*identità* logica di segno e designato, ma solo *una* relazione interna, *logica*, tra segno e designato. [...] Ciò di cui si tratta è solo questo: ciò che è logico del designato è completamente e solamente determinato da ciò che è logico del segno e del modo di designazione» (TB, p. 106).

[125] Che Wittgenstein abbia ben presente che dietro questa fenomenologia della nominazione rischia di prospettarsi la fondamentale tesi semantica del *Tractatus* è evidente da come egli pone la questione nei manoscritti preparatori alla seconda parte delle *Untersuchungen*. Si vedano questi due passi (il secondo dei quali costituisce la versione estesa di quello delle *Untersuchungen* citato nel testo): «Sappiamo

Così, ecco Wittgenstein pronto a mostrare la *dispensabilità* teorica della nozione di esperienza del significato ai fini dell'analisi del tema della comprensione. Sul modello del concetto di cecità per l'aspetto, Wittgenstein conia la nozione di *cecità per il significato*[126]. Cieco all'aspetto è colui che manca della capacità di vedere qualcosa come qualcosa, primariamente nel senso che è incapace di passare dalla percezione di un aspetto all'altro; egli manca per esempio dell'abilità di vedere una figura come sfondo di un'altra e viceversa (come nel caso in cui si abbia la figura di un ottagono divisa in otto triangoli bianchi e neri alternativamente, così da generare l'immagine ambigua della doppia croce, l'una nera e l'altra bianca; chi non sia 'cieco all'aspetto' può infatti vedere ora l'una ora l'altra croce come sfondo della croce di colore differente) (PU, p. 280). Analogamente, cieco al significato sarà colui che non riesce a intendere, a sentire una parola ora in uno ora in un altro significato (per esempio la parola "da" ora come preposizione ora come verbo), o anche colui che non si accorga della differenza esperienziale insita nel vedere (o sentire) una parola come impregnata del suo significato rispetto al vederla come scarabocchio (o al sentirla come un mero suono) (PU, p. 281), e quindi in generale non abbia l'impressione che la parola possegga una fisionomia, un carattere semantico particolare (PU, p. 286). Ebbene, la possibile esistenza di 'ciechi al significato' è per Wittgenstein la prova che avere l'esperienza del significato di una parola non è condizione necessaria della comprensione del suo uso in quel significato:

> Se un orecchio fino mi mostra che in quel giuoco ho avuto ora *questa*, ora *quest'altra* esperienza vissuta della parola – non mi mostra anche che nel flusso del discorso spesso *non* ne ho *affatto* l'esperienza vissuta? (PU, p. 283)

> La fisionomia particolare di una parola, la sensazione che essa abbia assorbito in sé il suo significato, che sia il ritratto del suo significato: – potrebbero esistere uomini ai quali tutto ciò è estraneo. (PU, p. 286)[127]

molto bene che il nome "Schubert" non sta in una relazione di adattamento [*Passen*] al suo portatore e alle opere di questi; e tuttavia siamo costretti ad esprimerci in questo modo» (LS1 § 69). «Il nome, l'immagine del suo portatore. [...] "Per me è come se il nome Schubert si adattasse alle opere di Schubert e al suo volto"» (LS1 §§ 790-791).

[126] Cfr. Rhees, *Preface*, cit., p. XIII [trad. it. cit., p. LXV]. I *termini* "cecità al significato" e "cieco al significato" non ricorrono espressamente nelle *Untersuchungen*, ma nei dattiloscritti preparatori; vedi rispettivamente BPP I § 189 e BPP I §§ 175, 198, 202, 205-206, 225, 232, 242-243, 247, 250, 342, 344, II §§ 571-572.

[127] Il punto è più nettamente espresso in questo passo di BPP: «Quando ho

Per quanto riguarda invece la possibilità di considerare l'esperienza di significato almeno come condizione sufficiente della comprensione, nel senso che non vi sarebbe differenza di comprensione senza differenza di esperienza, Wittgenstein è più incerto, ma non fino al punto di prendere espressamente posizione a favore[128] di questa possibilità:

> Quando dico: «Il signor Lombardo non è un lombardo», intendo il primo «Lombardo» come nome proprio, il secondo come nome comune. Dunque, quando odo o pronuncio il primo «Lombardo», nella mia mente deve accadere qualcosa di diverso da quello che accade quando odo o pronuncio il secondo? (Ammettiamo che io pronunci la proposizione 'pappagallescamente'.) – Prova a intendere il primo «lombardo» come nome comune, e il secondo come nome proprio! Come si fa? Quando *io* lo faccio, strizzo gli occhi per lo sforzo, perché, mentre pronuncio ciascuna delle due parole, tento di rappresentarmi il loro giusto significato. Ma mi rappresento il significato di queste parole anche quando le pronuncio secondo il loro uso ordinario?
> Quando enuncio la proposizione invertendo i significati delle parole, per me il senso della proposizione si dissolve. – Ebbene, si dissolve *per me*, ma non per quello a cui faccio la comunicazione. Allora che male c'è? (PU, p. 233)

Che cosa resta allora per Wittgenstein dell'idea di un'irriducibile esperienza vissuta del significato, dell'idea che si percepisca una parola come impregnata del suo significato ai fini della sua comprensione? Poco che vada oltre il seguente punto già avanzato nella prima parte delle *Untersuchungen*. A fianco del normale tipo *transitivo* di comprensione del significato di un'espressione, rispetto a cui l'espressione linguistica coinvolta da un atto di comprensione è inessenziale perché è rimpiazzabile da qualunque altra espressione ad essa sinonima, *c'è* davvero per Wittgenstein un tipo *intransitivo* di comprensione delle espressioni, secondo il quale un'espressione è ai fini della sua comprensione *insostituibile* da una qualunque altra espressione nell'esprimere un determinato significato, nella misura in cui quel significato è *internamente* connesso all'espressione in giuoco e non potrebbe dunque essere espresso da nessun altro termine:

ipotizzato il caso di un 'cieco al significato', l'ho fatto perché avere un vissuto del significato non sembra rivestire importanza alcuna nell'*uso* della lingua. E perché, quindi, sembra che il cieco al significato finisca per non perdere molto» (I § 202).

[128] Come invece ritiene (in un'interpretazione troppo ottimistica del testo di Wittgenstein, a mio avviso) E. Zemach, *Wittgenstein on meaning*, in «Grazer Philosophische Studien», 33/34 (1989), pp. 417-18.

Noi parliamo del comprendere una proposizione, nel senso che essa
può essere sostituita da un'altra che dice la stessa cosa; ma anche nel senso
che non può essere sostituita da nessun'altra. (Non più di quanto un tema
musicale possa venir sostituito da un altro.)
Nel primo caso il pensiero della proposizione è qualcosa che è comune
a differenti proposizioni; nel secondo, qualcosa che soltanto queste parole,
in queste posizioni, possono esprimere. (Comprendere una poesia.) (PU §
531)[129]

Questo tipo di comprensione si dà secondo Wittgenstein ogni
qual volta si è tentati di dire che il significato dell'espressione in
giuoco è un significato 'del tutto particolare' – senza poter spiegare
altrimenti in che cosa questa particolarità consista. Nella comprensione di un brano poetico, così come in quella di uno musicale,
questa tentazione è ineliminabile; il valore espressivo, la significa-
·zione di un passaggio musicale non è infatti «qualcosa che si possa
scindere dal passaggio» (PU, p. 241); il brano musicale (così come
anche un quadro di genere, in cui, a differenza della raffigurazione
di uno stato di cose reale, la scena rappresentata sia indissociabile
dall'immagine stessa che la rappresenta) è afferrato nel suo senso in
quanto *dice se stesso*, esprime la propria struttura sonora (PU §§
522-523). Ora, in questo genere intransitivo di comprensione del
significato di un'espressione, il fattore esperienziale è fondamentale;
proprio perché l'espressione in questione è *percepita* come un tut-
t'uno col suo significato, la comprensione di quest'ultimo non è
svincolabile dall'espressione medesima. Ma, per l'appunto, questo
tipo di comprensione semplicemente *affianca*, non rimpiazza, l'ordinaria comprensione transitiva in cui si può spiegare il significato
di un'espressione rimpiazzando così quell'espressione con un'altra
(o altre) ad essa sinonima. Anche il concetto di comprensione è un
concetto 'aperto', tale che ciò che ricade sotto di esso è accomunato
solo da somiglianze di famiglia (cfr. *supra*, 2.1):

Dunque qui «comprendere» ha due significati differenti? – Preferisco
dire che questi modi d'uso di «comprendere» formano il suo significato, il
mio *concetto* del comprendere.
Perché *voglio* applicare «comprendere» a tutte queste cose. (PU §
532)[130]

[129] Wittgenstein conia il termine "capire intransitivo" per descrivere questa forma di comprensione addirittura già in PG § 37. In BBB, p. 205, egli parla analogamente di uso transitivo *versus* uso intransitivo di un termine, la cui differenza sta
proprio nella possibilità o meno di spiegare il significato di un termine siffatto mediante un altro termine.
[130] Non va peraltro taciuto che Wittgenstein era tentato dall'attribuire all'in-

L'unica sostanziale aggiunta che Wittgenstein fa nella seconda parte delle *Untersuchungen* su questo problema è da un lato sicuramente rilevante, poiché riguarda addirittura direttamente la nozione stessa di significato piuttosto che quella di comprensione, ma d'altro lato finisce di fatto per costituire un'ulteriore riduzione della portata teorica della nozione di esperienza di significato. Vi è davvero, scrive qui Wittgenstein, un tipo di significato che ha la caratteristica di essere indissociabile dalla sua espressione, e rimanda perciò a una sua comprensione intransitiva e quindi all'esperienza dell'espressione in quel significato; ma questo è un significato *derivato*, o secondario, della parola rispetto al suo significato primario, che è quello ordinariamente spiegato mediante il ricorso alle sue regole d'uso. Il carattere derivato di tale significato consiste nella sua *dipendenza* concettuale dal significato primario dell'espressione relativa: solo chi già usa quest'ultima nel suo significato primario può attribuirle un siffatto significato secondario. Tale dipendenza non fa però del significato secondario un significato metaforico, traslato; perché in tal caso, contrariamente a quanto si è detto, tale significato potrebbe anche essere espresso altrimenti. Piuttosto, tale dipendenza consiste nel fatto che quando l'espressione ha un tale significato secondario, essa è impiegata sì nel suo significato primario ma entro un contesto che è in qualche modo parassitario di un contesto ordinario, ne è cioè una particolare modificazione nello stesso senso in cui gli usi 'non seri' o quelli 'di finzione' di un termine sono parassitari rispetto agli usi che non hanno tali caratteristiche:

> Qui si potrebbe parlare di significato 'primario' e di significato 'secondario' di una parola. Solo colui per il quale la parola ha significato primario, la impiega nel suo significato secondario. [...]
> Il significato secondario non è un significato 'traslato'. Quando dico: «Per me la vocale *e* è gialla», non intendo 'giallo' in significato traslato –

transitività del comprendere una portata ben maggiore di quella che si decise a darle nei passi citati del testo. Riprendendo quanto già asserito in PG § 4, Wittgenstein aveva scritto del comprendere espressioni linguistiche *come tale* che esso «è molto più affine al comprendere un tema musicale di quanto non si creda» (PU § 527), e aveva spiegato ulteriormente che questa comprensione è una forma di vedere-come, dunque di esperire espressioni come dotate di significato (PU §§ 527, 534-535). Nell'analoga formulazione di PU § 527 che ricorre in BBB, egli si era persino spinto a criticare *l'idea stessa* della comprensione transitiva del significato: «il comprendere un enunciato è molto più simile di quanto sembri a ciò che nella realtà accade quando noi comprendiamo una melodia. Infatti, comprendere un enunciato, noi diciamo, indica una realtà fuori dall'enunciato. Mentre invece si potrebbe dire: "Comprendere un enunciato significa afferrare il suo contenuto; ed il contenuto dell'enunciato è *nell'*enunciato"» (p. 213).

infatti quello che voglio dire non potrei esprimerlo in nessun altro modo se non per mezzo del concetto 'giallo'. (PU, p. 284)

[...] l'uso secondario consiste nell'applicare la parola con *questo* uso primario in nuovi contesti. [...] Solo di bambini che conoscono i treni reali si può dire che giocano ai treni. E la parola [«]treni[»] nell'espressione «giocare ai treni» non è usata figurativamente, né in un senso metaforico. (LS1 §§ 797, 800)

Capitolo quarto
LA FORTUNA DELL'OPERA

1. Introduzione

Con la pubblicazione delle *Philosophische Untersuchungen* nel 1953 l'influenza del secondo Wittgenstein, che già era andata esercitandosi in modo informale non solo sui filosofi del Circolo di Vienna con cui era stato in stretto contatto già fin da prima del suo ritorno ufficiale alla filosofia (Schlick e Waismann soprattutto), ma anche sull'ambiente filosofico anglosassone a lui contemporaneo (quello di Cambridge e Oxford in particolare), ebbe un riconoscimento ufficiale; ben presto, anzi, le *Philosophische Untersuchungen* si affermarono come una pietra miliare nel dibattito filosofico di questo secolo. A grandi linee, possiamo ricostruire tre linee di influenza del secondo Wittgenstein sulla riflessione filosofica successiva: 1) l'assunzione del secondo Wittgenstein come indiscusso padre putativo della cosiddetta filosofia del linguaggio ordinario, corrente dominante nella filosofia analitica britannica degli anni Cinquanta e Sessanta; 2) la progressiva presa di distanza da Wittgenstein, nello stesso arco di tempo, della filosofia americana di estrazione analitica; 3) una valutazione certo meno partigiana e quindi più obiettiva dell'apporto di Wittgenstein alla riflessione contemporanea, diffusasi in campo analitico dalla metà degli anni Settanta e nella filosofia cosiddetta continentale dalla metà degli anni Sessanta.

2. Le «Untersuchungen» e l'«ordinary language philosophy»

L'impatto delle *Untersuchungen* sul mondo filosofico britannico fu enorme. La nuova generazione dei filosofi che andava formandosi negli anni Cinquanta principalmente nelle sedi di Cambridge e Oxford, alcuni dei quali furono diretti allievi di Wittgenstein (Anscombe, Geach, Malcolm, von Wright tra gli altri), gli riconobbe l'indubitabile primato di una serie di idee che, grazie a filosofi come Ryle e Wisdom prima, il già ricordato Waismann e Austin poi, erano circolate in Inghilterra fin dagli anni Trenta, spesso proprio a causa del diretto contatto di costoro con Wittgenstein. Possiamo riassumere tali idee come segue.

i) *La 'dottrina' del significato e la concezione della filosofia.* Nella sua valenza polemica contro ogni concezione reificazionista del significato (PU § 120), la 'tesi' wittgensteiniana secondo cui il significato di un'espressione è il suo uso nel linguaggio (PU § 43) assurse addirittura a slogan della cosiddetta filosofia del linguaggio ordinario, intesa primariamente come la filosofia degli usi ordinari del linguaggio[1]. I filosofi del linguaggio ordinario si servirono di tale 'tesi' prima di tutto per avanzare come Wittgenstein (PU § 23) una concezione tollerante della significanza, comprensiva di tutti quegli usi enunciativi non-descrittivi (ordini, richieste, espressioni di stati d'animo) normalmente accantonati dalla semantica logica[2]. In particolare, Stenius avanzò una teoria 'liberale' del significato basata sulla nozione wittgensteiniana di giuoco linguistico. Riprendendo un'osservazione wittgensteiniana (PU, p. 21) su cui ci siamo soffermati *supra*, cap. III, 1.1, Stenius distinse tra radicale proposizionale ed elemento modale di un enunciato, ossia tra il nucleo raffigurativo di un enunciato e la modalità con cui questo è usato (come ordine piuttosto che come domanda ecc.). Interpretando tale distinzione come quell'emendamento alla teoria raffigurativa del *Tractatus* che Wittgenstein, come abbiamo visto in quelle pagine, non aveva in ultimo voluto perseguire, Stenius concepì i giuochi linguistici wittgensteiniani come le attività che, in quanto intessute di differenti regole atte a dare un differente significato convenzionale ad un tale elemento modale di un enunciato, permettono di usare in modo differente un enunciato identico dal punto di vista del suo radicale[3].

Ma la 'tesi' per cui il significato è l'uso servì ai filosofi del linguaggio ordinario anche per proseguire la critica wittgensteiniana alla filosofia tradizionale, secondo cui i problemi filosofici sorgono dal fraintendimento della grammatica del linguaggio ordinario (cfr.

[1] Cfr. Urmson (PAn, p. 212); P.M.S. Hacker, *Wittgenstein's Place in Twentieth-century Analytic Philosophy*, Blackwell, Oxford 1996, p. 160.
[2] Cfr. Austin (PUt, p. 222); Ryle (VP, p. 250); Strawson (T, pp. 89-96); Warnock (VUL, p. 310).
[3] Cfr. Stenius (MLG).

supra, cap. III, 2.2)[4]. Come già per il Wittgenstein delle *Untersuchungen*, questa critica non doveva portare alla conclusione che, per cogliere la grammatica genuina del linguaggio ordinario, ad esso vada affiancato un linguaggio ideale la cui forma grammaticale coincide con la sua forma logica. Tale conclusione è a sua volta fuorviante; Strawson spese un intero libro per ribadire che la varietà degli usi linguistici del linguaggio ordinario non può essere disciplinata mediante un linguaggio sintattico-formale[5]. Piuttosto, per gli analisti del linguaggio ricostruire, all'interno della mappa generale degli usi indefinitamente vari dei termini del linguaggio ordinario, l'uso delle espressioni che generano problemi filosofici[6], e quindi compiere un'analisi connettiva dei concetti che tali espressioni significano[7], rappresenta come per Wittgenstein il compito che deve assumersi la buona filosofia. Quest'ultima giunge così nuovamente a qualificarsi come un'attività ben distinta dall'impresa scientifica (cfr. *supra*, cap. III, 2.2)[8].

ii) *L'analisi dei concetti psicologici*. La lezione wittgensteiniana della filosofia come analisi concettuale (cfr. *supra*, cap. III, 2.2) è stata maggiormente praticata nel campo delle nozioni psicologiche, principalmente nell'ambito dei discepoli diretti o indiretti di Wittgenstein. Il primo tema ad essere ripreso fu la critica al mentalismo psicologico, all'idea che gli atti mentali siano eventi collocati entro un teatro psichico accessibile solo al suo possessore. In Malcolm questa critica venne vista come la dissoluzione del modello cartesiano del mentale, introspezionista da un lato e meccanicista dall'altro[9]. Malcolm applicò poi questa dissoluzione a un caso particolare cui Wittgenstein aveva dedicato una breve sezione della seconda parte delle *Untersuchungen* (PU II VII), quello del sogno, per ribadire che solo un'analisi criteriologica, che connetta concettualmente l'aspetto esperienziale del sogno alle sue manifestazioni esterne (*in primis* resoconti al passato), permette di stabilire che cos'è l'atto mentale del sognare[10]. Anche Kenny si incarica di proseguire

---

[4] Cfr. per esempio Warnock (EPSN, p. 89).
[5] Cfr. Strawson (ILT).
[6] Cfr. Austin (SS, p. 3); Waismann (PLP, pp. 14, 21-24); Warnock (EPSN, p. 109).
[7] Cfr. per esempio Ryle (PAr, pp. 201-202). Secondo Hacker, *Wittgenstein's Place* cit., pp. 176-77, lo stesso progetto di Strawson (cui proprio si deve l'espressione "analisi connettiva": cfr. AM, cap. 2) di costruire una 'metafisica descrittiva' delle strutture concettuali fondamentali dell'esperienza (cfr. IEDM, pp. 9-11) è assimilabile a un'analisi connettiva in senso wittgensteiniano.
[8] Cfr. Lazerowitz (NM, pp. 29-36); Wisdom (MM, pp. 39, 49-50).
[9] Cfr. Malcolm (PM).
[10] Cfr. Malcolm (Dr, particolarmente il cap. 12).

una ricerca grammaticale cui Wittgenstein aveva nelle *Untersuchungen* riservato pochi cenni (PU §§ 476, 583, II ɪ), quella relativa alle espressioni che stanno per emozioni. In tale ricerca le emozioni, che come ogni atto intenzionale hanno per oggetto qualcosa di diverso dalla loro causa, sono trattate come ciò che non porta informazioni sul mondo, non è localizzato né momentaneo, è connesso non solo a una modalità espressiva comportamentale ma a una storia caratteristica riguardante colui che le prova[11].

Anche la parallela critica di Wittgenstein al mentalismo semantico (cfr. *supra*, cap. III, 3.1), all'idea che il significato dei termini risieda in eventi di ordine mentale, ebbe un profondo impatto sui suoi discepoli. Tale critica consentì a Geach un attacco contro la più generale dottrina semantica dell'astrazionismo, secondo cui il senso di un termine predicativo viene acquisito mediante la mera focalizzazione dell'attenzione su determinate caratteristiche della realtà date attraverso l'esperienza[12].

Infine, le brevi note scritte da Wittgenstein contro l'assimilazione dell'uso del pronome di prima persona, "io", a termini singolari denotanti individui (PU §§ 404-405, 410) hanno dato spunto a ulteriori riflessioni. Geach rilevò come l'uso fondamentale di "io" sia quello indicale con cui si attira attenzione su colui che parla; questo fa del suo uso in soliloquio un uso derivato, con tutte le conseguenze che questo comporta per un approccio cartesiano alla prima persona[13]. Anscombe fece della non sostituibilità cognitiva di "io" con ogni altro termine singolare usato per riferirsi a un determinato individuo la base per una concezione di "io" come termine non-referenziale[14].

iii) Azione, antropologia e incommensurabilità. La distinzione wittgensteiniana parallela a quella tra oggetto e causa di un'intenzione, ossia quella tra motivo e causa di un'azione (PU, p. 294), fu ripresa da Anscombe nella sua trattazione della nozione di intenzione[15]. Anche un'altra distinzione concettuale wittgensteiniana, quella tra azione ed evento corrispondente (nell'esempio di Wittgenstein, l'azione di alzare il braccio e l'evento dell'alzata del braccio: PU §§ 612 sgg.), fu ricuperata tanto da Anscombe quanto da von Wright come una distinzione tra due modalità di descrizione, e quindi di spiegazione – intenzionale da un lato, causale dall'altro –

---

[11] Cfr. Kenny (AEW, cap. 3).
[12] Cfr. Geach (MA, pp. 4, 18-44).
[13] Ivi, pp. 117-21.
[14] Cfr. Anscombe (FP).
[15] Cfr. Anscombe (I, pp. 15-20).

di ciò che sotto il profilo ontologico è uno e un solo processo comportamentale[16]. Descrivere un comportamento come intenzionale, e quindi considerarlo come un'azione piuttosto che come un evento fisico, non è altro che interpretarlo in chiave teleologica, ossia alla luce di ragioni e intenzioni, piuttosto che in chiave nomica, come elemento di una sequenza di eventi causalmente connessi.

Questa distinzione tra azioni ed eventi acquista ulteriore importanza in relazione al tema wittgensteiniano dell'accordo entro una forma di vita e a quello correlato dell'incommensurabilità tra forme di vita differenti. Come sappiamo (cfr. *supra*, cap. III, 5.3), per Wittgenstein è solo entro una forma di vita condivisa che vigono le regole grammaticali di un linguaggio. Winch radicalizzò questo tema, che come altri interpreta quale forma di idealismo linguistico[17], e lo interpretò nel senso di un pluralismo fattuale delle forme di vita: c'è un'effettiva varietà di schemi concettuali e dunque di forme di esperienza del mondo[18]. Tali forme, sostenne wittgensteinianamente Winch, sono tra loro incommensurabili: dall'interno di uno schema concettuale non si può capire l'uso di termini per concetti conforme a uno schema differente e quindi non si può porre in questione la validità di tale uso[19]. Ora, quest'incommensurabilità funge proprio da evidenza indiretta a favore della suddetta distinzione concettuale tra azioni ed eventi: l'interpretazione teleologica di un comportamento come azione intenzionale, scrisse infatti von Wright, è fuori giuoco in relazione a comportamenti di individui appartenenti a una forma di vita differente da quella della propria comunità[20].

3. *Le* «Untersuchungen» *e la filosofia analitica in America*

Se gli anni Cinquanta e Sessanta della filosofia britannica sono caratterizzati da una marcata dipendenza, a volte addirittura acritica, dalla filosofia del secondo Wittgenstein, non altrettanto si può dire per quanto riguarda il panorama americano. Non che in America siano mancati filosofi che furono allievi diretti di, o ebbero

[16] Ivi, pp. 51-53, 84-87; cfr. von Wright (EU, pp. 142, 152-53).
[17] Cfr. Winch (ISS, p. 28). Relativamente all'interpretazione di Wittgenstein come idealista linguistico, il dibattito prende l'origine da B. Williams, *Wittgenstein and idealism*, in *Understanding Wittgenstein*, a cura di G. Vesey, Macmillan, London 1974, pp. 76-95 [trad. it. in *Capire Wittgenstein*, a cura di M. Andronico *et al.*, Marietti, Genova 1996², pp. 275-96].
[18] Cfr. Winch (ISS, pp. 127, 131; UPS, p. 41).
[19] Cfr. Winch (UPS, pp. 26, 31, 37, 41-42).
[20] Cfr. von Wright (EU, pp. 138-39).

stretti contatti con, Wittgenstein (il già ricordato Malcolm, Black, Bouwsma). Tuttavia, la filosofia analitica ha avuto in America differenti canali di diffusione, originandosi direttamente dalla riflessione di quegli esponenti del neopositivismo logico, come Bergmann, Carnap e Reichenbach, che ripararono in America per sfuggire al nazismo. Ora, seppure il movimento neopositivista fosse molto debitore a Wittgenstein, soprattutto in quanto autore del *Tractatus*, di una quantità di spunti e riflessioni[21], esso era però agli antipodi della concezione generale di Wittgenstein della filosofia nei suoi rapporti con la scienza. Come abbiamo visto (cfr. *supra*, cap. III, 2.2), tale concezione sta alla base dell'idea della filosofia come analisi del linguaggio, difesa da Wittgenstein tanto nel *Tractatus* quanto nelle *Untersuchungen*, sebbene sia in queste proposta non più mediante il filtro della costruzione di un linguaggio ideale, ma mediante la descrizione dell'uso ordinario del linguaggio mirata al rinvenimento delle strutture concettuali che in tale uso si manifestano. Al di là delle differenze tra primo e secondo Wittgenstein sul ruolo e la natura della filosofia (cfr. *supra*, cap. III, 2.2), per Wittgenstein rimane un punto fermo che non c'è continuità tra filosofia e scienza, la prima essendo un'attività che riflette su quegli stessi dati che la seconda, in quanto disciplina empirica e non concettuale, contribuisce a fornire. Al contrario, il neopositivismo, in particolare lo stesso Carnap, riteneva che la riflessione filosofica faccia parte a pieno titolo dell'impresa scientifica, costituendone la componente più sistematica e formalizzante[22]. Ora, per quanto la filosofia analitica americana si sia progressivamente allontanata dalle sue origini neopositiviste, essa ha ereditato integralmente dal positivismo logico la concezione del rapporto scienza-filosofia. Questo ha contribuito a creare un deciso solco tra tale filosofia e il secondo Wittgenstein.

Si prenda la figura forse più rilevante nel panorama filosofico americano contemporaneo, Quine. A prima vista, l'opera di Quine sembrerebbe rappresentare un controesempio rispetto alla tesi appena sostenuta, perché appaiono esservi svariate analogie tra Quine e il secondo Wittgenstein: per esempio, l'anti-fondazionalismo epistemologico e l'olismo ad esso collegato, l'anti-mentalismo semantico e in generale la critica alla reificazione dei significati, il rigetto di un approccio funzionalista al mentale, la natura 'ideologica' dell'ontologia e la conseguente elaborazione della nozione di schema concettuale. A ben guardare, tuttavia, molte di queste affinità si ri-

---

[21] Vedi su ciò A. Voltolini, *Wittgenstein nella tradizione analitica*, in *Wittgenstein*, a cura di D. Marconi, Laterza, Roma-Bari 1997, pp. 289-317.
[22] Cfr. Carnap (LSS, p. 383).

velano meno strette. Sotto il profilo storico, Quine desunse dai suoi mentori in ambito neopositivista, non da Wittgenstein, i temi su cui la sua riflessione verte[23]. Sotto il profilo teorico, le convergenze apparenti si rivelano il portato di approcci del tutto divergenti, in ultimo anche su quel piano del rapporto tra filosofia e scienza, rispetto al quale Quine, con la tesi del carattere naturalizzato dell'epistemologia, rimane fedele al presupposto metodologico neopositivista per cui non c'è soluzione di continuità tra scienza e filosofia[24].

Un'esplicita presa di distanza da Wittgenstein si trova nettamente espressa agli inizi degli anni Sessanta con la critica di Putnam alla trattazione del sognare da parte di Malcolm, ma rivolta in realtà all'intero approccio wittgensteiniano sui problemi del mentale[25]. L'analisi criteriologica del sognare proposta da Malcolm è per Putnam un esempio lampante di come la filosofia, intesa come analisi concettuale, sbagli nel non vedere come i criteri siano soltanto modi rivedibili alla luce del progresso scientifico per fissare l'estensione di un termine. Nel caso di un termine per un fenomeno mentale come il sogno, i criteri comportamentistici della *folk psychology* suggeriti da Malcolm possono essere tranquillamente accantonati alla luce di nuove conoscenze scientifiche che ci diano maggiori conoscenze sul fenomeno onirico[26].

Il successivo innesto del pensiero filosofico americano nel *corpus* delle scienze cognitive, impetuosamente cresciuto sull'onda dei successi progressivamente raggiunti dalle neuroscienze, non ha fatto altro che confermare questa tendenza critica. Secondo Chihara e Fodor, l'analisi criteriologica del mentale da parte di Wittgenstein mostra che anche Wittgenstein è un difensore del behaviorismo logico, seppure non nella versione forte (cfr. *supra*, cap. III, 3.3), ma in quella debole, della dottrina (per cui la relazione tra comportamenti esteriori e stati mentali non è l'identità, come risulta dalla versione forte, ma è solo un nesso criteriale)[27]. Ciò rende la lezione

[23] Si prenda per esempio di nuovo il tema dell'olismo, che Quine riprese da Neurath; cfr. R. Haller, *Il circolo di Vienna: Wittgenstein, l'atomismo e l'olismo*, in AA.VV., *Il circolo di Vienna. Ricordi e riflessioni*, a cura di M.C. Galavotti e R. Simili, Pratiche, Parma 1992, pp. 75, 78. Per una valutazione articolata sotto questo profilo del rapporto Quine-Wittgenstein, cfr. D. Koppelberg, *Skepticism about semantic facts*, in *On Quine*, a cura di P. Leonardi e M. Santambrogio, Cambridge University Press, Cambridge 1995, pp. 336-46.

[24] Cfr. Quine (EN); per questa interpretazione del rapporto teorico Quine-Wittgenstein cfr. Hacker, *Wittgenstein's Place* cit., cap. 7.

[25] Cfr. Putnam (DDG, p. 333).

[26] Ivi, pp. 337-40.

[27] Cfr. C. Chihara-J.A. Fodor, *Operationalism and ordinary language* (in R, pp. 37-48).

wittgensteiniana sul mentale inservibile ai fini della riflessione contemporanea su questo tema, nella misura in cui, così concepita, tale
lezione non costituisce altro che un ulteriore capitolo di quel paradigma, il behaviorismo, che l'odierna ripresa della prospettiva cogni-
tivista-rappresentazionalista del mentale (che proprio in America ha
avuto il suo centro di sviluppo e diffusione) ha rigettato nel suo complesso[28].

4. *Il secondo Wittgenstein e il mondo analitico contemporaneo*

Progressivamente, dalla metà degli anni Settanta in avanti, tanto
nell'ambiente britannico quanto in quello americano i due atteggia-
menti estremi, di dipendenza da una parte e di diffidenza dall'altra,
hanno lasciato spazio a una considerazione più distaccata della filosofia del secondo Wittgenstein. Conformemente ai *desiderata* dello stesso autore (PU, p. 5), le *Untersuchungen* sono state considerate nel loro valore programmatico, ossia come una serie di sugge-
rimenti e di problemi per un'autonoma riflessione.

A questo riguardo, ciò che è stato primariamente oggetto di esame da entrambi i lati dell'Atlantico sono le considerazioni wittgensteiniane sul significato, valutate allo scopo di un'indipendente elaborazione di una teoria semantica. A cavallo tra i continenti, Hintikka ha tra i primi riflettuto sull'importanza per la semantica della
nozione wittgensteiniana di giuoco linguistico, giungendo a formulare una vera e propria teoria del significato basata (anche se in
modo altamente originale) su tale nozione. Secondo Hintikka, agli
enunciati di una lingua sono associati determinati giuochi semantici
che si svolgono idealmente tra due personaggi, convenzionalmente
chiamati Me stesso e Natura. Entro un tale giuoco, lo scopo di Me
stesso è quello di verificare, quello della Natura di falsificare, un
determinato enunciato. Nel caso più semplice, quello di un enunciato indecomponibile in enunciati più elementari (un enunciato
atomico), Me stesso vincerà e Natura perderà se l'enunciato in questione è vero; la situazione dei giocatori sarà l'inversa se l'enunciato
è falso. Questo permette a Hintikka di avanzare in ultimo una teoria del significato di un enunciato in termini di condizioni di verità,
nel modo seguente: un enunciato è vero se e soltanto se Me stesso
ha una strategia vincente nel giuoco semantico ad esso correlato[29].

---

[28] Per questa visione del rapporto behaviorismo-cognitivismo cfr. Fodor (R, pp.
1-6).
[29] Cfr. Hintikka (per esempio in GTS).

Sul *côté* strettamente britannico, Dummett è indubbiamente l'esponente più vicino alle istanze wittgensteiniane in materia di significato. Certamente, Dummett muove dalla critica all'impiego da parte di Wittgenstein della nozione di uso in questioni semantiche. Secondo Dummett, nella sua genericità la tesi wittgensteiniana che il significato di un'espressione è il suo uso entro un giuoco linguistico addirittura ostacola la stessa formazione di una teoria del significato, nella misura in cui non solo vieta la tassonomizzazione degli atti linguistici, ma impedisce di tracciare la distinzione, già avanzata da Frege, tra contenuto proposizionale e forza di un enunciato[30]. Tuttavia, Dummett si serve poi proprio della stessa 'tesi' per cui il significato è l'uso per passare dalla teoria di origine fregeana del contenuto semantico enunciativo in termini di condizioni di verità, delle condizioni extralinguistiche alle quali un enunciato è vero (cfr. *supra*, cap. III, 1.1), a una teoria di tale contenuto in termini di condizioni di verificazione o più generalmente di asseribilità (in cui ci si limita a fornire le giustificazioni che si hanno per asserire enunciati del genere). Di quest'ultima teoria del significato, scrive infatti Dummett, Wittgenstein può essere legittimamente considerato un anticipatore[31].

Non è questa l'unica volta in cui Dummett promuove un'integrazione di tesi fregeane con idee wittgensteiniane nel campo della teoria del significato. Un altro caso fondamentale è la concezione dummettiana del carattere sociale del significato. Con l'argomento contro il linguaggio privato (cfr. *supra*, cap. III, 5.2), dice Dummett, Wittgenstein ci dà lo strumento per affermare la dipendenza concettuale di ogni idioletto dal linguaggio pubblico di una comunità, e quindi il carattere derivato del significato idiolettale di un'espressione dal suo significato pubblico[32].

Entrambe le considerazioni dummettiane – Wittgenstein all'origine della teoria del significato come condizioni di asseribilità; la

---

[30] Cfr. Dummett (CAPBS, pp. 58-59); Id., *Frege and Wittgenstein*, in *Perspectives on the Philosophy of Wittgenstein*, a cura di I. Block, Blackwell, Oxford 1981, pp. 40-41 [trad. it. in *Capire Wittgenstein*, cit., pp. 238-39].
[31] Cfr. Dummett (WDAU, pp. 128-31). Per una critica, a mio avviso corretta, all'interpretazione wittgensteiniana di Dummett cfr. Hacker, *Wittgenstein's Place* cit., pp. 240-42.
[32] Cfr. Dummett (SCM, pp. 424-25; OAP, pp. 124-29). Questo tema wittgensteiniano del carattere sociale del linguaggio è tornato sovente nella discussione filosofica successiva, anche laddove Dummett non se lo sarebbe mai aspettato, come nella contemporanea, non-fregeana, 'nuova teoria' del riferimento che trae origine da Kripke (NN). Secondo Wettstein (MPEPL), la lezione di Wittgenstein è che investigare tale carattere è il compito precipuo della semantica, contro ogni tentativo di fondare la semantica su basi fregeane e rappresentazionaliste.

valutazione dei fattori sociali a proposito della significazione come fine ultimo dell'argomento contro il linguaggio privato – trovano sviluppo nella famosa interpretazione da parte di Kripke del tema wittgensteiniano del seguire una regola, che ha rilanciato in America (e non solo) un forte interesse verso la filosofia di Wittgenstein. Secondo Kripke, il paradosso riscontrato da Wittgenstein a proposito del problema del seguire una regola (cfr. *supra*, cap. III, 4.2) è un paradosso *scettico*. Scopo di Wittgenstein è per Kripke quello di dire che, nella misura in cui *niente* può fungere da determinazione della correttezza dell'applicazione di una regola in una nuova circostanza, *non esistono fatti normativi* come quelli di seguire una regola (e quindi non esistono *fatti semantici* come quelli di significare qualcosa con una certa espressione, nella misura in cui anch'essi dovrebbero avere una natura normativa). A questo paradosso, secondo Kripke, Wittgenstein appronta una soluzione a sua volta scettica, per cui enunciati come "S segue la regola R nella circostanza C" (o "S significa M coll'espressione E"), conformemente agli altri enunciati del linguaggio, non hanno condizioni di verità, che sarebbero costituite da tali pretesi fatti normativi e semantici, ma solo condizioni di asseribilità, che comprendono le inclinazioni dei membri della comunità di S a comportarsi come S si comporta quando segue R (o significa M). Poste *queste* condizioni di asseribilità, infine, per Kripke ne deriva che secondo Wittgenstein non si può seguire una regola in isolamento (ideale) da una comunità. Così, nella misura in cui questo seguire isolato sarebbe un (impossibile) seguire una regola, e perciò significare qualcosa con un'espressione, *privatamente*, Wittgenstein concluderebbe che non può esistere linguaggio privato[33].

L'opera di Kripke ha generato un enorme dibattito tra gli interpreti, di cui diamo cenno in Bibliografia[34]. Ora, anche se nel presente libro abbiamo di fatto concordato con quella parte della letteratura che ritiene che Kripke abbia sostanzialmente frainteso il punto delle osservazioni wittgensteiniane in materia[35], non si può

[33] Cfr. S. Kripke, *Wittgenstein on Rules and Private Language*, Blackwell, Oxford 1982, pp. 70-74, 86-98, 110 [trad. it. Boringhieri, Torino 1984, pp. 60-62, 72-82, 89-90].

[34] Cfr. la sezione *Seguire una regola e filosofia della matematica*.

[35] Per riassumere qui le linee della presente lettura, abbiamo che: *i*) il paradosso del seguire una regola è un paradosso non per Wittgenstein, ma per l'interpretazionista, per colui che pensa che il problema del seguire una regola vada risolto facendo appello a *un*'interpretazione della regola che giustifichi la correttezza *versus* la scorrettezza di un'applicazione di una regola in nuove circostanze; *ii*) il problema del seguire una regola va per Wittgenstein dissolto, non risolto; *iii*) una volta compiuta tale dissoluzione, si può benissimo parlare per Wittgenstein del fatto norma-

non concedergli di aver colto un elemento fondamentale di tali osservazioni, vale a dire la connessione tra il problema del seguire una regola e quello del linguaggio privato.

Come molti altri filosofi analitici, Kripke è colpito dalla valenza teorica dell'argomento contro il linguaggio privato. In ogni tempo e sotto ogni cielo della filosofia analitica, infatti, le riflessioni wittgensteiniane contro il linguaggio privato sono apparse come uno dei pochi argomenti espressamente riconoscibili nelle *Untersuchungen* la cui validità e portata fossero meritevoli di considerazione teorica. Citiamo solo pochi esempi. Fin dagli anni Cinquanta si è discusso, grazie ad un famoso intervento di Ayer[36], se l'argomento abbia una natura *epistemologico-verificazionista* (secondo cui l'unico fruitore possibile di tale linguaggio non sarebbe in grado di *distinguere* tra applicazione corretta e applicazione solo presunta tale di una qualsiasi espressione di tale linguaggio). Grazie a Castañeda[37], invece, si è discusso se tale argomento minasse davvero la possibilità di riferirsi all'interno di un idioletto linguistico a sensazioni e stati interni. Fino a Kripke, però, non si era sostanzialmente messo in discussione che l'argomento si rivolgesse prima di tutto al linguaggio delle sensazioni. La grande rivoluzione interpretativa di Kripke è stata invece quella di mostrare che il caso dei termini per sensazioni non è che un'applicazione, per quanto importante, di riflessioni che Wittgenstein fa sulla questione del significato delle espressioni linguistiche in generale.

Ancora, la soluzione scettica del problema del seguire una regola che Kripke attribuisce a Wittgenstein, la quale cerca di rendere comunque conto della questione della correttezza *versus* scorrettezza di un'applicazione di una regola, ha avuto il merito di riportare alla luce un altro apporto fondamentale di Wittgenstein alla riflessione sul tema del significato, vale a dire la tesi della connessione interna tra significato e normatività (cfr. *supra*, cap. III, 4.1)[38]. Se per Wittgenstein il significato di un'espressione non è in realtà il suo uso *tout court*, bensì il suo uso *corretto*, ne discende che senza

tivo del seguire una regola, così come del fatto semantico dell'intendere un'espressione in un certo significato, posto che tale dissoluzione sia accompagnata dalla chiarificazione della grammatica delle espressioni "seguire una regola" e "significare qualcosa con un'espressione".

[36] Cfr. A.J. Ayer, *Can there be a private language?*, in *The Concept of a Person and Other Essays*, Macmillan, London 1963, pp. 36-51 [trad. it. Il Saggiatore, Milano 1966, pp. 44-59].

[37] Cfr. H.-N. Castañeda, *The private language argument as a reductio ad absurdum*, in *The Private Language Argument*, a cura di O.R. Jones, Macmillan, London 1971, pp. 132-82.

[38] Cfr. Kripke, *op. cit.*, pp. 37, 41 sgg. [trad. it. cit., pp. 37, 39 sgg.].

normatività non c'è significato e quindi non c'è linguaggio. Ora, proprio quest'ultimo assunto è stato discusso nell'ambito della ripresa del punto di vista mentalista in semantica, da parte dei sostenitori dell'esistenza, nel cervello di un individuo, di una lingua di rappresentazioni mentali (chiamata, a seconda dei casi, lingua interna, linguaggio del pensiero o Mentalese) su cui tale cervello produce operazioni di natura computazionale; lingua che soggiace alla lingua naturale parlata da quest'individuo ed è responsabile della comprensione da parte di tale individuo delle espressioni di quest'ultima[39]. Secondo i difensori di tale idea, la *lingua mentis* è un linguaggio non normativo in senso wittgensteiniano; per esso, infatti, la questione della normatività non si pone[40]. Da ciò discendono le seguenti conseguenze: in primo luogo, la *lingua mentis* non è certamente un linguaggio privato[41]; in secondo luogo, il possesso di un tale linguaggio non è incompatibile con l'ascrizione al suo possessore della proprietà di seguire regole di un linguaggio normativo ad esso soprastante, come la lingua naturale parlata da un siffatto individuo[42].

Il dibattito se una tale *lingua mentis* sia davvero possibile e se, in caso affermativo, essa sia davvero compatibile con la comprensione di una lingua naturale caratterizzata in senso genuinamente normativo, è tuttora aperto. Quello che è interessante in conclusione vedere è come la discussione sul paradosso scettico, proposto da Kripke come il vero problema delle *Untersuchungen*, abbia finito per toccare anche la nozione di linguaggio del pensiero che, come si è appena detto, sembrava impermeabile alla riflessione wittgensteiniana. Come è stato infatti rilevato da McGinn e Boghossian, il paradosso scettico di Kripkenstein, cioè il Wittgenstein della (discussa) interpretazione di Kripke, si può riscontrare non solo rispetto alle espressioni di un linguaggio pubblico, ma anche rispetto ai concetti o alle espressioni della *lingua mentis* che sottostanno all'uso di questo linguaggio (dove la cosa non fa poi grande differenza se, come è comunemente supposto dai difensori del linguaggio del pensiero, pensare un concetto è istanziare una siffatta espressione nella propria testa)[43]. Così inteso anche per espressioni del Mentalese, il problema di Kripkenstein si trasforma esattamente nel

[39] Cfr. per esempio Fodor (LOT).
[40] Cfr. per esempio Chomsky (LI, pp. 121-22).
[41] Cfr. Fodor (LOT, pp. 68-76).
[42] Cfr. Chomsky (LCS, p. 32).
[43] Cfr. McGinn, *Wittgenstein on Meaning*, Blackwell, Oxford 1984, pp. 144-49; P.A. Boghossian, *The Rule-Following Considerations*, in «Mind», 98 (1989), pp. 514-15.

cosiddetto "problema della disgiunzione" abbondantemente discusso nella letteratura cognitivista in merito al progetto della naturalizzazione del significato delle rappresentazioni mentali: cosa fa sì che una certa rappresentazione sia una falsa rappresentazione di cose *F* (di cani, per esempio) piuttosto che una vera rappresentazione di cose *F o G* (di cani o gatti, per esempio)?[44] Così, sebbene in forma indiretta, un problema di origine wittgensteiniana rimane un pregnante tema di discussione anche nell'odierna corrente di pensiero a sfondo mentalista.

5. *Il secondo Wittgenstein e il mondo continentale*

Se la filosofia analitica ha sempre discusso, nel bene e nel male, l'opera di Wittgenstein, l'approccio della filosofia continentale a Wittgenstein è stato molto più problematico[45]. Nonostante la stessa biografia di Wittgenstein fosse pronta a testimoniare la natura *sui generis* del pensiero wittgensteiniano, irriducibile alle correnti filosofiche, e seppure la filosofia delle *Untersuchungen* manifestasse una decisa avversione verso ogni forma di scientismo e di pensiero formalizzante, fino alla metà degli anni Sessanta non solo il primo, ma anche il secondo Wittgenstein furono investiti dalla canzone di organetto che sovente dal *côté* continentale si sente fischiettare contro ogni autore di estrazione analitica: Wittgenstein, quel positivista logicista[46].

Verso la metà degli anni Sessanta, tuttavia, il panorama comincia a mutare, grazie all'operato della corrente ermeneutica di estrazione *lato sensu* heideggeriana. Filosofi come Apel, Gadamer, Habermas, Ricoeur, Tugendhat vengono progressivamente a concepire la riflessione del secondo Wittgenstein come la sostanziale conferma dell'avvento di quel diverso *Zeitgeist* filosofico che Heidegger aveva contribuito a inaugurare, in cui il rifiuto della prospettiva soggettivista (se non solipsista) di matrice cartesiana da un lato, e la tesi del carattere irriducibilmente linguistico delle forme (multiple) d'esperienza del mondo dall'altro lato, qualificano quell'orizzonte di pensiero in cui oggi non possiamo non dirci gettati[47]. Tuttavia, ciò non significa fare di Wittgenstein un genuino compagno di viaggio nel

---

[44] Cfr. Fodor (TC, pp. 59-61).

[45] Per un'informazione più dettagliata su questo rapporto, cfr. L. Perissinotto, *Wittgenstein e la filosofia continentale*, in *Wittgenstein* cit., pp. 319-43.

[46] Cfr. per tutti Marcuse (ODM, pp. 183-96).

[47] Sull'anticartesianesimo: Apel (ESPPG, p. 82); Id., *Wittgenstein und Heidegger: Die Frage nach dem Sinn von Sein und der Sinnlosigkeitsvedacht gegen alle Me-*

cammino entro il nuovo *Zeitgeist*; di per sé, infatti, il secondo Wittgenstein sembra a costoro ancora solidale con la filosofia tradizionale, nelle forme o di una filosofia nuovamente positivizzante che assolutizza la datità dei giuochi linguistici nella loro molteplicità[48], o (al contrario) di una fenomenologia orientata linguisticamente e sconfinante in un idealismo trascendentale di tipo linguistico-intersoggettivo[49].

Quest'ultima lettura 'trascendentale' del secondo Wittgenstein non ha tuttavia incontrato molta fortuna in campo continentale. Opposta ad essa è l'interpretazione con cui Rorty ha cercato di rendere ulteriormente appetibile Wittgenstein alla filosofia continentale. Col suo rigetto del privatismo epistemologico e delle tesi ad esso connesse (cfr. *supra*, cap. III, 6.4), il secondo Wittgenstein rappresenta per Rorty la realizzazione nella filosofia contemporanea, insieme a Dewey e Heidegger, di una prospettiva radicalmente antifondazionalista sul piano epistemologico. Poiché inoltre secondo Rorty il fondazionalismo è la prospettiva dominante nella filosofia analitica, vista come ultimo momento di quella metafisica in cui si attribuisce un ruolo privilegiato alle rappresentazioni del soggetto, nel suo antifondazionalismo Wittgenstein può ben essere strappato alla filosofia analitica e acquisito alla filosofia post-metafisica lanciata in campo continentale da Heidegger[50]. Ben più interessante, però, di queste ultime riflessioni, che riposano sulla dubbia identificazione tra filosofia analitica e fondazionalismo – e rischiano di riportare il dibattito sulla relazione filosofia analitica/filosofia continentale alle stucchevoli posizioni degli anni Cinquanta, con la parola "fondazionalismo" al posto di quella "(neo-)positivismo" –, è l'aspetto per cui secondo Rorty il carattere non-metafisico della filosofia del secondo Wittgenstein è il portato del suo atteggiamento

---

taphysik, in *Transformation der Philosophie*, Suhrkamp, Frankfurt a.M. 1973, vol. I, pp. 264-65 [trad. it. in *Comunità e comunicazione*, Rosenberg & Sellier, Torino 1977, p. 38]. Sull'approccio linguistico all'esperienza: Apel, *Wittgenstein und Heidegger* cit., p. 252 [trad. it. cit., p. 27]; Gadamer (WM, pp. 15 nota 1, pp. 541-43, 558); Habermas (ZLS, pp. 199, 204-207); Tugendhat (DMP, pp. 414-15).

[48] Cfr. Apel, *Wittgenstein und Heidegger* cit., pp. 272-73 [trad. it. cit., p. 45]; Gadamer (DPB, p. 85); J. Habermas, *Wittgensteins Rückkehr*, in *Philosophisch-politische Profile*, Suhrkamp, Frankfurt a.M. 1971, pp. 144, 146.

[49] Cfr. Ricoeur (SA, pp. 153-56); Tugendhat (DMP, pp. 416, 420). Per un'interpretazione esplicitamente trascendentalista del secondo Wittgenstein, cfr. N. Gier, *Wittgenstein and Heidegger. A phenomenology of forms of life*, in «Tijdschrift voor Filosofie», 43 (1981), p. 298; T. Rentsch, *Heidegger und Wittgenstein*, Klett-Cotta, Stuttgart 1985, pp. 225, 254. Quest'interpretazione è in sintonia con la lettura di Wittgenstein come idealista linguistico difesa in ambito analitico da Williams (cfr. *supra*, nota 17 del presente capitolo).

[50] Cfr. Rorty (PMN, pp. 9-10, 14, 128, 283).

deflazionista in semantica (cfr. *supra*, cap. III, 1.2), rivolto alla demitologizzazione dell'idea che i nostri enunciati parlino di qualcosa. Qui troviamo infatti un influsso ulteriore del secondo Wittgenstein sulla riflessione semantica contemporanea, rispetto alle cui nozioni di base (significato, riferimento e verità) la posizione deflazionista sta acquistando sempre più consenso[51].

---

[51] Cfr. Rorty (PDT); Horwich (Tr, WDTM).

BIBLIOGRAFIA

Non è qui possibile fornire una bibliografia esaustiva della letteratura secondaria su Wittgenstein, foss'anche solo sulle *Untersuchungen*. Si tratta ormai di un panorama sconfinato – cui questo volume va colpevolmente ad aggiungersi – che spaventerebbe ogni ragionevole lettore. Dal momento che esistono *comunque* bibliografie complete delle opere su (e di) Wittgenstein, delle quali tuttavia le più aggiornate risalgono ad alcuni anni fa (si vedano almeno i testi seguenti: *Ludwig Wittgenstein. Critical Assessments*, a cura di V.A. e S.G. Shanker, vol. V, *A Wittgenstein Bibliography*, Croom Helm, London 1986; G. Frongia-B. McGuinness, *Wittgenstein. A Bibliographical Guide*, Blackwell, Oxford 1990, edizione ampliata di un volume in italiano dello stesso Frongia, *Guida alla letteratura su Wittgenstein*, Argalia, Urbino 1981), si è deciso di privilegiare qui gli studi recenti sulle *Untersuchungen*, ferma restando la menzione di quegli studi anteriori che rappresentano un punto di riferimento nella critica wittgensteiniana.

OPERE CITATE DI WITTGENSTEIN

AWBR   *Auszüge aus Wittgensteins Briefen an Russell, 1912-20*, in *Schriften*, vol. I, Frankfurt a.M., Suhrkamp 1969², pp. 254-78 [trad. it. *Estratti da lettere a B. Russell*, in *Tractatus logico-philosophicus e Quaderni 1914-1916*, Einaudi, Torino 1968², pp. 239-55].

BBB   *The Blue and the Brown Books*, Blackwell, Oxford 1958 [trad. it. Einaudi, Torino 1983].

BFGB   *Bemerkungen über Frazers «The Golden Bough»*, in «Synthese», 17 (1967), pp. 233-53; poi in *Philosophical Occasions 1912-1951*, Hackett, Indianapolis 1993, pp. 118-55 [trad. it. Adelphi, Milano 1975].

BGM   *Bemerkungen über die Grundlagen der Mathematik*, Blackwell, Oxford 1978² [trad. it. Einaudi, Torino 1979²].

BPP   *Bemerkungen über die Philosophie der Psychologie*, voll. I-II, Blackwell, Oxford 1980 [trad. it. Adelphi, Milano 1990].

LS1   *Letzte Schriften über die Philosophie der Psychologie*, vol. I, *Vor-*

studien zum zweiten Teil der «Philosophische Untersuchungen», Blackwell, Oxford 1982 [trad. it. in corso presso Laterza, Roma-Bari].

LS2   *Letzte Schriften über die Philosophie der Psychologie*, vol. II, *Das Innere und das Äußere 1949-1951*, Blackwell, Oxford 1992 [trad. it. in corso presso Laterza, Roma-Bari].

NFL   *Wittgenstein's Notes for Lectures on 'Private Experience' and 'Sense Data'*, in «The Philosophical Review», 77 (1968), pp. 275-320 [trad. it. *L'esperienza privata*, in «Il Piccolo Hans», 27 (1980), pp. 59-121]; poi (con modifiche) in *Philosophical Occasions* cit., pp. 202-88.

NL   *Notes on Logic*, in *Schriften*, vol. I, cit., pp. 186-225 [trad. it. in *Tractatus* cit., pp. 199-219].

PB   *Philosophische Bemerkungen*, Blackwell, Oxford 1964 [trad. it. Einaudi, Torino 1976].

PG   *Philosophische Grammatik*, Blackwell, Oxford 1969 [trad. it. La Nuova Italia, Firenze 1990].

PU   *Philosophische Untersuchungen*, Blackwell, Oxford 1958[2], trad. ingl. a fronte, anche in *Schriften*, vol. I, cit. [trad. it. Einaudi, Torino 1967].

TB   *Tagebücher 1914-1916*, in *Schriften*, vol. I, cit., pp. 85-185 [trad. it. in *Tractatus* cit., pp. 83-195].

TLP   *Tractatus logico-philosophicus*, Routledge & Kegan Paul, London 1961 [trad. it. in *Tractatus* cit., pp. 1-82].

ÜG   *Über Gewissheit*, Blackwell, Oxford 1969 [trad. it. Einaudi, Torino 1978].

VB   *Vermischte Bemerkungen*, Suhrkamp, Frankfurt a.M. 1977 [trad. it. *Pensieri diversi*, Adelphi, Milano 1980].

WLFM   *Wittgenstein's Lectures on the Foundations of Mathematics*, Cornell University Press, Ithaca (N.Y.) 1976 [trad. it. Boringhieri, Torino 1982].

Z   *Zettel*, Blackwell, Oxford 1981[2] [trad. it. Einaudi, Torino 1986].

OPERE CITATE DI ALTRI FILOSOFI

AEW   A. Kenny, *Action, Emotion and Will*, Routledge & Kegan Paul, London 1963.

AM   P.F. Strawson, *Analysis and Metaphysics: An Introduction to Philosophy*, Oxford University Press, Oxford 1992.

ARTA   K. Mulligan-B. Smith, *A Relational Theory of the Act*, in «Topoi», 5 (1986), pp. 115-30.

BB   H. Putnam, *Brains and behavior*, in *Analytical Philosophy, 2nd series*, a cura di R.J. Butler, Blackwell, Oxford 1968, pp. 1-19; poi in *Mind, Language and Reality. Philosophical Papers*, vol. II, Cambridge University Press, Cambridge 1975, pp. 325-41 [trad. it. Adelphi, Milano 1987, pp. 354-71].

CAPBS   M. Dummett, *Can analytic philosophy be systematic, and ought it to be?*, in «Hegel-Studien», 17 (1977), pp. 305-26; poi in *Truth and Other Enigmas*, Duckworth, London 1978, pp. 437-58 [trad. it. Il Saggiatore, Milano 1986, pp. 45-67].

DDG   H. Putnam, *Dreaming and 'depth grammar'*, in *Analytical Philosophy*, *1st series*, a cura di R.J. Butler, Blackwell, Oxford 1962, pp. 211-35; poi in *Mind, Language and Reality* cit., pp. 304-24 [trad. it. cit., pp. 331-53].

De   D. Kaplan, *Demonstratives*, in *Themes from Kaplan*, a cura di J. Almog *et al.*, Oxford University Press, Oxford 1989, pp. 481-563.

DMP   E. Tugendhat, *Description as the method of philosophy: A reply to Mr. Pettit*, in *Linguistic Analysis and Phenomenology*, a cura di W. Mays e S.C. Brown, Macmillan, London 1972, pp. 256-66; poi in *Philosophische Aufsätze*, Suhrkamp, Frankfurt a.M. 1992, pp. 414-25.

DPB   H.-G. Gadamer, *Die phänomenologische Bewegung*, in «Philosophische Rundschau», 11 (1963), pp. 1-45 [trad. it. Laterza, Roma-Bari 1994].

Dr   N. Malcolm, *Dreaming*, Routledge & Kegan Paul, London 1959.

EN   W.V.O. Quine, *Epistemology naturalized*, in *Ontological Relativity and Other Essays*, Columbia University Press, New York 1969, pp. 69-90 [trad. it. Armando, Roma 1986, pp. 95-113].

EPSN   G.J. Warnock, *English Philosophy Since 1900*, Oxford University Press, London 1958.

ESPPG   K.-O. Apel, *Die Entfaltung der «sprachanalytischen» Philosophie und das Problem der «Geisteswissenschaften»*, in «Philosophisches Jahrbuch», 72 (1965), pp. 239-89; poi in *Transformation der Philosophie*, Suhrkamp, Frankfurt a.M. 1973, vol. II, pp. 28-95 [trad. it. in *Comunità e comunicazione*, Rosenberg & Sellier, Torino 1977, pp. 47-104].

EU   G.H. von Wright, *Explanation and Understanding*, Cornell University Press, Ithaca (N.Y.) 1971 [trad. it. Il Mulino, Bologna 1977].

F   M. Dummett, *Frege, Philosophy of Language*, Duckworth, London 1981[2] [trad. it. parz. *Filosofia del linguaggio. Saggio su Frege*, Marietti, Casale Monferrato 1983].

FP   G.E.M. Anscombe, *The first person*, in *Mind and Language*, a cura di S. Guttenplan, Clarendon Press, Oxford 1975, pp. 45-65.

GA   G. Frege, *Grundlagen der Aritmetik*, Köbner, Breslau 1884 [trad. it. in *Logica e aritmetica*, Boringhieri, Torino 1977, pp. 207-349].

GTS   J. Hintikka, *Game-theoretical semantics as a synthesis of verificationist and truth-conditional meaning theories*, in *New Directions in Semantics*, a cura di E. LePore, Academic Press, London 1987, pp. 235-58.

I   G.E.M. Anscombe, *Intention*, Blackwell, Oxford 1963[2].

IEDM   P.F. Strawson, *Individuals. An Essay in Descriptive Metaphysics*, Methuen, London 1959 [trad. it. Feltrinelli, Milano 1978].

ILT   P.F. Strawson, *Introduction to Logical Theory*, Methuen, London 1952 [trad. it. Einaudi, Torino 1961].

ISS   P. Winch, *The Idea of a Social Science*, Routledge & Kegan Paul, London 1958 [trad. it. *Il concetto di scienza sociale e le sue relazioni con la filosofia*, Il Saggiatore, Milano 1972].

LAW   R. Carnap, *Der logische Aufbau der Welt*, Meiner, Hamburg 1961^2 [trad. it. (con SP) Fabbri, Milano 1966].

LBM   M. Dummett, *The Logical Basis of Metaphysics*, Duckworth, London 1991 [trad. it. Il Mulino, Bologna 1996].

LCS   N. Chomsky, *Linguistics and cognitive science: Problems and mysteries*, in *The Chomskyan Turn*, a cura di A. Kasher, Blackwell, Oxford 1991, pp. 26-53.

LI   N. Chomsky, *Language and interpretation*, in *Inference, Explanation, and Other Frustrations*, a cura di J. Earman, University of California Press, Berkeley 1992, pp. 99-128.

LOT   J.A. Fodor, *The Language of Thought*, Harvard University Press, Cambridge (Mass.) 1975.

LSN   G.P. Baker-P.M.S. Hacker, *Language, Sense, and Nonsense*, Blackwell, Oxford 1984.

LSS   R. Carnap, *Logische Syntax der Sprache*, Springer, Wien 1934 [trad. it. (dall'ed. ingl. riveduta e ampliata, Routledge & Kegan Paul, London 1937) Silva, Milano 1961].

MA   P.T. Geach, *Mental Acts*, Routledge & Kegan Paul, London 1957.

MLG   E. Stenius, *Mood and language-game*, in «Synthese», 17 (1967), pp. 254-74.

MM   J.T.D. Wisdom, *The metamorphosis of metaphysics*, in «Proceedings of the British Academy», 47 (1961), pp. 37-59.

MP   G.H. Hardy, *Mathematical proof*, in «Mind», 38 (1929), pp. 1-25.

MPEPL   H. Wettstein, *The Magic Prism: An Essay in the Philosophy of Language* (in corso di pubblicazione).

NM   M. Lazerowitz, *The nature of metaphysics*, in *The Structure of Metaphysics*, Routledge & Kegan Paul, London 1955, pp. 23-79.

NN   S. Kripke, *Naming and Necessity*, Blackwell, Oxford 1980 [trad. it. Torino, Boringhieri 1982].

OAP   M. Dummett, *Origins of Analytical Philosophy*, Duckworth, London 1993 [trad. it. (da una precedente ed. ted., Suhrkamp, Frankfurt a.M. 1988) Il Mulino, Bologna 1990].

OD   B. Russell, *On denoting*, in «Mind», 14 (1905), pp. 479-93 [trad. it. in *La struttura logica del linguaggio*, a cura di A. Bonomi, Bompiani, Milano 1973, pp. 179-95].

ODM   H. Marcuse, *One-Dimensional Man. Studies in the Ideology of Advanced Industrial Society*, Beacon Press, Boston 1964 [trad. it. Einaudi, Torino 1967].

PAn   J.O. Urmson, *Philosophical Analysis*, Clarendon Press, Oxford 1956 [trad. it. Mursia, Milano 1966].

PAr   G. Ryle, *Philosophical Arguments*, Clarendon Press, Oxford 1945; poi in *Collected Papers*, Hutchinson, London 1971, vol. II, pp. 194-211.

PDT   R. Rorty, *Pragmatism, Davidson and truth*, in *Truth and Interpretation. Perspectives on the Philosophy of Donald Davidson*, a cura di E. LePore, Blackwell, Oxford 1986, pp. 333-55.

PLA   B. Russell, *The philosophy of logical atomism*, in «Monist», 28 (1918), pp. 495-527 e 29 (1919), pp. 32-63, 190-222, 345-80; poi in *Logic and Knowledge*, a cura di R. Marsh, Allen & Unwin, London 1956, pp. 177-281 [trad. it. Longanesi, Milano 1961, pp. 105-245].

PLP   F. Waismann, *The Principles of Linguistic Philosophy*, Macmillan, London 1965 [trad. it. Ubaldini, Roma 1969].

PM   N. Malcolm, *Problems of Mind. Descartes to Wittgenstein*, Harper & Row, New York 1971 [trad. it. *Mente, corpo e materialismo*, Isedi, Milano 1973].

PMN   R. Rorty, *Philosophy and the Mirror of Nature*, Princeton U.P., Princeton 1979 [trad. it. Bompiani, Milano 1986].

PN   J. Searle, *Proper names*, in «Mind», 67 (1958), pp. 166-73 [trad. it. in *La struttura logica del linguaggio*, cit., pp. 249-58].

PUt   J.L. Austin, *Performative utterances*, in *Philosophical Papers*, Oxford University Press, Oxford 1961, pp. 220-39 [trad. it. Guerini, Milano 1990, pp. 221-36].

R   J.A. Fodor, *Representations*, The MIT Press, Cambridge (Mass.) 1981.

SA   P. Ricoeur, *La sémantique de l'action*, Éditions du CNRS, Paris 1977 [trad. it. Jaca Book, Milano 1986].

SCM   M. Dummett, *The social character of meaning*, in *Truth and Other Enigmas*, cit., pp. 420-30.

SP   R. Carnap, *Scheinprobleme in der Philosophie*, Meiner, Hamburg 1961^2 [trad. it. (con LAW) Fabbri, Milano 1966].

SS   J.L. Austin, *Sense and Sensibilia*, Clarendon Press, Oxford 1962.

T   P.F. Strawson, *Truth*, in «Analysis», 9 (1949), pp. 83-97.

TC   J.A. Fodor, *A theory of content I*, in *A Theory of Content and Other Essays*, The MIT Press, Cambridge (Mass.) 1990, pp. 51-87.

Tr   P. Horwich, *Truth*, Blackwell, Oxford 1990 [trad. it. Laterza, Roma-Bari 1994].

UPS   P. Winch, *Understanding a primitive society*, in «American Philosophical Quarterly», 1 (1964), pp. 307-24; poi in *Ethics and Action*, Routledge & Kegan Paul, London 1972, pp. 8-49.

VP   G. Ryle, *The verification principle*, in «Revue internationale de Philosophie», 17-18 (1951), pp. 243-50.

VUL   G.J. Warnock, *Verificationism and the use of language*, in «Revue internationale de Philosophie», 17-18 (1951), pp. 307-22.

WDAU M. Dummett, *What does the appeal to use do for the theory of meaning?* in *Meaning and Use*, a cura di A. Margalit, Reidel, Dordrecht 1979, pp. 123-35.

WDTM P. Horwich, *What is it like to be a deflationary theory of meaning?* in *Truth and Rationality*, a cura di E. Villanueva, Ridgeview Publishing Company, Atascadero 1994, pp. 133-54.

WFT   G. Lakoff, *Women, Fire and Dangerous Things*, The University of Chicago Press, Chicago-London 1987.

WM   H.-G. Gadamer, *Wahrheit und Methode*, J.C.B. Mohr, Tübingen 1972³ [trad. it. Bompiani, Milano 1983].

ZLS   J. Habermas, *Zur Logik der Sozialwissenschaften*, J.C.B. Mohr, Tübingen 1967 [trad. it. Il Mulino, Bologna 1970].

SAGGI CRITICI

Opere di riferimento

A.J. Ayer, *Wittgenstein*, Weidenfeld & Nicolson, London 1985 [trad. it. Laterza, Roma-Bari 1986]; T. De Mauro, *Ludwig Wittgenstein: His Place in and Influence on the History of Semantics*, Reidel, Dordrecht 1967; R.J. Fogelin, *Wittgenstein*, Routledge & Kegan Paul, London 1976; A.G. Gargani, *Linguaggio ed esperienza in Ludwig Wittgenstein*, Le Monnier, Firenze 1966; Id., *Introduzione a Wittgenstein*, Laterza, Roma-Bari 1973; H.-J. Glock, *A Wittgenstein Dictionary*, Blackwell, Oxford 1996; A.C. Grayling, *Wittgenstein*, Oxford University Press, Oxford 1988; P.M.S. Hacker, *Insight and Illusion*, Oxford University Press, Oxford 1972; M.B. Hintikka-J. Hintikka, *Investigating Wittgenstein*, Blackwell, Oxford 1986 [trad. it. Il Mulino, Bologna 1990]; A. Kenny, *Wittgenstein*, Penguin Books, Harmondsworth 1973 [trad. it. Boringhieri, Torino 1984]; N. Malcolm, *Nothing is Hidden*, Blackwell, Oxford 1986; D. Marconi, *Il mito del linguaggio scientifico*, Mursia, Milano 1971; Id., *L'eredità di Wittgenstein*, Laterza, Roma-Bari 1987; Id., *Filosofia del linguaggio*, in *La filosofia*, vol. I, a cura di P. Rossi, UTET, Torino 1995, pp. 365-460; D. Pears, *Wittgenstein*, Fontana, London 1971; L. Perissinotto, *Wittgenstein. Una guida*, Feltrinelli, Milano 1997; G. Ryle, *Ludwig Wittgenstein*, in «Analysis», 12 (1951), pp. 1-8, poi in *Collected Papers*, cit., vol. I, pp. 249-57; M. Sbisà, *Che cosa ha veramente detto Wittgenstein*, Ubaldini, Roma 1975; J. Schulte, *Wittgenstein. Eine Einführung*, Reclam, Stuttgart 1989.

Sul secondo Wittgenstein

Biografie e ricordi

N. Malcolm, *Ludwig Wittgenstein: A Memoir*, Oxford University Press, Oxford 1958 [trad. it. *Ludwig Wittgenstein*, Bompiani, Milano

1964]; R. Monk, *Ludwig Wittgenstein. The Duty of Genius*, Cape, London 1990 [trad. it. Bompiani, Milano 1991]; G.H. von Wright, *Ludwig Wittgenstein, A biographical sketch*, in «Philosophical Review», 64 (1955), pp. 527-45, poi in Malcolm, *Ludwig Wittgenstein: A Memoir*, cit., pp. 1-22 [trad. it. in *Ludwig Wittgenstein*, cit., pp. 5-35].

Opere di carattere generale

S. Cavell, *The availability of Wittgenstein's later philosophy*, in «The Philosophical Review», 71 (1962), pp. 67-93, poi in *Wittgenstein. The «Philosophical Investigations»*, a cura di G. Pitcher, Macmillan, London 1966, pp. 151-85; O. Hanfling, *Wittgenstein's Later Philosophy*, Macmillan, London 1989; S, Hilmy, *The Later Wittgenstein*, Blackwell, Oxford 1987; D. Pears, *The False Prison*, vol. II, Clarendon Press, Oxford 1988; C. Penco, *Wittgenstein. Dopo il «Tractatus»*, in *Introduzione alla filosofia analitica del linguaggio*, a cura di M. Santambrogio, Laterza, Roma-Bari 1992, pp. 89-133.

Rapporti con altri movimenti e pensatori

M. Andronico, *Wittgenstein morfologo: ragioni teoriche e conseguenze filosofiche*, relazione presentata al convegno *Filosofia e analisi filosofica. Atti del II convegno nazionale SIFA*, Vercelli 1996; K.-O. Apel, *Wittgenstein und Heidegger: Die Frage nach dem Sinn von Sein und der Sinnlosigkeitsverdacht gegen alle Metaphysik*, in «Philosophisches Jahrbuch» 75 (1967), pp. 56-94, poi in *Transformation der Philosophie* cit., vol. I, pp. 225-75 [trad. it. in *Comunità e comunicazione*, cit., pp. 3-46]; G.P. Baker-P.M.S. Hacker, *Wittgenstein and the Vienna Circle: The exaltation and deposition of ostensive definition*, in *Wittgenstein and Contemporary Philosophy*, a cura di B.F. McGuinness e A.G. Gargani, ETS, Pisa 1985, pp. 5-33, poi in *Ludwig Wittgenstein. Critical Assessments* cit., vol. I, pp. 241-62; F. Bianco, *Gadamer e Wittgenstein*, in *Ludwig Wittgenstein e la cultura contemporanea*, a cura di A.G. Gargani, Longo, Ravenna 1983, pp. 59-65; J. Bouveresse, *Philosophie, mythologie et pseudoscience. Wittgenstein lecteur de Freud*, Éclat, Combas 1991; M.F. Burnyeat, *Wittgenstein and Augustine «De magistro»*, in «Proceedings of the Aristotelian Society», suppl. vol. 61 (1987), pp. 1-24; M. Dummett, *Frege and Wittgenstein*, in *Perspectives on the Philosophy of Wittgenstein*, a cura di I. Block, Blackwell, Oxford 1981, pp. 31-42 [trad. it. in *Capire Wittgenstein*, a cura di M. Andronico *et al.*, Marietti, Genova 1996^2, pp. 229-40]; A.G. Gargani, *Wittgenstein and Freud. Epistemology and primal scene*, in *Language and Ontology*, a cura di W. Leinfellner *et al.*, Hölder-Pichler-Tempsky, Wien 1982, pp. 511-16, poi (con modifiche) *Epistemologia e scena primitiva: Freud e Wittgenstein*, in *Freud Wittgenstein Musil*, Shakespeare & Company, Milano 1982, pp. 37-53; N.F. Gier, *Wittgenstein and Phenomenology*, State University of New

York Press, Albany 1981; R. Haller, *War Wittgenstein von Spengler bein-flusst?*, in *Wittgenstein and Contemporary Philosophy*, cit., pp. 97-112; Id., *Il circolo di Vienna: Wittgenstein, l'atomismo e l'olismo*, in AA.VV., *Il circolo di Vienna. Ricordi e riflessioni*, a cura di M.C. Galavotti e R. Simili, Pratiche, Parma 1992, pp. 59-81; P. Hübscher, *Der Einfluß von Johann Wolfgang Goethe und Paul Ernst auf Ludwig Wittgenstein*, Lang, Bern 1985; J. Klagge, *Wittgenstein and Neuroscience*, in «Synthese», 78 (1989), pp. 291-318; D. Koppelberg, *Skepticism about semantic facts*, in *On Quine*, a cura di P. Leonardi e M. Santambrogio, Cambridge University Press, Cambridge 1995, pp. 336-46; F. Lo Piparo, *Sull'archeologia teolinguistica della linguistica*, in S. Vecchio, *Le parole come segni*, Novecento, Palermo 1994, pp. V-XXV; D. Marconi, *Wittgenstein e l'interpretazione*, in *Scienza e filosofia – Studi in onore di Francesco Barone*, a cura di S. Marcucci, Giardini, Pisa 1995, pp. 295-308; B. McGuinness, *Freud e Wittgenstein*, in «Annali della Scuola Normale Superiore di Pisa», 9 (1979), pp. 409-24; J.C. Nyíri, *Wittgensteins Aufhebung der Gestaltheorie*, in *Philosophy of Mind – Philosophy of Psychology, Proceedings of the 9th International Wittgenstein Symposium 1984*, a cura di R.M. Chisholm *et al.*, Hölder-Pichler-Tempsky, Wien 1985, pp. 399-404; H.P. Reeder, *Husserl and Wittgenstein on the «mental picture of meaning»*, in «Human Studies», 3 (1980), pp. 157-67; T. Rentsch, *Heidegger und Wittgenstein*, Klett-Cotta, Stuttgart 1985; J. Schulte, *Coro e legge. Il «metodo morfologico» in Goethe e Wittgenstein*, in «Intersezioni», 2 (1982), pp. 99-124, poi come *Chor und Gesetz. Zur «morphologischen Methode» bei Goethe und Wittgenstein*, in «Grazer Philosophische Studien», 21 (1984), pp. 1-32; H. Staten, *Wittgenstein and Derrida*, Blackwell, Oxford 1985; E. Taylor, *Lebenswelt and Lebensformen: Husserl and Wittgenstein on the Goal and Method of Philosophy*, «Human Studies», 1 (1978), pp. 184-200.

La fortuna

G.P. Baker-P.M.S. Hacker, *Wittgenstein Aujourd'hui*, in «Critique», 36 (1980), pp. 690-704, poi come *Wittgenstein today*, in *Ludwig Wittgenstein. Critical Assessments* cit., vol. II, pp. 24-35; A.C. Grayling, *Wittgenstein's influence: Meaning, mind and method*, in *Wittgenstein Centenary Essays*, a cura di A. Phillips Griffiths (suppl. di «Philosophy», 65 [1990]), Cambridge University Press, Cambridge 1991, pp. 61-78; J. Habermas, *Wittgensteins Rückkehr*, in «Frankfurter Allgemeine Zeitung», 20 febbraio 1965, poi in *Philosophisch-politische Profile*, Suhrkamp, Frankfurt a.M. 1971, pp. 141-46.; P.M.S. Hacker, *Wittgenstein's Place in Twentieth-century Analytic Philosophy*, Blackwell, Oxford 1996; L. Perissinotto, *Wittgenstein e la filosofia continentale*, in *Wittgenstein*, a cura di D. Marconi, Laterza, Roma-Bari 1997, pp. 319-43; B. Rundle, *Wittgenstein and Contemporary Philosophy of Language*, Blackwell, Oxford 1990; A. Voltolini, *Wittgenstein nella tradizione analitica*, in *Wittgenstein*, cit., pp. 289-317.

Sulle «Ricerche filosofiche»

Genesi e struttura del testo

H. Kaal-A. McKinnon, *Concordances to Wittgenstein's «Philosophische Untersuchungen»*, Brill, Leiden 1975; G.H. von Wright, *The origins and composition of Wittgenstein's «Investigations»*, in *Wittgenstein. Sources and Perspectives*, a cura di C.G. Luckhardt, The Harvester Press, Hassocks 1979, pp. 138-60, poi (con modifiche) in *Wittgenstein*, Blackwell, Oxford 1982, pp. 113-36 [trad. it. Il Mulino, Bologna 1983, pp. 145-70]; Id., *The troubled history of part II of the «Investigations»*, in *Criss-Crossing a Philosophical Landscape. Essays on Wittgensteinian Themes Dedicated to Brian McGuinness*, a cura di J. Schulte e G. Sundholm, Rodopi, Amsterdam 1992, pp. 181-92.

Commentari

G.P. Baker-P.M.S. Hacker, *An Analytic Commentary on Wittgenstein's «Philosophical Investigations»*, Vol. 1, Blackwell, Oxford 1983²; Idd., *Wittgenstein. Rules, Grammar and Necessity*, Vol. 2 of *An Analytic Commentary on the «Philosophical Investigations»*, Blackwell, Oxford 1985; G. Hallett, *A Companion to Wittgenstein's 'Philosophical Investigations'*, Cornell University Press, Ithaca 1977; P.M.S. Hacker, *Wittgenstein. Meaning and Mind*, Vol. 3 of *An Analytic Commentary on Wittgenstein's «Philosophical Investigations»*, Part II, Exegesis §§ 243-427, Blackwell, Oxford 1993²; P.M.S. Hacker, *Wittgenstein. Mind and Will*, Vol. 4 of *An Analytic Commentary on Wittgenstein's «Philosophical Investigations»*, Blackwell, Oxford 1996; E. von Savigny, *Wittgensteins «Philosophische Untersuchungen». Ein Kommentar für Leser*, vol I, *Abschnitte 1 bis 315*, Klostermann, Frankfurt a.M. 1988; Id., *Wittgensteins «Philosophische Untersuchungen». Ein Kommentar für Leser*, vol. II, *Abschnitte 316 bis 693*, Klostermann, Frankfurt a.M. 1989.

Opere di carattere generale

G.P. Baker-P.M.S. Hacker, *Wittgenstein. Meaning and Understanding. Essays on the «Philosophical Investigations»*, Vol. 1, Blackwell, Oxford 1983²; P. Feyerabend, *Wittgenstein's «Philosophical Investigations»*, in «The Philosophical Review», 64 (1955), pp. 449-83, poi in *Wittgenstein. The «Philosophical Investigations»*, cit., pp. 104-50; J. Genova, *A map of the «Philosophical Investigations»*, in «Philosophical Investigations», 1 (1978), pp. 58-73, poi in *Ludwig Wittgenstein. Critical Assessments*, vol. II, cit., pp. 58-73; H.-J. Glock, *«Philosophical Investigations»: Principles of investigation*, in *Wittgenstein – Towards a Re-Evaluation. Proceedings of the 14th International Wittgenstein Symposium 1989*, a cura di R. Haller e J.

Brandl, Hölder-Pichler-Tempsky, Wien 1990, vol. II, pp. 155-62; P.M.S. Hacker, *Wittgenstein. Meaning and Mind, Vol. 3 of An Analytic Comment-ary on Wittgenstein's «Philosophical Investigations», Part I, Essays*, Black-well, Oxford 1993[2]; J.F.M. Hunter, *Understanding Wittgenstein, Studies of «Philosophical Investigations»*, Edinburgh University Press, Edinburgh 1985; N. Malcolm, *Wittgenstein's «Philosophical Investigations»*, in *Know-ledge and Certainty*, Prentice Hall, Englewood Cliffs (N.J.) 1963, pp. 96-129, poi in *Wittgenstein. The «Philosophical Investigations»*, cit., pp. 65-103; M. McGinn, *Wittgenstein and the «Philosophical Investigations»*, Routledge, London 1997; P.F. Strawson, *Review of Wittgenstein's «Philo-sophical Investigations»*, in «Mind», 63 (1954), pp. 70-99, poi in *Wittgen-stein. The «Philosophical Investigations»*, cit., pp. 22-64; E. von Savigny, *The self-sufficiency of the «Philosophical Investigations»*, in *Wittgenstein – Towards a Re-Evaluation*, vol. II, cit., pp. 142-51.

Temi specifici delle «Ricerche filosofiche»

La critica al «Tractatus logico-philosophicus»

R.L. Arrington, *'«Mechanism» and «Calculus»': Wittgenstein on Augu-stine's theory of ostension*, in *Wittgenstein. Sources and Perspectives*, cit., pp. 303-38; P. Garavaso, *Wittgenstein's critique of logical objectivism*, in *Philosophy of Law, Politics and Society, Proceedings of the 12th Interna-tional Wittgenstein Symposium 1987*, a cura di O. Weinberger *et al.*, Höl-der-Pichler-Tempsky, Vienna 1988, pp. 346-49; P.M.S. Hacker, *The rise and fall of the picture theory*, in *Perspectives on the Philosophy of Wittgen-stein*, cit., pp. 85-109, poi in *Ludwig Wittgenstein. Critical Assessments*, vol. I, cit., pp. 116-35; J.F. Rosenberg, *Wittgenstein self-criticism or «Wha-tever happened to the picture theory?»*, in «Noûs», 4 (1970), pp. 209-23; E. Stenius, *The picture theory and Wittgenstein's later attitude to it*, in *Pers-pectives on the Philosophy of Wittgenstein*, cit., pp. 110-39.

Riferimento, significato, uso, verità

S. Blackburn, *Wittgenstein's Irrealism*, in *Wittgenstein – Towards a Re-Evaluation*, vol. II, cit., pp. 13-26; A.G. Gargani, *Internal relations, syntax and use in Wittgenstein's philosophical analysis*, in *Epistemology and Philo-sophy of Science, Proceedings of the 7th International Wittgenstein Sympo-sium 1982*, a cura di P. Weingartner, J. Czermak, Hölder-Pichler-Temp-sky, Wien 1984, pp. 482-87, poi (con modifiche) in *Wittgenstein and Contemporary Philosophy*, cit., pp. 61-71; P.M.S. Hacker, *Semantic holism: Frege and Wittgenstein*, in *Wittgenstein. Sources and Perspectives*, cit., pp. 213-42; J. Hintikka, *Wittgenstein's semantical kantianism*, in *Ethics – Foundations, Problems, and Applications, Proceedings of the 5th Interna-tional Wittgenstein Symposium 1980*, a cura di E. Morscher e R. Stranzin-ger, Hölder-Pichler-Tempsky, Wien 1981, pp. 375-90; P. Horwich, *Witt-genstein and Kripke on the nature of meaning*, in «Mind and Language», 5

(1990), pp. 105-21; M. Hymers, *Internal relations and analyticity: Wittgenstein and Quine*, in «Canadian Journal of Philosophy», 26 (1996), pp. 591-612; W. Lütterfelds, *Ist die Wahrheit asymmetrisch? – Wittgensteins Wahrheitsneutralismus*, in *Wittgenstein – Towards a Re-Evaluation*, vol. II, cit., pp. 174-86; E. Picardi, *Wittgenstein e la teoria del significato*, in *Ludwig Wittgenstein e la cultura contemporanea*, cit., pp. 101-107; J. Schulte, *Kontext*, in *Wittgenstein – Towards a Re-Evaluation*, vol. II, cit., pp. 293-302; C. Travis, *The Uses of Sense*, Clarendon Press, Oxford 1989; E. Zemach, *Wittgenstein on meaning*, in *Wittgenstein in Focus*, a cura di B. McGuinness e R. Haller, Rodopi, Amsterdam 1989, pp. 415-35.

Grammatica e necessità, incommensurabilità e relativismo

M. Andronico, *Descrivere e immaginare nel secondo Wittgenstein*, in «Filosofia», 37 (1986), pp. 3-44; G.E.M. Anscombe, *The question of linguistic idealism*, in *Essays on Wittgenstein in Honour of G.H. von Wright*, a cura di J. Hintikka («Acta Philosophica Fennica» 28), North Holland Publishing Company, Amsterdam 1976, pp. 188-215; J. Bouveresse, *La force de la règle. Wittgenstein et l'invention de la nécessité*, Minuit, Paris 1987; Id., *Le pays des possibles. Wittgenstein, les mathématiques et le monde réel*, Minuit, Paris 1988; J.E. Broyles, *An Observation on Wittgenstein's Use of Fantasy*, in «Metaphilosophy», 5 (1974), pp. 291-97 [trad. it. in *Capire Wittgenstein*, cit., pp. 312-18]; C. Chihara, *Wittgenstein and logical compulsion*, in «Analysis», 21 (1960-61), pp. 136-40, poi in *Wittgenstein. The «Philosophical Investigations»*, cit., pp. 469-76; M. Dummett, *Wittgenstein on necessity: some reflections*, in *The Seas of Language*, Clarendon Press, Oxford 1993, pp. 446-61; G. Frongia, *Wittgenstein and the diversity of animals*, in «The Monist», 78 (1995), pp. 534-52, poi come *Wittgenstein e la diversità degli animali*, in *Wittgenstein e il Novecento*, a cura di R. Egidi, Donzelli, Roma 1996, pp. 129-47; J. Genova, *Philosophy and the consideration of other-worldly possibilities*, in *Wittgenstein and His Impact on Contemporary Thought, Proceedings of the 2nd International Wittgenstein Symposium 1977*, a cura di W. Leinfellner *et al.*, Hölder-Pichler-Tempsky, Wien 1978, pp. 398-402; S. Gerrard, *Is Wittgenstein a relativist?*, in *Wittgenstein – Towards a Re-Evaluation*, vol. II, cit., pp. 163-73; N. Malcolm, *Wittgenstein and idealism*, in *Idealism – Past and Present*, a cura di G. Vesey, Cambridge University Press, Cambridge 1982, pp. 249-67; D. Pears, *Wittgenstein's naturalism*, in «The Monist», 78 (1995), pp. 411-24; S.G. Shanker, *Wittgenstein's solution of the 'hermeneutic problem'*, in «Conceptus», 18 (1984), pp. 50-61, poi in *Ludwig Wittgenstein. Critical Assessments*, cit., vol. IV, pp. 104-15; B. Stroud, *Wittgenstein and logical necessity*, in «The Philosophical Review», 74 (1965), pp. 504-18; poi in *Wittgenstein. The «Philosophical Investigations»*, cit., pp. 477-96 [trad. it. in *Capire Wittgenstein*, cit., pp. 150-64]; B. Williams, *Wittgenstein and idealism*, in *Understanding Wittgenstein*, a cura di G. Vesey, Macmillan, London 1974, pp. 76-95 [trad. it. in *Capire Wittgenstein*, cit., pp. 275-96].

Giuochi linguistici e forme di vita

M. Andronico, *Giochi linguistici e forme di vita*, in *Wittgenstein*, cit.,
pp. 241-86; G.E.M. Anscombe, *A theory of language?*, in *Perspectives on
the Philosophy of Wittgenstein*, cit., pp. 148-58; D.K. Barry, *Forms of Life
and Following Rules. A Wittgensteinian Defence of Relativism*, Brill, Leiden
1996; M. Black, *Wittgenstein's language-games*, in «Dialectica», 33 (1979),
pp. 337-53, poi in *Ludwig Wittgenstein. Critical Assessments* cit., vol. II,
pp. 74-105; Id., *«Lebensform» and «Sprachspiel» in Wittgenstein's later
work*, in *Wittgenstein and His Impact on Contemporary Thought* cit., pp.
325-31 [trad. it. in *Capire Wittgenstein*, cit., pp. 241-51]; N. Garver, *Die
Lebensform in Wittgensteins «Philosophischen Untersuchungen»*, in «Grazer Philosophische Studien», 21 (1984), pp. 33-54; N.F. Gier, *Wittgenstein
and forms of life*, in «Philosophy of the Social Sciences», 10 (1980), pp.
241-58; H.-J. Glock-J.M. Preston, *Externalism and first-person authority*, in
«The Monist», 78 (1995), pp. 515-33; R. Haller, *Die gemeinsame mensch-
liche Handlungsweise*, in *Sprache und Erkenntnis als soziale Tatsache, Bei-
träge des Wittgenstein-Symposiums von Rom 1979*, a cura di R. Haller, Hölder-Pichler-Tempsky, Wien 1981, pp. 57-68; Id., *Lebensform oder Lebensformen?*, in «Grazer Philosophische Studien», 21 (1984), pp. 55-63; L.
Hertzberg, *Primitive reactions. Logic or anthropology?*, in *The Wittgenstein
Legacy*, a cura di P.A. French *et al.*, University of Notre Dame Press, Notre
Dame 1992, pp. 24-39; J. Hintikka, *Language games*, in *Essays on Wittgenstein in Honour of G.H. von Wright*, cit., pp. 105-25; J.F.M. Hunter,
«Forms of life» in Wittgenstein's «Philosophical Investigations», in «American Philosophical Quarterly», 5 (1968), pp. 233-43, poi in *Essays on Wittgenstein*, a cura di E.D. Klemke, University of Illinois Press, Urbana 1971,
pp. 273-97; J. Lear, *Transcendental anthropology*, in *Subject, Thought, and
Context*, a cura di P. Pettit e J. McDowell, Clarendon Press, Oxford 1986,
pp. 267-98; R. Rhees, *Wittgenstein's builders*, in «Proceedings of the Aristotelian Society», 60 (1959-60), pp. 171-86, poi in *Discussions of Wittgenstein*, Routledge & Kegan Paul, London 1970, pp. 71-84; P. von Morstein,
Concepts and forms of life; Criteria and perception, in *Wittgenstein, the
Vienna Circle, and Critical Rationalism, Proceedings of the 3rd International
Wittgenstein Symposium 1978*, a cura di H. Berghel *et al.*, Hölder-Pichler-
Tempsky, Wien 1979, pp. 152-56; E. von Savigny, *Common behaviour of
many a kind: «Philosophical Investigations» section 206*, in *Wittgenstein's
«Philosophical Investigations»*, a cura di R.L. Arrington e H.-J. Glock, Rout-
ledge, London 1991, pp. 105-19; P. Winch, *Im Anfang war die Tat*, in
Perspectives on the Philosophy of Wittgenstein, cit., pp. 159-78.

Somiglianze di famiglia

R. Bambrough, *Universals and family resemblances*, in «Proceedings of
the Aristotelian Society», 61 (1960-61), pp. 207-22, poi in *Wittgenstein.
The «Philosophical Investigations»*, cit., pp. 186-204; R. Fahrnkopf, *Wittgenstein on Universals*, Lang, Bern 1988; N. Griffin, *Wittgenstein, universals and family resemblances*, in «Canadian Journal of Philosophy», 3

(1973), pp. 635-51; D. Huff, *Family resemblances and rule-governed behavior*, in «Philosophical Investigations», 4 (1981), pp. 1-23; M. Hodges, *Wittgenstein on universals*, in «Philosophical Studies», 24 (1973), pp. 22-30; D. Marconi, *Le origini delle somiglianze di famiglia*, in «Iride», 8 (1992), pp. 238-44; R. Teuwsen, *Familienähnhichkeit und Analogie. Zur Semantik genereller Termini bei Wittgenstein und Thomas von Aquin*, Alber, Freiburg i.Br. 1988.

Concezione della filosofia

D. Birnbacher, *Wittgenstein und die «Verxehung unseres Verständnis durch die Mittel unserer Sprache»*, in *Wittgenstein and Contemporary Philosophy*, cit., pp. 35-60; N. Garver, *Wittgenstein's conception of philosophy as grammar*, in *Philosophy and the Cognitive Sciences, Proceedings of the 16th International Wittgenstein Symposium 1989*, a cura di R. Casati *et al.*, Hölder-Pichler-Tempsky, Wien 1994, pp. 51-61; A. Kenny, *Wittgenstein on the nature of philosophy*, in *Wittgenstein and His Times*, a cura di B. McGuinness, Blackwell, Oxford 1982, pp. 1-26, poi in *The Legacy of Wittgenstein*, Blackwell, Oxford 1984, pp. 38-60 [trad. it. in *Capire Wittgenstein*, cit., pp. 209-28]; M. Lazerowitz, *Wittgenstein on the nature of philosophy*, in K.T. Fann, *Wittgenstein. The Man and His Philosophy: An Anthology*, Dell, New York 1967, pp. 131-47; W. Leinfellner, *Is Wittgenstein a transcendental philosopher?*, in «Revista portuguesa de filosofia», 38 (1982), pp. 13-27, poi come *La filosofia di Wittgenstein è trascendentale?*, in «Paradigmi», 1 (1983), pp. 21-31; E. von Savigny, *No chapter 'on philosophy' in the «Philosophical Investigations»*, in «Metaphilosophy», 22 (1991), pp. 307-19.

Comprendere e significare

C. Chihara, *Operationalism and ordinary language revisited*, in «Philosophical Studies», 24 (1973), pp. 137-57; C. Chihara-J.A. Fodor, *Operationalism and ordinary language*, in «American Philosophical Quarterly», 2 (1965), pp. 281-95, poi in R, pp. 35-62; R. Egidi, *Meaning and actions in Wittgenstein's late perspective*, in *Criss-Crossing a Philosophical Landscape* cit., pp. 161-79; W. Goldfarb, *Wittgenstein on understanding*, in *The Wittgenstein Legacy*, cit., pp. 109-22; D. Marconi, *Is understanding a mental process?*, in *Wittgenstein – Towards a Re-Evaluation*, vol. II, cit., pp. 86-93, poi (con modifiche) come *La comprensione è un processo mentale?* in *Wittgenstein contemporaneo*, a cura di A.G. Gargani, Marietti, Genova 1993, pp. 67-78; J. McDowell, *Meaning and intentionality in Wittgenstein's later philosophy*, in *The Wittgenstein Legacy*, cit., pp. 40-52; C. McGinn, *Wittgenstein on Meaning*, Blackwell, Oxford 1984; G. Rey, *Wittgenstein, computationalism, and qualia*, in *Philosophy and the Cognitive Sciences* cit., pp. 75-87; G. Soldati, *Erlebnis und Bedeutung*, in M. Frank-G. Soldati, *Wittgenstein. Literat und Philosoph*, Neske, Pfullingen 1989, pp. 73-141; B. Stroud, *Wittgenstein on Meaning, Understanding, and Community*, in *Wittgenstein – Towards a Re-Evaluation*, vol. II, cit., pp. 27-36.

Criteri

R. Albritton, *On Wittgenstein's use of the term «criterion»*, in «The Journal of Philosophy», 56 (1959), pp. 845-57, poi in *Wittgenstein. The «Philosophical Investigations»*, cit., pp. 231-50; G.P. Baker, *Criteria: a new fondation for semantics*, in «Ratio» 16 (1974), pp. 156-89, poi in *Ludwig Wittgenstein. Critical Assessments*, vol. II, cit., pp. 194-225; C. Cozzo, *Criteri ed enunciati psicologici*, in *Wittgenstein e il Novecento*, cit., pp. 65-83; N. Garver, *Wittgenstein on criteria*, in *Knowledge and Experience*, a cura di C.D. Rollins, University of Pittsburgh Press, Pittsburgh 1962, pp. 55-87; O. Hanfling, *Criteria, conventions and other minds*, in *Ludwig Wittgenstein. Critical Assessments*, vol. II, cit., pp. 226-38; A. Kenny, *Criterion*, in *The Encyclopedia of Philosophy*, vol. II, a cura di P. Edwards, Macmillan-Free Press, New York 1967, pp. 258-61; J.L. Koethe, *The role of criteria in Wittgenstein's later philosophy*, in «Canadian Journal of Philosophy», 7 (1977), pp. 601-22; K. Mulligan, *Criteria and indication*, in *Wittgenstein – Towards a Re-Evaluation*, vol. II, cit., pp. 94-105; C. Wellman, *Wittgenstein's conception of a criterion*, in «Philosophical Review», 71 (1962), pp. 433-47, poi in *Wittgenstein and the Problem of Other Minds*, a cura di H. Morick, McGraw-Hill, New York 1967, pp. 154-69.

Stati mentali

J. Bouveresse, *Le mythe de l'intériorité*, Minuit, Paris 1976; M. Budd, *Wittgenstein's Philosophy of Psychology*, Routledge, London 1989; A.G. Gargani, *Wittgenstein on intentional acts*, in *Aesthetics. Proceedings of the 8th International Wittgenstein Symposium 1983*, a cura di R. Haller e W.L. Gombocz, Hölder-Pichler-Tempsky, Wien 1984, vol. I, pp. 211-17, poi in *Ludwig Wittgenstein. Critical Assessments*, vol. I, cit., pp. 287-95 e infine (con modifiche) in *Lo stupore e il caso*, Laterza, Roma-Bari 1985, pp. 157-71; L. Holborow, *The 'prejudice in favour of psychophysical parallelism'*, in *Understanding Wittgenstein*, cit., pp. 193-207; J. Hopkins, *Wittgenstein and physicalism*, in «Proceedings of the Aristotelian Society», 7 (1974-75), pp. 121-46; P. Johnston, *Wittgenstein. Rethinking the Inner*, Routledge, London 1993; A. Kenny, *Wittgenstein, mente e metafisica*, in *Wittgenstein e il Novecento*, cit., pp. 37-47; E.F. Krieger, *Insights about inner sight: mental imagery and the will in Wittgenstein*, in «Grazer Philosophische Studien», 45 (1993), pp. 21-39; C. Luckhardt, *Wittgenstein and behaviorism*, in «Synthese», 56 (1983), pp. 319-38; N. Malcolm, *Wittgenstein on the nature of mind*, in *Studies in the Theory of Knowledge*, Blackwell, Oxford 1970, pp. 9-29, poi in *Ludwig Wittgenstein. Critical Assessments*, vol. II, cit., pp. 261-78; H.E. Mason, *The notion of the will in Wittgenstein's later writings*, in *Philosophy of Mind – Philosophy of Psychology* cit., pp. 405-408, poi (con modifiche) come *On the treatment of the notion of the will in Wittgenstein's later writings*, in «Philosophical Investigations», 11 (1988), pp. 183-96; R. Rorty, *Wittgensteinian philosophy and empirical psychology*, in «Philosophical Studies», 31 (1977), pp. 151-72; A. Rust, *Wittgensteins Philosophie der Psychologie*, Klostermann, Frankfurt a.M. 1996; J. Schulte,

«*Es regnet, aber ich glaube es nicht*». *Zu* «*Philosophische Untersuchungen*», *II, x, p. 187*, in *Wittgenstein and Contemporary Philosophy*, cit., pp. 187-204; F. Stoutland, *The causation of behavior*, in *Essays on Wittgenstein in Honour of G.H. von Wright*, cit., pp. 286-325; B. Stroud, *Wittgenstein's philosophy of mind*, in *Contemporary Philosophy. A new survey*, vol. IV, a cura di G. Fløistad, Nijhoff, The Hague 1983, pp. 319-41; M. ter Hark, *Beyond the Inner and the Outer. Wittgenstein's Philosophy of Psychology*, Kluwer, Dordrecht 1990; C. Wright, *On making up one's mind: Wittgenstein on intention*, in *Philosophy of Mind – Philosophy of Psychology* cit., pp. 391-404; Id., *Wittgenstein's later philosophy of mind: sensation, privacy, and intention*, in «The Journal of Philosophy», 86 (1989), pp. 622-34.

Seguire una regola e filosofia della matematica

G.P. Baker-P.M.S. Hacker, *Skepticism, Rules and Language*, Blackwell, Oxford 1984; S. Blackburn, *The individual strikes back*, in «Synthese», 58 (1984), pp. 281-301; P.A. Boghossian, *The rule-following considerations*, in «Mind», 98 (1989), pp. 507-49; M. Budd, *Wittgenstein on meaning, interpretation and rules*, in «Synthese», 58 (1984), pp. 303-23; M. Dummett, *Wittgenstein's philosophy of mathematics*, in «The Philosophical Review», 68 (1959), pp. 324-48, poi in *Wittgenstein. The* «*Philosophical Investigations*», cit., pp. 420-47; Id., *Reckonings: Wittgenstein on mathematics*, in «Encounter», 50 (1978), pp. 324-48, poi in *Ludwig Wittgenstein. Critical Assessments*, cit., vol. III, pp. 111-20; P. Frascolla, *Wittgenstein's Philosophy of Mathematics*, Routledge, London 1994; G. Frongia, *Wittgenstein. Regole e sistema*, Angeli, Milano 1983; A.G. Gargani, *Tecniche descrittive e procedure costruttive*, in *La razionalità scientifica*, a cura di U. Curi, Francisci, Abano Terme 1978, pp. 61-106, poi in *Stili di analisi*, Feltrinelli, Milano 1980, pp. 5-43; C. Ginet, *Wittgenstein's claim that there could not be just one occasion of obeying a rule*, in *Essays on Wittgenstein in Honour of G.H. von Wright*, cit., pp. 154-65; W. Goldfarb, *Kripke on Wittgenstein on rules*, in «The Journal of Philosophy», 82 (1985), pp. 471-88; J. Hintikka, *Rules, games, and experiences: Wittgenstein's discussion of rule-following in the light of his development*, in «Revue internationale de Philosophie», 43 (1989), pp. 279-97; S. Kripke, *Wittgenstein on Rules and Private Language*, Blackwell, Oxford 1982 [trad. it. Boringhieri, Torino 1984]; J. McDowell, *Wittgenstein on following a rule*, in «Synthese», 58 (1984), pp. 325-63; M. Messeri, *Seguire la regola*, in *Wittgenstein* cit., pp. 151-91; E.H. Minar, *Wittgenstein and the* «*contingency*» *of community*, in «Pacific Philosophical Quarterly», 72 (1991), pp. 203-34; C. Peacocke, *Rule-following: The nature of Wittgenstein's arguments*, in *Wittgenstein: To Follow a Rule*, a cura di S.H. Holtzman e C.M. Leich, Routledge & Kegan Paul, London 1981, pp. 72-95; J. Schulte, *Seguire una regola: nuovi studi su Wittgenstein*, in «Lingua e stile», 17 (1982), pp. 497-512; S.G. Shanker, *Skeptical confusions about rule-following*, in «Mind», 93 (1984), pp. 423-29, poi in *Ludwig Wittgenstein. Critical Assessment*, vol. II, cit., pp. 176-82; W. Stegmüller, *Kripkes Deutung der Spätphilosophie Wittgenstein*, Kröner, Stuttgart 1986; A. Voltolini, *Linguaggio, regole e comunità*, relazione presentata al convegno *Filo-*

sofia e analisi filosofica cit.; E. von Savigny, *Self-conscious individual versus social soul. The rationale of Wittgenstein's discussion of rule-following*, in «Philosophy and Phenomenological Research», 51 (1991), pp. 67-84; C. Wright, *Wittgenstein on the Foundations of Mathematics*, Duckworth, London 1980.

Intenzionalità

R.L. Arrington, *Making contact in language: The harmony between thought and reality*, in *Wittgenstein's «Philosophical Investigations»*, cit., pp. 175-201; N.F. Gier, *Wittgenstein, intentionality, and behaviorism*, in «Metaphilosophy», 13 (1982), pp. 46-63; A. Kenny, *Intentionality: Aquinas and Wittgenstein*, in *The Legacy of Wittgenstein*, cit., pp. 61-76; A. Voltolini, *Che cosa fa della mia rappresentazione di lui una rappresentazione di lui? Studio sulla dottrina wittgensteiniana dell'intenzionalità*, in «Giornale critico della filosofia italiana», 66 (1987), pp. 345-67.

Linguaggio privato e stati interni

G.E.M. Anscombe, *On private ostensive definition*, in *Language and Ontology*, cit., pp. 212-17; A.J. Ayer, *Can there be a private language?*, in «Proceedings of the Aristotelian Society», suppl. vol. 28 (1954), pp. 63-76, poi in *The Concept of a Person and Other Essays*, Macmillan, London 1963, pp. 36-51 [trad. it. Il Saggiatore, Milano 1966, pp. 44-59]; Id., *Could language be invented by a Robinson Crusoe?*, in *The Private Language Argument*, a cura di O.R. Jones, Macmillan, London 1971, pp. 50-61; S. Candlish, *The real private language argument*, in «Philosophy», 55 (1980), pp. 85-94; J.V. Canfield, *Private language: «Philosophical Investigations» section 258 and environs*, in *Wittgenstein's «Philosophical Investigations»*, cit., pp. 120-37; R. Casati, *Il linguaggio psicologico*, in *Wittgenstein*, cit., pp. 151-91; H.-N. Castañeda, *The private language argument as a «reductio ad absurdum»* [con commenti di V.C. Chappell e J.F. Thomson e replica di H.-N. Castañeda], in *Knowledge and Experience*, cit., pp. 88-125, poi in *The Private Language Argument*, cit., pp. 132-82; J.W. Cook, *Wittgenstein on privacy*, in «The Philosophical Review», 74 (1965), pp. 281-314, poi in *Wittgenstein. The «Philosophical Investigations»*, cit., pp. 286-323; N. Garver, *Wittgenstein on private language*, in «Philosophy and Phenomenological Research», 20 (1960), pp. 389-96, poi in *Essays on Wittgenstein*, cit., pp. 187-96; B. Goldberg, *The linguistic expression of feeling*, in «American Philosophical Quarterly», 8 (1971), pp. 86-92; O. Hanfling, *What does the private language argument prove?*, in «The Philosophical Quarterly», 34 (1984), pp. 468-81; C.L. Hardin, *Wittgenstein on private languages*, in «Journal of Philosophy», 56 (1961), pp. 513-28, poi in *Essays on Wittgenstein*, cit., pp. 173-86; H. Hervey, *Private language and private sensations*, in *The Private Language Argument*, cit., pp. 76-95; L.C. Holborow, *Behaviourism and the private language argument*, in *The Private Language Argument*, cit., pp. 117-31; D. Jacquette, *Wittgenstein's private language argument and reductivism in cognitive sciences*, in *Philosophy and the Cognit-*

ive Sciences cit., pp. 89-99; N. Malcolm, *Knowledge of other minds*, in «The Journal of Philosophy», 55 (1958), pp. 969-78, poi in *Wittgenstein. The «Philosophical Investigations»*, cit., pp. 371-83; Id., *Wittgenstein: The Relation of Language to Instinctive Behavior*, University College of Swansea, Swansea 1981, poi in *Ludwig Wittgenstein. Critical Assessments*, vol. II, cit., pp. 303-18; D. Marconi, *Fodor and Wittgenstein on private language*, in *Wittgenstein: Mind and Language*, a cura di R. Egidi, Kluwer, Dordrecht 1995, pp. 107-15 [trad. it. in *Wittgenstein e il Novecento*, cit., pp. 199-208]; C.E. Marks, *Verificationism, skepticism, and the private language argument*, in «Philosophical Studies», 28 (1975), pp. 151-71; J. McDowell, *One strand in the private language argument*, in *Wittgenstein in Focus*, cit., pp. 285-303; C.W.K. Mundle, *Behaviourism and the private language argument*, in *The Private Language Argument*, cit., pp. 103-17; R. Rhees, *Can there be a private language?*, in «Proceedings of the Aristotelian Society», suppl. vol. 28 (1954), pp. 77-94, poi in *Wittgenstein. The «Philosophical Investigations»*, cit., pp. 267-85; Id., *Could language be invented by Robinson Crusoe?*, in *The Private Language Argument*, cit., pp. 61-75; R. Rorty, *Wittgenstein, privileged access, and incommunicability*, in «American Philosophical Quarterly», 7 (1970), pp. 192-205, poi in *Ludwig Wittgenstein. Critical Assessments*, vol. II, cit., pp. 279-302; M.A.G. Stocker, *Memory and the private language argument*, in «The Philosophical Quarterly», 16 (1966), pp. 47-53; B. Stroud, *Wittgenstein's «treatment» of the quest for «a language which describes my inner experiences and which only I myself can understand»*, in *Epistemology and Philosophy of Science* cit., pp. 438-45; J. Temkin, *Wittgenstein on epistemic privacy*, in «The Philosophical Quarterly», 31 (1981), pp. 141-48; J.J. Thomson, *Private languages*, in «American Philosophical Quarterly», 1 (1964), pp. 20-31, poi in *The Private Language Argument*, cit., pp. 168-73; C. Verheggen, *Wittgenstein and 'solitary' languages*, in «Philosophical Investigations», 18 (1995), pp. 329-47; A. Voltolini, *Dal solipsismo come verità ineffabile ai truismi come certezza inespressa. Fenomenologia e grammatica nel 'secondo' Wittgenstein*, in «Annali della Scuola Normale Superiore di Pisa», 15 (1985), pp. 1035-77; E. von Savigny, *Avowals in the «Philosophical Investigations». Expression, reliability, description*, in «Noûs», 24 (1990), pp. 507-27; P. Winch, *'Eine Einstellung zur Seele'*, in «Proceedings of the Aristotelian Society», 81 (1980-81), pp. 1-15; G.H. von Wright, *Kripke, Wittgenstein, and the private language argument*, in «Grazer Philosophische Studien», 11 (1980), pp. 13-21; C. Wright, *Kripke's account of the argument against private language*, in «The Journal of Philosophy», 81 (1984), pp. 759-78; Id., *Does «Philosophical Investigations» I. 258-60 suggest a cogent argument against private language?*, in *Subject, Thought, and Context*, cit., pp. 209-66.

L'io

J.V. Canfield, *Wittgenstein and «I»*, in *Wittgenstein – Towards a Re-Evaluation*, vol. II, cit., pp. 74-85; B. Garrett, *Wittgenstein and the first person*, in «Australasian Journal of Philosophy», 73 (1995), pp. 347-55; J. Hartnack, *Me and my body*, in *Essays on Wittgenstein in Honour of G.H.*

von Wright, cit., pp. 241-49; K. Puhl, *Wittgenstein on self-identification*, in *Wittgenstein's Philosophy of Mathematics, Proceedings of the 15th International Wittgenstein Symposium 1992*, a cura di K. Puhl, parte II, Hölder-Pichler-Tempsky, Wien 1983, pp. 263-69.

Esperienza del significato e vedere qualcosa come qualcos'altro
R.M. Chisholm, *Act, content and the duck-rabbit*, in *Wittgenstein – Towards a Re-Evaluation*, vol. II, cit, pp. 63-73; C.E.M. Dunlop, *Wittgenstein on sensation and 'seeing-as'*, in «Synthese», 60 (1984), pp. 349-67; R. Haller, *Über Bedeutungsblindheit*, in *The Tasks of Contemporary Philosophy, Proceedings of the 10th International Wittgenstein Symposium 1985*, a cura di W. Leinfellner e F.B. Wuketis, Hölder-Pichler-Tempsky 1986, pp. 508-12; J. Hintikka-M.P. Hintikka, *Ludwig looks at the Necker cube. The problem of «seeing-as» as a clue to Wittgenstein's philosophy*, in «Acta Philosophica Fennica», 38 (1985), pp. 36-48; P.B. Lewis, *Wittgenstein on seeing and interpreting*, in *Impressions of Empiricism*, a cura di G. Vesey, Macmillan, London 1976, pp. 93-108; S. Mulhall, *On Being in the World. Wittgenstein and Heidegger on Seeing Aspects*, Routledge, London 1990; K. Mulligan, *Seeing as and assimilative perception*, in «Brentano Studies», 1 (1988), pp. 129-52; J. Schulte, *Erlebnis und Ausdruck*, Philosophia Verlag, München 1987, poi (con modifiche) come *Experience and Expression*, Clarendon Press, Oxford 1993; Id., *Wittgenstein's notion of secondary meaning and Davidson's account of metaphor – a comparison*, in «Grazer Philosophische Studien», 36 (1989), pp. 141-48; D.B. Seligman, *Wittgenstein on seeing aspects and experiencing meanings*, in «Philosophy and Phenomenological Research», 37 (1976-77), pp. 205-17; A. Voltolini, *Two types of (wittgensteinian) seeing-as*, in *Philosophy and the Cognitive Sciences, Papers of the 16th International Wittgenstein Symposium 1993*, a cura di R. Casati e G. White, The Austrian Ludwig Wittgenstein Society, Kirchberg am Wechsel 1993, pp. 567-72; P. von Morstein, *Über Wahrnehmung von Aspekten*, in «Grazer Philosophische Studien», 2 (1976), pp. 67-83; E. Zemach, *Meaning, the experience of meaning, and the meaning-blind in Wittgenstein's late philosophy*, in «The Monist», 78 (1995), pp. 480-95.

INDICI

INDICE DEI NOMI

INDICE DEL VOLUME

I FILOSOFI

I volumi sono elencati in ordine alfabetico dell'Autore o della corrente filosofica presa in esame; il numero arabo tra parentesi indica il numero di collana.